Ursula Kollar-Fiedrich

Works für Windows
Einsteigen leichtgemacht

Ursula Kollar-Fiedrich

Works für Windows
Einsteigen leichtgemacht

Kollar-Fiedrich, Ursula:
Works für Windows : Einsteigen leichtgemacht / Ursula Kollar-
Fiedrich. - Braunschweig; Wiesbaden : Vieweg, 1992

Umschlagsgestaltung: Schrimpf & Partner, Wiesbaden

Gedruckt auf säurefreiem Papier

ISBN 978-3-528-05227-0   ISBN 978-3-663-13866-2 (eBook)
DOI 10.1007/978-3-663-13866-2

Für Anna Katharina

Vorwort

*Das Letzte, was man findet, wenn man ein Werk schreibt, ist zu wissen,
was man an den Anfang stellen soll. (Pascal)*

Zu Ihren vielfältigen Aktivitäten privater und geschäftlicher Natur gehören u.a. das Schreiben von Briefen, Berichten und Protokollen, das Durchführen von Berechnungen aller Art, das grafische Aufbereiten von Zahlen aus diesen Berechnungen, das Verwalten von Adreß- oder Kundenlisten, Sammlungen oder Ähnlichem, das Versenden von Rundbriefen. Außerdem möchten Sie Ihre Berechnungen in Briefe und Berichte übernehmen und Ihre Texte mit eingestreuten grafischen Elementen ansprechender gestalten. Damit Sie all diese Aufgaben auf Ihrem PC ausführen können, brauchen Sie geeignete Software.

Sie hätten sich nun verschiedene Programmpakete kaufen können, die jeweils speziell auf eine Anforderung zugeschnitten sind. Sie haben jedoch festgestellt, daß Sie die umfangreiche Funktionalität eines Datenbankprogrammes gar nicht ausnutzen könnten, daß Sie beim Schreiben Ihrer Briefe und Berichte auf ausgeklügelte Funktionen wie das automatische Erstellen eines Inhaltsverzeichnisses oder eines Registers und auch auf die automatische Gliederung gut verzichten können, daß Sie bei Ihren Berechnungen den Großteil der Funktionen eines speziellen Tabellenkalkulationsprogrammes gar nicht brauchen und auch nicht die Absicht haben, tiefer in die Makroprogrammierung einzusteigen.

So haben Sie sich für das integriertes Programmpaket Works entschieden. Integrierte Programmpakete beinhalten gewöhnlich Textverarbeitung, Tabellenkalkulation, Datenbank und oft weitere Funktionen wie Grafik, Kommunikation, Programmiersprache usw. Waren die integrierten Programmpakete auf der DOS-Ebene oft die einzige Möglichkeit, Daten ohne großen Aufwand zwischen verschiedenen Anwendungen auszutauschen (beispielsweise Daten aus einer Tabelle in einen Bericht zu integrieren), so bieten sie unter Windows, das ja die Zwischenablage, DDE und Import-/Exportfilter aufweist, noch immer wesentliche Vorteile:

*Vorteile eines
integrierten
Programmpakets*

-   alle Teilprogramme haben eine einheitliche Benutzeroberfläche, so daß Sie sich nicht mit unterschiedlichen Verfahrensweisen herumzuplagen brauchen
-   vier oder mehr Programme sind zum Preis eines einzigen erhältlich
-   ein integriertes Paket benötigt weniger Speicherplatz als mehrere Pakete mit den jeweiligen Funktionen.

Works war in der Version für DOS eines der ersten integrierten Programmpakete, das jetzt, wegen seines großen Erfolges, für den Einsatz unter Microsoft Windows umgeschrieben wurde. Dabei wurden die Mög-

Warum Works?

lichkeiten von Windows 3.0 ausgeschöpft, die guten Works-Eigenschaften aber nicht aufgegeben.

Zielgruppe des Buches

Wenn auch Works selber eine Reihe von Hilfsmitteln beinhaltet, die das Erlernen erleichtern, so steht doch gerade der typische Anwender eines solchen Pakets - meist nämlich jemand, der noch keine Erfahrung mit integrierten Paketen oder den speziellen Textverarbeitungs-, Tabellen-kalkulations- und Datenbankverwaltungsprogrammen hat, oft ein wenig hilflos vor der Fülle der Informationen. So wollen wir Sie in die Lage versetzen, die wichtigsten Funktionen des Programms Works anzuwenden. Anhand konkreter Aufgaben werden Sie lernen, Texte zu schreiben, Berechnungen durchzuführen, einfache Zeichnungen zu erstellen und Daten zu verwalten; dabei verzichten wir bewußt darauf, den gesamten Funktionsumfang von Works zu behandeln. Wenn wir auch nicht speziell auf die Unterschiede zwischen Works für Windows und Works für DOS eingehen, können sich Umsteiger von der DOS-Version mit Hilfe dieses Buches schnell mit Works für Windows vertraut machen. Auch Umsteiger von anderen Programmpaketen werden unter unserer Anleitung schnell gute Resultate mit Works für Windows erzielen.

Lehrbuch und Nachschlage-werk zugleich

So ist dieses Buch zuallererst ein Lehrbuch. Außerdem soll es aber dem geübteren Anwender als Nachschlagewerk dienen, daher sind die Bücher dieser Reihe mit einigen Merkmalen ausgestattet, mit deren Hilfe Sie schnell bestimmte Themen finden können, z.B. den Marginalien und dem Stichwortverzeichnis im Anhang.

Vorkenntnisse

Die Bedienung von Works orientiert sich an der Benutzerführung unter Windows 3.0. Daher setzen wir in diesem Buch voraus, daß Sie über Grundkenntnisse in der Bedienung von Windows verfügen, beispiels-weise Fenster manipulieren und auch mit Listenfeldern usw. umgehen können. Sie sollten auch über grundlegende Kenntnisse über die Funk-tionsweise Ihres Rechners verfügen und mit dem Betriebssystem MS-DOS soweit vertraut sein, daß Begriffe wie Datei, Verzeichnis, Spei-chern, Pfadname, Laufwerk usw. kein "Fachchinesisch" für Sie sind. Hingegen setzen wir keine Kenntnisse in der Textverarbeitung, Tabel-lenkalkulation oder Datenbankverwaltung voraus.

Und nun wünsche ich Ihnen viel Erfolg und Spaß beim Erlernen von Works. Ich hoffe, daß Ihnen dieses Buch eine Hilfe dabei ist und Ihnen auch später noch als Nachschlagewerk gute Dienste leisten wird. Sollten Sie beim Lösen der Aufgaben Schwierigkeiten haben, wäre ich Ihnen für einen Hinweis dankbar. Auch Ihre Kritik und Anregungen sind mir sehr willkommen.

Danke

Robert Schmitz hat dieses Buch initiiert. Das Material für die Aufgaben verdanke ich Wilhelm Fiedrich. Wolfgang Fiedrich hat das Manuskript kritisch gelesen, die Aufgaben geprüft und viele Verbesserungs-vorschläge gemacht. Ihnen allen gilt mein herzlicher Dank!

Inhaltsverzeichnis

Kapitel 1: Einführung

Niemand soll sich blind zur übereilten Tat verleiten lassen. (Sophokles)

In dieser Einführung wollen wir Sie mit den Ideen und Strukturen von Works vertraut machen und Ihnen die einzelnen Teilprogramme vorstellen. Außerdem erfahren Sie, wie dieses Buch aufgebaut ist und wie Sie den größten Nutzen daraus ziehen können.

Works - Idee und Struktur

Works war in der Version für DOS eines der ersten integrierten Programmpakete, das jetzt wegen seines großen Erfolges für den Einsatz unter Microsoft Windows umgeschrieben wurde. Dabei ist es gelungen, die Möglichkeiten von Windows 3.0 auszuschöpfen, ohne die guten Works-Eigenschaften aufzugeben. Dieses machtvolle, und dennoch einfach zu bedienende integrierte Programmpaket stellt Ihnen für Ihre Arbeit die folgenden Hilfsmittel zur Verfügung:

Die Textverarbeitung von Works braucht sich nicht hinter speziellen Textverarbeitungsprogrammen zu verstecken. Mit der Works-Textverarbeitung erstellen Sie schnell und einfach die verschiedensten Dokumente: Briefe, Berichte, Protokolle usw. Fortgeschrittene Funktionen helfen Ihnen beim Eingeben, Überarbeiten und Gestalten Ihrer Texte. So bietet Works neben den klassischen Funktionen wie dem Verschieben ganzer Absätze oder dem Hervorheben einzelner Textstellen die Möglichkeit, Diagramme und Zeichnungen in den Text aufzunehmen, Seiten automatisch zu numerieren und eine Rechtschreibprüfung durchzuführen. *Textverarbeitung*

Die Works-Tabelle ist der elektronische Ersatz für die traditionellen Planungsmittel Bleistift, Radiergummi und Taschenrechner. Ihre Berichte, Analysen und Planungen sind in Ihrem Computer gespeichert, eventuelle Änderungen sind also mit der Eingabe einiger Zeichen leicht durchzuführen. Ein weiterer Vorteil besteht in der Möglichkeit, *Was wäre, wenn*-Analysen durchzuführen: Sie variieren die Eingangswerte und werten die unterschiedlichen Ergebnisse aus. *Tabellen-kalkulation*

Ein vollständiges Diagrammpaket macht Tabellendaten sofort sichtbar und ermöglicht es Ihnen, individuelle Präsentationsgrafiken zu erstellen: Säulen-, Linien-, gestapeltes Linien-, Kreis-, Punkt- und Verbunddiagramm sind in insgesamt 31 Standardformaten möglich. Jedes dieser Formate können Sie außerdem noch für Ihre individuellen Anforderungen ändern. Selbstverständlich lassen sich Ihre Diagramme auch mit Titeln, Legenden usw. optisch aufbereiten. *Diagramme*

Zeichnen

Works beinhaltet das Zeichenprogramm MS Draw, mit dem Sie Zeichnungen in Ihren Textverarbeitungsdokumenten erstellen können. Beispielsweise können Sie Ihre privaten Briefe mit einer Zeichnung im Briefkopf optisch ansprechender gestalten, Ihr Firmenlogo oder Vereinsemblem in allen Berichten ausdrucken und einzelne Abschnitte in Ihren Berichten hervorheben (ähnlich wie wir es in dieser Buchreihe mit den Symbolen tun).

Datenbank

Eine Datenbank ist eine Sammlung von Informationen, die in einer logischen, konsistenten Reihenfolge angeordnet sind, so daß Sie Daten auf einfache, flexible Weise wiederauffinden und aktualisieren können - z.B. eine Kundenliste. In Works wird eine Datenbank in einer Tabelle erfaßt. Sie können Daten auf vielfältige Art und Weise ordnen, die Datenbank abfragen, Teilmengen auswerten und Berichte erstellen, die auf bestimmte Verwendungszwecke zugeschnitten sind. Beispielsweise könnten Sie die genannte Kundenliste mit Zusatzinformationen aufbauen und für Ihre Berichte die Namen aller Kunden in einem bestimmten Postleitzahlbereich oder mit einer bestimmten Umsatzhöhe heraussuchen.

Datenaustausch

Innerhalb der Works-Teilprogramme können Sie problemlos Daten austauschen; beispielsweise lassen sich Diagramme aus dem Teilprogramm Tabellenkalkulation in die Textverarbeitung übernehmen.

*Kompatibilität
mit anderen
Produkten*

Außerdem können Sie Daten aus anderen Anwendungsprogrammen importieren und mit Works weiterbearbeiten oder aber Works-Dokumente in ein anderes Anwendungsprogramm exportieren. Beispielsweise können Sie Dateien, die mit dem Textverarbeitungsprogramm Wordperfect erstellt worden sind, in das Format der Works-Textverarbeitung umwandeln, so daß spezielle Codes und Steuerzeichen zur Formatierung erhalten bleiben. Außerdem können Textdateien eingelesen werden, die keine speziellen Zeichen und Codes zur Formatierung enthalten. Auch mit anderen Datenbank- und Tabellenkalkulationsprogrammen können Sie Daten austauschen.

Kommunikation

Ist Ihr PC an ein Modem angeschlossen, das Hayes-kompatibel ist, kann Works für Sie automatisch eine Telefonnummer wählen, die Sie in einer Tabelle markiert haben.

*Grafische
Benutzer-
oberfläche*

Works unterstützt Sie zusätzlich durch eine intuitive grafische Benutzeroberfläche, die durch Microsoft Windows ermöglicht wird. Die Leistungsmerkmale aufschlagbare Menüs, Dialogfelder und Sinnbilder ermöglichen es sogar einem Computeranfänger, einfach zu starten und mit der Arbeit zu beginnen. Eine herausragende Bedeutung bei der Arbeit mit Works kommt der Symbolleiste zu. Mit einem einfachen Klicken auf ein Symbol führen Sie die am häufigsten benutzten Aktionen durch und ersparen sich dadurch den Weg über die Menüs bzw. das Auswendiglernen von Tastenschlüsseln.

Online-Hilfe

Trotz der einfach zu bedienenden Benutzeroberfläche wird es beim Arbeiten mit Works natürlich zu Situationen kommen, in denen Fragen zu bestimmten Funktionen, Fehlermeldungen usw. auftreten. Für diese Fälle bietet Works eine umfangreiche Hilfefunktion, die punktuell zu einem bestimmten, aktuellen Arbeitsschritt Auskunft gibt (die sogenannte kontextsensitive Hilfe), sich aber auch als ein umfangreiches Nachschlagewerk nutzen läßt.

Zusätzlich haben Sie noch die Möglichkeit, sich über die mitgelieferten Lernprogramme in einzelne Themen einzuarbeiten.   *Lernprogramm*

Die Works-Assistenten helfen Ihnen beim Verwalten von Adressen und beim Drucken von Briefen und Adreßetiketten mit Namen aus der Adreßdatenbank.   *Works-Assistent*

Mit diesem Buch arbeiten

Wenn also auch Works selber einige Hilfsmittel beinhaltet, die das Arbeiten mit Works unterstützen, glauben wir doch, Ihnen mit diesem Buch den Einstieg zu erleichtern. Denn gerade als Einsteiger werden Sie die Fülle der Informationen nur schwer anwenden können.

So bieten wir Ihnen die Möglichkeit, sich unter Anleitung schrittweise in die einzelnen Teilprogramme von Works einzuarbeiten. Sie werden daher den größten Nutzen aus diesem Buch ziehen, wenn Sie es nicht nur lesen, sondern direkt umsetzen: die Kapitel 3 bis 7 enthalten jeweils eine Aufgabe, anhand derer Sie in die wichtigsten Funktionen von Works eingeführt werden und die Sie möglichst an Ihrem PC ausführen sollten. Wir haben Aufgaben aus dem Vereinsleben gewählt, aber die Beispiele sind allgemein genug und lassen sich ohne Schwierigkeiten an Ihre speziellen Bedürfnisse anpassen. Die einzelnen Arbeitsschritte beschreiben wir anfangs sehr detailliert, so daß Sie die Lösung der Aufgabe einfach nachvollziehen können. Dabei beschränken wir uns übrigens im allgemeinen auf das Arbeiten mit der Maus und setzen die Tastatur nur dann ein, wenn wir das für effizienter halten. Der Einsatz dieses Paketes ohne Maus erscheint uns nicht sinnvoll.   *Lehrbuch*

Wenn Sie erst einmal die Aufgaben durchgearbeitet und somit Works kennengelernt haben, bietet sich das Buch als Nachschlagewerk an: das detaillierte Inhaltsverzeichnis, die Marginalien, die Zusammenfassungen und das umfangreiche Stichwortverzeichnis helfen Ihnen, auf Informationen zu bestimmten Themen gezielt zuzugreifen.   *Nachschlage-werk*

Dieses Buch besteht aus sieben Kapiteln und einem Anhang. In dem nachfolgenden Kapitel werden Sie angeleitet, Works zu installieren und sich mit der Benutzeroberfläche vertraut zu machen. Außerdem werden Sie einige grundlegende Befehle zur Dateiverwaltung und die integrierte Hilfe kennenlernen. Dann werden Sie sich in vier Kapiteln in die Teilprogramme Textverarbeitung, Tabellenkalkulation (einschließlich der Diagramme), Datenbankverwaltung und Zeichenprogramm einarbeiten. Im siebten Kapitel werden weitere Funktionen der einzelnen Teilprogramme und das Zusammenspiel der einzelnen Komponenten vorgestellt. Dieses letzte Kapitel führt Ihnen also die eigentliche Stärke des   *Aufbau des Buches* integrierten Programmpakets Works vor. Der Anhang umfaßt ein Verzeichnis der Tasten und der wichtigsten Tastenschlüssel, ein Verzeichnis der im Buch behandelten Befehle, ein Glossar sowie ein Sachverzeichnis.

Aufbau der Kapitel

Jedes der Kapitel 3 bis 7 gliedert sich in die Darstellung der zu lösenden Aufgabe, eine Abbildung des erwünschten Ergebnisses und die praktische Ausführung in Einzelschritten. Am Ende jedes Kapitels (mit der Ausnahme dieses ersten Kapitels) finden Sie eine Zusammenfassung der behandelten Funktionen.

Reihenfolge der Bearbeitung

Da die einzelnen Kapitel aufeinander aufbauen, sollten Sie sie auch in der gegebenen Reihenfolge durcharbeiten. Versuchen Sie, unsere Aufgaben möglichst vollständig am PC nachzuvollziehen, denn

Die Übung ist in allem beste Lehrerin den Sterblichen. (Euripides)

Sollten Sie zeitliche Probleme haben, können Sie unsere Text- oder Berechnungsvorschläge beliebig kürzen, das Grundprinzip der Formatierung oder einer Tabellenfunktion läßt sich auch anhand weniger Textzeilen bzw. Tabellenzeilen oder -spalten nachvollziehen. Andererseits sind der optische Genuß und das damit verbundene Erfolgserlebnis eines längeren Berichts oder einer größeren Tabelle nach dem Berechnen auch nicht zu verachten! Denn - die Arbeit mit Works macht einfach Spaß!

Wenn Sie mit Ihren eigenen Texten und Zahlen üben möchten, wird Ihr Ergebnis natürlich von den Bildern im Buch abweichen; auch läßt sich nicht jede beliebige Datenmenge in dem von uns vorgeschlagenen Gestaltungsmodus darstellen.

Auszeichnung dieses Buches

Typografische Merkmale der Einsteigerreihe

Alle Bücher dieser Reihe sind durch eine Reihe von Layoutmerkmalen gekennzeichnet, die Ihnen das "Einsteigen" erleichtern sollen:

Marginalspalten

Marginalspalten sind zur Aufnahme von erläuternden Marginalbemerkungen und illustrierenden Symbolen bestimmt.

Marginalien

Marginalien fassen wichtige Abschnitte in aussagefähigen Begriffen zusammen (siehe links). Die Marginalien ermöglichen es Ihnen somit, dieses Buch auch als ein Nachschlagewerk zu verwenden, in dem Sie gezielt nach Inhalten suchen können. Andererseits machen Marginalien Sie auf bestimmte wichtige Zusammenhänge aufmerksam.

Symbole

Symbole veranschaulichen bestimmte Zusammenhänge oder wiederkehrende Abläufe; in diesem Buch finden Sie die folgenden Symbole:

➡ Dieser Pfeil kennzeichnet die einzelnen konkreten Arbeitsschritte, die Sie zur Lösung der Aufgaben ausführen sollten.

Die anderen Symbole finden Sie in den Marginalspalten. Mit dem Ausrufezeichen weisen wir auf wichtige Textstellen hin, warnen vor Fehlbedienungen usw.

Der Pfeil in der Marginalspalte kennzeichnet zusätzliche Informationen, z. B. weitere Anwendungsmöglichkeiten eines Befehls, eine Beschreibung ähnlicher Funktionen, Varianten des Arbeitsschrittes usw.

Neben diesem Symbol finden Sie Tips, die Ihnen die Arbeit mit Works erleichtern können.

Hardcopies veranschaulichen den jeweiligen Arbeitsschritt. Sie werden häufig in den Text eingestreut, damit Sie vergleichen können, ob Ihre Lösung korrekt ist.

Hardcopies

Unser Buch ist nach folgenden Regeln ausgezeichnet:

Auszeichnung

Menüs und **Befehle**	**fett** (Die Schreibweise richtet sich grundsätzlich nach den Programmvorgaben.)
Optionen, Dialogfelder, Schaltflächen, Felder, Symbole	Helvetica (Die Schreibweise richtet sich grundsätzlich nach den Programmvorgaben.)
TASTEN und TASTENSCHLÜSSEL	HELVETICA KAPITÄLCHEN; dabei bedeutet die Folge TASTE1+TASTE2, daß Sie die entsprechenden Tasten gleichzeitig drücken müssen, und TASTE1,TASTE2, daß Sie die Tasten nacheinander drücken müssen.
DATEINAMEN	VERSALIEN
Eingaben und *Bildschirmmeldungen*	*Helvetica kursiv*
Formeln und *Funktionen*	*kursiv*
Querverweise	*kursiv*

Nachdem wir Ihnen den Aufbau dieses Buches und den erfolgreichen Umgang damit erläutert haben, steht Ihrer Arbeit mit Works nichts mehr im Wege!

Kapitel 2: Grundlagen

Der Anfang ist die Hälfte des Ganzen. (Aristoteles)

In diesem Kapitel erfahren Sie zunächst, was zur Ausführung von Works erforderlich ist. Dann werden Sie durch die Installation des Programmpakets auf Ihrem PC geführt, rufen Works auf und unternehmen einige erste "Gehversuche". Dabei lernen Sie die grafische Benutzeroberfläche, die Dateiverwaltung und die Online-Hilfe kennen.

Systemanforderungen

Für den Einsatz von Works brauchen Sie einen IBM PC AT/386/486 bzw. einen zu den genannten Geräten kompatiblen PC. Er muß über einen Arbeitsspeicher von wenigstens 2 MB, eine Festplatte mit mindestens 9 MB freiem Speicherplatz sowie ein Diskettenlaufwerk mit 3,5 oder 5,25 Zoll verfügen. Works arbeitet unter dem Betriebssystem MS-DOS ab Version 3.0. Außerdem muß auf Ihrem PC Windows ab Version 3.0 installiert sein. Dazu brauchen Sie auch eine Grafikkarte: Sie können jede Karte einsetzen, die mit Microsoft Windows kompatibel ist.

Wir empfehlen dringend, daß Sie bei der Arbeit mit Works eine Maus einsetzen, obwohl diese keine unabdingbare Komponente darstellt - jede Funktion, die Sie mit der Maus ausführen, läßt sich auch über die Tastatur realisieren. Viele Arbeitsgänge werden jedoch viel effizienter mit der Maus vorgenommen! Bei der Beschreibung der einzelnen Arbeitsschritte der nachfolgenden Aufgaben beschränken wird uns deshalb meistens auf die Maus und verwenden die Tastatur nur dann, wenn es uns vom Arbeitsablauf her sinnvoll erscheint. Ergänzende Hinweise zur Arbeit mit der Tastatur finden Sie im Anhang *Tastatur*.

Maus

Installation

Um das Programmpaket Works auf Ihrem Computer einsetzen zu können, müssen Sie es zunächst einmal installieren. Dazu wird das Programm von den Disketten auf die Festplatte Ihres PC übertragen. Works wird unter Windows so wie jede andere Anwendung installiert, Hinweise dazu finden Sie auch in Ihrer Windows-Dokumentation.

Bevor Sie Works installieren, sollten Sie eine Kopie der Originaldisketten des Works-Programmpakets anfertigen. Dazu verwenden Sie den Windows-Datei-Manager und rufen im Menü **Diskette/Festplatte** den Befehl **Diskette kopieren** auf. Alternativ verwenden Sie den DOS-Befehl **Diskcopy**. Nachdem Sie die Programmdisketten vollständig kopiert haben, sollten Sie nur noch mit den Kopien arbeiten und die Originale an

einem geschützten Ort aufbewahren. Sollten Ihnen später beim Arbeiten mit den Disketten (Kopien) ein Fehler unterlaufen, beispielsweise ein versehentliches Neuformatieren, können Sie immer noch auf die Originale zurückgreifen und eine neue Kopie erstellen.

SETUP-
Programm

Works beinhaltet ein Installationsprogramm, mit dessen Hilfe der Installationsprozeß ganz einfach durchzuführen ist und weitgehend automatisch abläuft. Das Setup-Programm kopiert Dateien auf Ihre Festplatte und fordert Sie zum Wechseln der Disketten auf. Sie können die Installation jederzeit abbrechen, indem Sie die Schaltfläche **Setup abbrechen** wählen.

➡ Schalten Sie Ihren PC ein, und rufen Sie Windows 3.0 auf. Sollte der Windows-Programm-Manager nicht geöffnet sein, doppelklicken Sie auf das Symbol für den Programm-Manager.

➡ Legen Sie die Diskette SETUP in das Laufwerk A: oder B: ein.

➡ Wählen Sie im Menü **Datei** den Befehl **Ausführen**.

➡ In das Feld **Befehlszeile** geben Sie *a:setup* bzw. *b:setup* ein, klicken Sie auf **OK**.

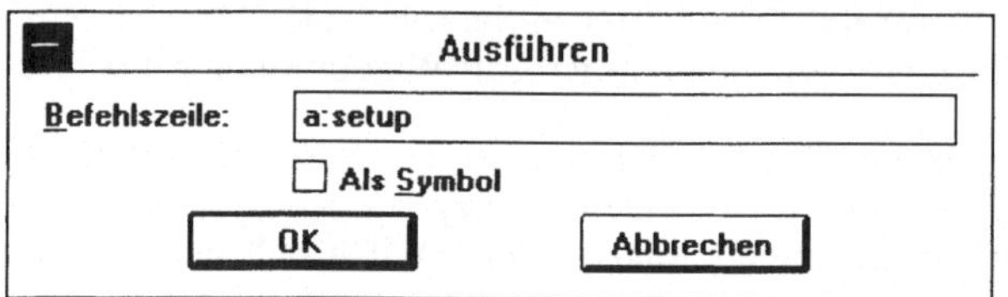

Abbildung 2-1: Starten der Installation im Programm-Manager

➡ In dem Dialogfeld **Willkommen** werden Sie vom Installationsprogramm begrüßt. Klicken Sie auf **Fortfahren**.

➡ Geben Sie nach der entsprechenden Aufforderung Ihren Namen (und gegebenenfalls den Ihres Unternehmens) ein, klicken Sie wieder auf **Fortfahren**.

➡ Das Dialogfeld **Setup-Optionen** wird angezeigt. Klicken Sie auf **Vollständige Installation**.

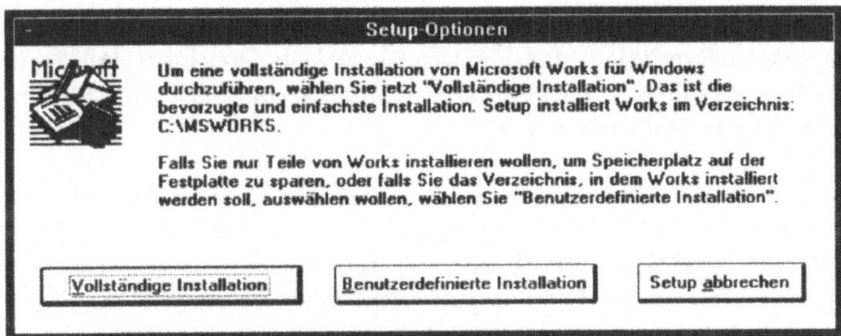

Abbildung 2-2: Das Dialogfeld Setup-Optionen

Bei einer vollständigen Installation wird Works in dem Verzeichnis
C:\MSWORKS installiert. Wenn die Installation in ein anderes Verzeichnis erfolgen soll oder wenn Sie nur Teile von Works installieren wollen,
müssen Sie eine benutzerdefinierte Installation wählen.

Befolgen Sie die Anweisungen zum Installationsvorgang.

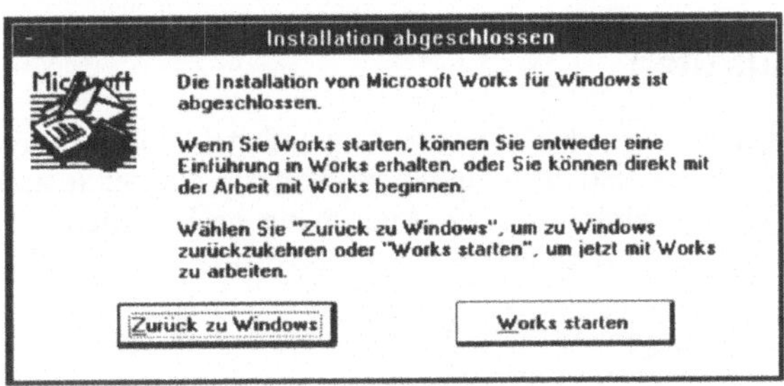

*Abbildung 2-3: Nach erfolgreicher Installation erscheint dieses
Dialogfeld*

Wenn das Dialogfeld Installation abgeschlossen erscheint, wählen Sie die Schaltfläche Zurück zu Windows, denn Sie werden
Works im nächsten Abschnitt über den Programm-Manager aufrufen.

Abbildung 2-4: Das Symbol für Works

Bei der Installation wird die Anwendung Works unter dem in *Abbildung 2-4* gezeigten Symbol in das Fenster **Microsoft Produkt-Reihe** eingeordnet. Diese Gruppierung können Sie ändern, Hinweise dazu finden Sie in der Windows-Dokumentation.

Wir empfehlen Ihnen, Unterverzeichnisse des Verzeichnisses C:\MSWORKS (bzw. des Verzeichnisses, in dem Works bei Ihnen installiert ist) anzulegen, in denen Sie Ihre eigenen Textverarbeitungsdokumente, Tabellen und Datenbanken speichern. Dadurch erreichen Sie eine inhaltliche Gruppierung Ihrer Dokumente und erleichtern sich den Überblick über den Inhalt Ihrer Festplatte. Beispielsweise könnten Sie in dem Verzeichnis C:\MSWORKS\DATEN die von Ihnen angelegten Dokumente speichern. Wenn Sie sehr viele unterschiedliche Dokumente erstellen werden, sollten Sie auch dieses Unterverzeichnis weiter gliedern, beispielsweise in C:\MSWORKS\DATEN\EINSTIEG für die Dokumente, die Sie beim Bearbeiten dieses Buches anlegen werden, und sonstige Testdateien, C:\MSWORKS\DATEN\PRIVAT für Ihre privaten Briefe und Berechnungen, C:\MSWORKS\DATEN\VEREIN für alles, was Sie für Ihren Verein schreiben und berechnen usw.

Works aufrufen

Wir gehen davon aus, daß sich die Anwendung Works in dem Fenster **Microsoft Produkt-Reihe** befindet. Sollten Sie bei der Installation eine andere Gruppe gewählt bzw. die Anordnung nachträglich verändert haben, müssen Sie die nachfolgenden Arbeitsschritte sinngemäß ausführen.

➡ Rufen Sie gegebenenfalls Windows auf und aktivieren Sie den Programm-Manager.

➡ Doppelklicken Sie im Fenster **Microsoft Produkt-Reihe** auf das Symbol für Works (siehe *Abbildung 2-4*). Daraufhin erscheint eine Copyright-Box, gefolgt von dem Bildschirm **Willkommen zu Microsoft Works**, in dem Sie zwischen dem Works-Lernprogramm und dem eigentlichen Arbeiten mit Works wählen können.

➡ Klicken Sie auf die Schaltfläche **Dieses Dialogfeld überspringen**. Damit können Sie die Arbeit mit Works beginnen, außerdem wird dieser Bildschirm in der Zukunft nicht mehr angezeigt, wenn Sie Works aufrufen.

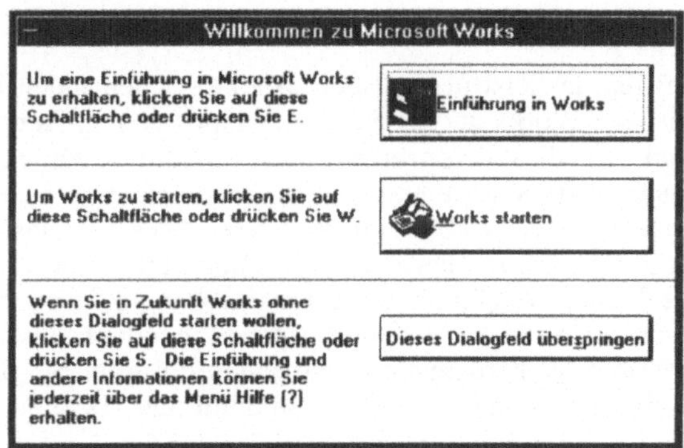

Abbildung 2-5: Die Anzeige des Bildschirms Willkommen zu Microsoft
Works kann ausgeschaltet werden

Wie Sie trotzdem jederzeit auf das Lernprogramm zugreifen können, erfahren Sie im Abschnitt *Lernprogramm* später in diesem Kapitel.

Sobald Sie eine der beiden unteren Schaltflächen ausgewählt haben, wird das Fenster **Works-Start** angezeigt. Darin können Sie anhand von Symbolen eines der Teilprogramme Textverarbeitung, Tabellenkalkulation oder Datenbank aufrufen, die Works-Assistenten auswählen bzw. eine vorhandene Datei öffnen. Wenn Sie auf **Abbrechen** klicken, wird das Fenster **Works-Start** geschlossen und ein leeres Anwendungsfenster angezeigt. Mit der Schaltfläche **?** rufen Sie die Hilfefunktion auf (siehe Abschnitt *Hilfe* weiter unten in diesem Kapitel).

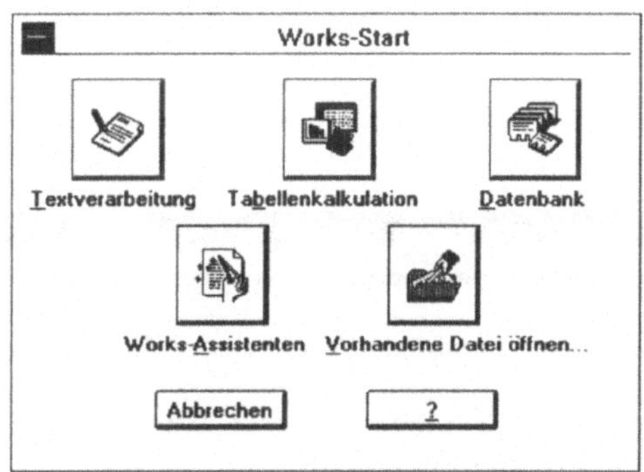

Abbildung 2-6: Das Fenster Works-Start

Zu Beginn Ihrer Arbeit müssen Sie also entscheiden, mit welchem der Teilprogramme Sie arbeiten wollen. (Im Abschnitt *Works anpassen* erfahren Sie, wie Sie auf die Anzeige dieses Bildschirms verzichten können.) Wählen Sie zunächst das Teilprogramm Tabellenkalkulation:

➡ Klicken Sie auf das Symbol **Tabellenkalkulation**. Daraufhin wird ein Bildschirm wie in *Abbildung 2-7* angezeigt.

Benutzeroberfläche

*Einheitliche
Benutzer-
oberfläche*

Wie die meisten der jetzt neu auf dem Markt erscheinenden Programmpakete lehnt sich Works an das SAA-Konzept (**S**ystem-**A**pplication-**A**rchitecture) an. Ziel dieses Konzeptes ist es, Programme mit einer einheitlichen Benutzeroberfläche zu erstellen, die nach einem gleichen Schema bedient werden können (**C**UA, **C**ommon **U**ser **A**ccess). Dies hat für den Benutzer Vorteile: beispielsweise sind Hilfsinformationen durch das Drücken der Taste F1 erhältlich, und zwar unabhängig davon, in welchem Programm und in welcher Ausführungsphase innerhalb des Programms man sich befindet. Außerdem sind auch andere Programme, die man das erste Mal einsetzt, ohne spezielles Studium der Handbücher direkt ausführbar.

Der Works-Bildschirm

Der Works-Bildschirm ist in den einzelnen Funktionsbereichen unterschiedlich aufgebaut, einige Elemente sind jedoch entsprechend dem CUA-Konzept immer vorhanden (siehe *Abbildung 2-7*):

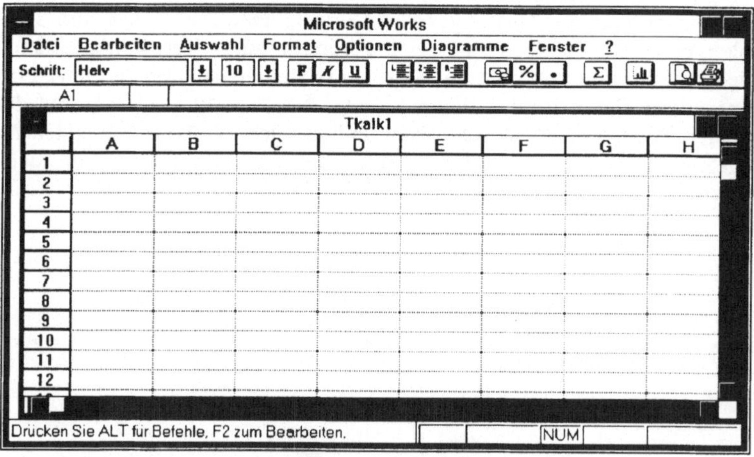

Abbildung 2-7: Der Eingangsbildschirm der Tabellenkalkulation

Arbeitsbereich

Im Bereich unterhalb der Symbolleiste, dem Arbeitsbereich, werden Dokumentfenster und Symbole angezeigt.

Menüleiste

Die Menüleiste enthält die Menüs der aktiven Anwendung. Um ein Menü zu wählen bzw. aufzuklappen, klicken Sie mit der Maus darauf.

Symbolleiste

Die Symbolleiste enthält je nach Teilprogramm unterschiedliche Symbole, mit deren Hilfe Sie Arbeitsgänge vereinfachen können. In den nachfolgenden Kapiteln finden Sie eine Beschreibung der Symbolleiste in den jeweiligen Teilprogrammen.

Feldinhalte geben Sie in den Teilprogrammen Tabellenkalkulation und Datenbank in der Bearbeitungszeile ein. Hier wird zusätzlich die Position der Einfügemarke angezeigt.

In der Textverarbeitung gibt es keine Bearbeitungszeile. Stattdessen können Sie in einem Dokumentfenster der Textverarbeitung ein Absatzlineal einblenden (siehe *Abbildungen 3-5* und *3-24*).

In der Titelleiste steht der Name der Datei bzw. der Anwendung. Links neben der Titelleiste befindet sich das Systemmenüfeld, rechts sind die Schaltflächen für Symbol und Vollbild bzw. Wiederherstellen untergebracht.

In der Statuszeile finden Sie Informationen über einen angewählten Befehl. Außerdem werden hier weitere Informationen zur aktiven Datei angezeigt. Beispielsweise können Sie hier in der Textverarbeitung ablesen, auf welcher Seite Sie sich befinden. Sind bestimmte Funktionen durch Tasten oder Befehle aktiviert, z. B. der Überschreibmodus, so wird auch das in der Statuszeile angezeigt.

Das Fenster ist ein rechteckiger Bildschirmbereich, in dem eine Anwendung, ein Dokument, ein Eingabefeld usw. erscheint. Sie können die Größe und Position eines Fensters verändern und zwischen verschiedenen Fenstern wechseln.

Am rechten und/oder unteren Rand eines Fensters, dessen Inhalt nicht vollständig angezeigt werden kann, erscheinen Bildlaufleisten. Mit Hilfe des Bildlauffeldes und der Bildlaufpfeile können Sie einen Bildlauf durchführen (auch blättern oder rollen genannt).

Befehl auswählen

Wie unter Windows üblich, sind die einzelnen Befehle in aufschlagbaren Menüs (Pull-down-Menüs) zusammengefaßt. Wenn Sie einen Befehl aufrufen wollen, aktivieren Sie zunächst eines der Menüs und wählen darin den entsprechenden Befehl aus. Einige Befehle benötigen zur Ausführung weitere Informationen, die Works in einem Dialogfeld anfordert. Andernfalls wird ein ausgewählter Befehl sofort ausgeführt.

➡ Klappen Sie das Menü **Datei** auf, indem Sie darauf klicken. Klicken Sie auf den Befehl **Neue Datei erstellen**; da es sich um einen Befehl mit der Erweiterung ... handelt, erscheint ein Dialogfeld.

➡ Klicken Sie auf das Symbol **Tabellenkalkulation**.

Daraufhin öffnet Works eine neue Tabelle mit dem Standardnamen Tkalk2 und überlagert mit dem neuen Dokumentfenster das erste, so daß vom Dokumentfenster Tkalk1 nur noch die Titelleiste sichtbar ist.

In Dialogfeldern werden Optionen bzw. Zusatzinformationen eingegeben. Die verschiedenen Optionstypen (Schaltfelder, Eingabefelder, Listenfelder usw.) arbeiten alle ein wenig unterschiedlich; wichtig ist zunächst nur, daß Sie die unterschiedlichen Zonen des Dialogfeldes mit der Maus ansteuern bzw. mit der TAB-TASTE auswählen und in Listenfeldern wie in der Datei selbst einen Bildlauf können.

Befehl abbrechen ➡ Schlagen Sie das Menü **Format** auf, wählen Sie den Befehl **Dezimalstellen**. Sie brechen den Befehl ab, indem Sie auf die Schaltfläche Abbrechen klicken.

Menü schließen ➡ Klappen Sie das Menü **Bearbeiten** auf; Klicken an beliebiger Stelle der Tabelle außerhalb des Menüs läßt es wieder verschwinden. Auch wenn Sie erneut auf den Namen eines aufgeklappten Menüs klicken, wird es geschlossen.

Wir raten Ihnen, ein wenig zu experimentieren und sich dabei einen ersten Überblick über die Befehle der Tabellenkalkulation zu verschaffen.

Wenn Sie zu einem geübten Anwender von Works geworden sind, können Sie Tastenschlüssel einsetzen: das sind Tasten oder Tastenkombinationen, mit denen ein Befehl unter Umgehung der Menüs ausgewählt und ausgeführt werden kann. Im Anhang *Tastatur* sind die wichtigsten Tastatenschlüssel zusammengestellt.

Works anpassen

In einem gewissen Maße läßt sich die Benutzeroberfläche an Ihre Bedürfnisse anpassen. So können Sie die zu verwendende Maßeinheit festlegen, die Anzeige der Statuszeile steuern, den Übertragungsanschluß festlegen und angeben, welche Teilprogramme Vorlagen verwenden sollen.

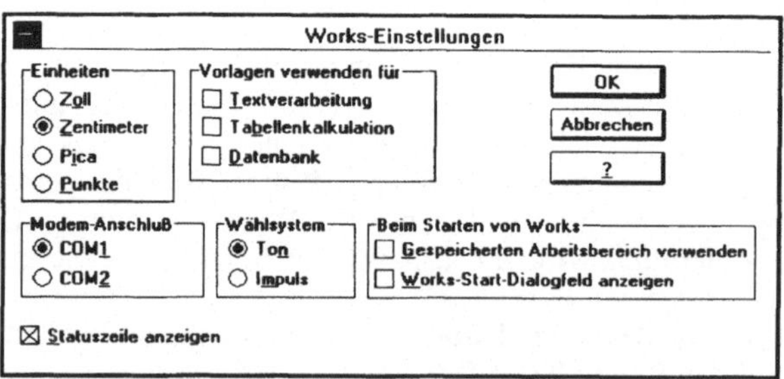

Abbildung 2-8: Die Works-Einstellungen zur Bearbeitung der Aufgaben in diesem Buch

➡ Wählen Sie im Menü **Optionen** den Befehl **Works-Einstellungen**. Daraufhin wird das Dialogfeld aus *Abbildung 2-8* angezeigt.

Einheiten ➡ Unter Einheiten legen Sie die Maßeinheit für Seitengröße und -ränder fest, die in der Textverarbeitung auch für Absatzeinzüge verwendet wird. Wählen Sie die Option Zentimeter (wenn Sie später mit Ihren eigenen Dokumenten arbeiten, können Sie natürlich eine

der anderen Maßeinheiten Zoll, Pica oder Punkte wählen, wenn
Sie damit vertrauter sind).

➡ Unter Anschluß und Wählsystem nehmen Sie Einstellungen für
Ihr Modem vor. Für die Aufgaben in diesem Buch ist es
unerheblich, was Sie hier eintragen.

*Anschluß,
Wählsystem*

➡ In diesem Buch werden keine Vorlagen verwendet, deshalb sollten
die Kontrollkästchen unter Vorlagen verwenden für wie in der
Abbildung 2-8 ausgeschaltet, d.h. leer sein.

Vorlagen

➡ Wenn Sie später immer mit bestimmten Dokumenten arbeiten,
können Sie Works veranlassen, diese Dokumente beim Aufrufen
von Works automatisch zu öffnen. Vorläufig sollte die Option Gespeicherten Arbeitsbereich verwenden ausgeschaltet sein.

*Gespeicherten
Arbeitsbereich
verwenden*

➡ Schalten Sie die Option Works-Start-Dialogfeld anzeigen aus,
indem Sie auf das Kontrollkästchen klicken. Wenn Sie Works das
nächste Mal aufrufen, wird nicht mehr der Bildschirm Works-
Start (siehe *Abbildung 2-6*) angezeigt, sondern ein leeres
Anwendungsfenster.

➡ Das Kontrollkästchen der Option Statuszeile anzeigen sollte an-
gekreuzt sein, damit im Anwendungsfenster die Statuszeile angezeigt wird.

Statuszeile

➡ Bestätigen Sie die Eingaben: klicken Sie auf OK.

Dateien verwalten

Dieser Abschnitt enthält grundlegende Informationen über das Verwalten
Ihrer Works-Dateien. Diese Funktionen sind in allen Teilbereichen iden-
tisch und außerdem für Ihre Arbeit mit Works wesentlich.

Works verwendet Dateien unterschiedlichen Typs, erkennbar an der Dateierweiterung:

Dateierweiterung

Erweiterung	Teilprogramm
.WPS	Textverarbeitung
.WKS	Tabellenkalkulation
.WDB	Datenbank

*Abbildung 2-9: Die unterschiedlichen Dateierweiterungen und deren
Einsatz in den Teilprogrammen*

Die jeweilige Dateierweiterung vergibt Works im übrigen automatisch beim Speichern der Dateien, Sie brauchen nur den Dateinamen anzugeben bzw. den von Works vorgeschlagenen Standardnamen (siehe nächster Abschnitt) zu akzeptieren.

Datei erstellen

Standardnamen

Wenn Sie Works aufrufen und eines der Teilprogramme auswählen, öffnet Works automatisch eine neue Datei mit dem für diesen Bereich gültigen Standardnamen (Text1, Text2, ... bzw. Tkalk1, Tkalk2, ... oder Daten1, Daten2, ...). Sie können jederzeit eine neue Datei erstellen (was Sie ja im vorigen Abschnitt bereits getan haben):

➡ Wählen Sie im Menü **Datei** den Befehl **Neue Datei erstellen**. In einem Dialogfeld müssen Sie angeben, in welchem Teilprogramm Sie diese Datei einsetzen wollen.

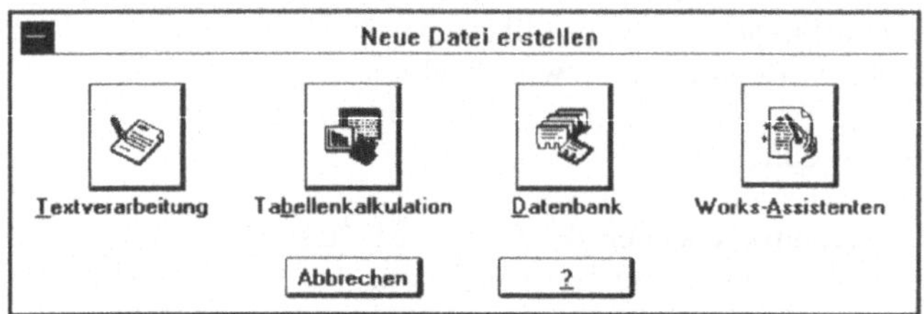

Abbildung 2-10: Öffnen einer neuen Datei

➡ Erstellen Sie eine Datei für die Textverarbeitung, indem Sie mit der Maus auf das Symbol Textverarbeitung klicken. Works öffnet ein neues Dokument Text1 und überlagert mit dem entsprechenden Dokumentfenster die anderen Dokumentfenster auf Ihrem Bildschirm.

Beachten Sie insbesondere, daß Sie jederzeit eine neue Datei für eines der Teilprogramme erstellen können, und zwar unabhängig davon, mit welchem Teilprogramm Sie gerade arbeiten: Sie haben beim Aufrufen von Works angegeben, daß Sie mit der Tabellenkalkulation arbeiten wollen, und auch zwei neue Tabellen erstellt, konnten jetzt aber problemlos ein Dokument für die Textverarbeitung erstellen. Da das neue Dokumentfenster jetzt das aktive Fenster ist, haben sich auch die Menü- und Symbolleiste geändert - dort erscheinen jetzt die Menüs bzw. Symbole der Textverarbeitung.

Vorhandene Datei öffnen

Wenn Sie an einem bereits bestehenden Dokument weiterarbeiten wollen, müssen Sie die Datei zunächst öffnen:

➡ Wählen Sie im Menü **Datei** den Befehl **Vorhandene Datei öffnen**. Das folgende Dialogfeld wird angezeigt:

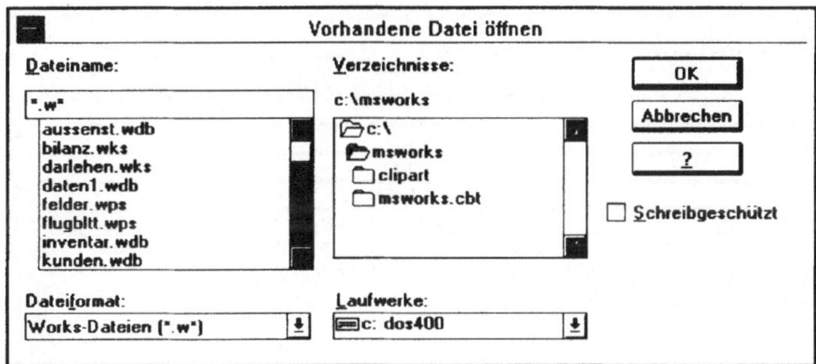

Abbildung 2-11: Öffnen einer vorhandenen Datei

In dem Eingabefeld **Dateiname** können Sie den Namen der zu öffnenden Datei einschließlich des kompletten Pfades direkt eingeben. Einfacher ist es jedoch, die Datei aus der Dateiliste auszuwählen:

➡ Unterhalb des Feldes **Verzeichnisse** zeigt Works den Namen des aktuellen Verzeichnisses an, das sollte jetzt *c:\msworks* sein (siehe *Abbildung 2-11*). Da sich die Datei, die Sie öffnen sollen, nicht in diesem Verzeichnis befindet, aktivieren Sie das gewünschte Verzeichnis, indem Sie in der Verzeichnisliste auf den Namen *msworks.cbt* doppelklicken.   *Verzeichnis*

➡ Daraufhin werden in dem Listenfeld unter **Dateiname** alle Dateien im Verzeichnis C:\MSWORKS\MSWORKS.CBT angezeigt, deren Erweiterung mit W beginnt (der Einstellung im Eingabefeld **Dateiname**).

➡ Führen Sie in dem Listenfeld unter **Dateiname** einen Bildlauf durch, bis der Dateiname *programm.wps* im Listenfeld angezeigt wird. Klicken Sie auf diesen Namen.   *Dateiname*

➡ Kreuzen Sie die Option **Schreibgeschützt** an, indem Sie auf das Kästchen klicken. Mit dieser Option verhindern Sie, daß Sie die Datei versehentlich verändern. Bestätigen Sie Ihre Eingaben durch Klicken auf **OK**. Daraufhin erscheint das Textdokument PROGRAMM.WPS auf Ihrem Bildschirm, siehe auch *Abbildung 2-12*.   *Schreibschutz*

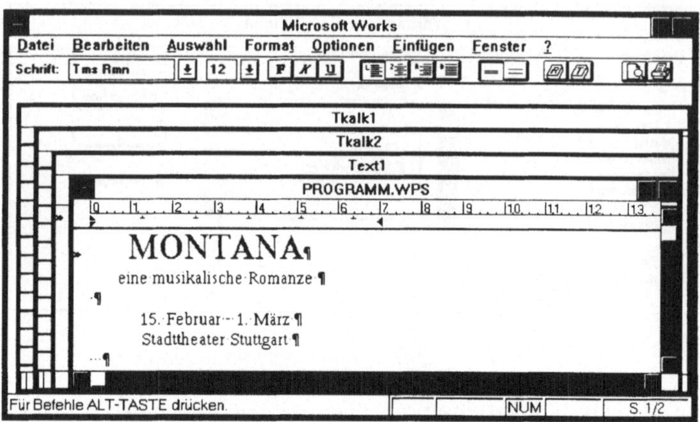

Abbildung 2-12: Das Anwendungsfenster Works mit übereinander-
gelagerten Dokumentfenstern

Laufwerk

Befindet sich die Datei nicht auf dem im Feld Laufwerke angezeigten Laufwerk, klicken Sie auf den abwärts gerichteten Pfeil neben diesem Feld. Daraufhin wird eine Liste aufgeklappt, in der Sie auf das gewünschte Laufwerk klicken.

Erscheint das gewünschte Verzeichnis nicht in der Verzeichnisliste, können Sie sich im Listenfeld in der Verzeichnishierarchie bewegen. Durch Doppelklicken auf den Namen des nächsthöheren Verzeichnisses gelangen Sie auf die nächsthöhere Hierarchiestufe. Daraufhin erscheint eine Verzeichnisliste aller vorhandenen Unterverzeichnisse, Sie können sich dann in der Hierarchie nach unten oder noch weiter nach oben bewegen.

Wenn im Listenfeld unter Dateiname nicht alle Dateien, deren Erweiterung mit W beginnt, angezeigt werden sollen, ändern Sie den Filter im Eingabefeld Dateiname (die Vorgabe ist *.w*). Wenn Sie beispielsweise *.* eingeben, werden alle Dateien im aktuellen Verzeichnis angezeigt.

Dateiformat

Der Filter läßt sich auch über das Feld Dateiformat ändern: wenn Sie auf den abwärts gerichteten Pfeil neben diesem Feld klicken, klappt eine Liste auf, in der Sie ein Dateiformat (d.h. einen Filter für die Dateierweiterung) auswählen können.

Datei speichern und schließen

Wenn Sie ein neues Dokument erstellt haben, befindet es sich zunächst einmal im Arbeitsspeicher Ihres PCs. Sie sollten es sich zur guten Angewohnheit machen, Ihre Arbeit nach jedem abgeschlossenen Teilschritt (wie beispielsweise der Eingabe größerer Textmengen, dem Formatieren einer Tabelle usw.) auf der Festplatte zu sichern. Dabei hält Works nicht nur Ihre alphanumerischen Eingaben fest, sondern auch Charakteristika Ihrer Dokumente wie Format, Auszeichnungen usw. Wenn Sie ein Dokument zum ersten Mal speichern, sollten Sie den Works-Standardnamen durch einen aussagefähigen Namen ersetzen.

➡ Aktivieren Sie das Fenster Tkalk1, rufen Sie im Menü **Datei** den Befehl **Speichern unter** auf. Daraufhin wird ein Dialogfeld angezeigt, das dem Dialogfeld des Befehls **Vorhandene Datei öffnen** sehr ähnelt.

Datei erstmalig speichern

➡ Im Feld Dateiname ist der Works-Standardname *tkalk1* vorgegeben und markiert, überschreiben Sie ihn mit *einstieg*.

➡ Unter Verzeichnisse wird mit *c:\msworks\msworks.cbt* das aktuelle Verzeichnis angezeigt (das Sie beim Öffnen der Datei PROGRAMM.WPS aktiviert haben). Wenn Sie unserer Empfehlung im Abschnitt *Installation* gefolgt sind und ein Verzeichnis für Ihre eigenen Dokumente angelegt haben, wechseln Sie in dieses Verzeichnis, indem Sie in der Verzeichnisliste zunächst auf *msworks* doppelklicken und dann, nach der Anzeige der neuen Verzeichnisliste, auf *daten* doppelklicken. Wenn Sie das Verzeichnis C:\MSWORKS\DATEN weiter untergliedert haben, müßten Sie sich in der Hierarchie noch weiter nach unten begeben. Wenn Sie kein eigenes Verzeichnis angelegt haben, wechseln Sie nur in das Verzeichnis C:\MSWORKS.

➡ Wenn Sie jetzt auf OK klickten, würde Works das Dokument unter dem Namen EINSTIEG.WKS in dem Verzeichnis C:\MSWORKS\DATEN (bzw. dem von Ihnen gewählten Verzeichnis) speichern. Da es sich nicht lohnt, das leere Dokument zu speichern, sollten Sie auf Abbrechen klicken.

Denken Sie daran, daß die Dateinamen in WORKS denselben Regeln genügen müssen wie unter DOS: sie umfassen maximal 8 Zeichen und bestehen aus einer beliebigen Kombination der Buchstaben von A-Z, der Ziffern von 0 - 9 und einiger Sonderzeichen.

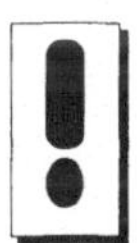

Wenn Sie Ihr Dokument in einem Format speichern wollen, das von anderen Programmen gelesen und interpretiert werden kann, klappen Sie das Listenfeld Dateiformat auf, indem Sie auf den abwärts gerichteten Pfeil klicken. Dann können Sie in der Liste ein Format auswählen, beispielsweise das Format *Lotus 1-2-3*.

Wenn Sie an einem umfangreicheren Dokument Änderungen vornehmen, beispielsweise eine Datenbank umstrukturieren oder eine Tabelle sortieren, können durch eine Unachtsamkeit oder ein unzureichend durchdachtes Vorgehen wertvolle Daten verlorengehen. Daher empfiehlt es sich, solche größeren Aktionen nicht mit dem Originaldokument, sondern einer Kopie durchzuführen. Sie können Works veranlassen, bei jedem Speichern Ihres Dokuments eine Sicherungskopie zu erstellen, indem Sie im Dialogfeld die entsprechende Option auswählen bzw. ankreuzen. Zum Ein- oder Ausschalten der Option klicken Sie auf das Kontrollkästchen Sicherungskopie erstellen. Diese Sicherungskopie hat den-

selben Namen wie das Originaldokument, die Dateierweiterung beginnt jedoch mit **B**.

Datei erneut speichern

Nachdem Sie ein Dokument erstmalig mit dem Befehl **Speichern unter** aus dem Menü **Datei** gespeichert haben, können Sie Änderungen sichern (und das sollten Sie auch regelmäßig tun!). Dazu rufen Sie im Menü **Datei** den Befehl **Speichern** auf. Works überschreibt dann die zuletzt gespeicherte Version des Dokuments mit dessen aktuellem Inhalt. Hatten Sie beim Speichern des Dokuments mit dem Befehl **Speichern unter** die Option Sicherungskopie erstellen ausgewählt, wird beim erneuten Speichern des Dokuments die vorherige Version des Dokuments zur Sicherungskopie.

Sie können ein geöffnetes Dokument jederzeit umbenennen. Wenn Sie die aktuelle Fassung des Dokuments unter dem bisherigen Dateinamen beibehalten wollen, speichern Sie es zunächst mit dem Befehl **Speichern** aus dem Menü **Datei**. Dann rufen Sie im Menü **Datei** den Befehl **Speichern unter** auf und geben in das Textfeld Dateiname den neuen Dateinamen ein. Auf diese Weise erstellen Sie zwei identische Fassungen des Dokuments.

Datei schließen

Wenn Sie ein Dokument nicht mehr benötigen, aber weiter mit Works arbeiten wollen, sollten Sie das Dokument schließen:

➡ Aktivieren Sie das Fenster Tkalk1, indem Sie im Menü **Fenster** auf diesen Namen klicken.

➡ Rufen Sie im Menü **Datei** den Befehl **Schließen** auf. Haben Sie in dem Dokument Änderungen vorgenommen und diese noch nicht gespeichert, so werden Sie gefragt, ob Sie die Änderungen jetzt speichern wollen. Wenn Sie auf Ja klickten, würde Works das Dokument speichern bzw. zunächst das Dialogfeld des Befehls **Speichern unter** anzeigen. Klicken Sie auf Nein.

In Works ist es nicht möglich, Dateien zu löschen. Dazu verwenden Sie im Datei-Manager von Windows den Befehl **Löschen** im Menü **Datei**.

Integrierte Hilfsprogramme

Nicht nur anfangs werden Sie gelegentlich bei der Bearbeitung eines Textes, einer Tabelle oder einer Datenbank steckenbleiben und einen Hinweis für die weitere Arbeit brauchen. Eine Reihe von Hilfsmitteln erleichtert das Erlernen und Anwenden von Works: eine Hilfefunktion, ein Lernprogramm und drei Assistenten. Dazu kommen die optischen Hilfsmittel auf dem Bildschirm wie z.B. die Symbolleiste oder das Absatzlineal sowie die begleitende Dokumentation.

Hilfe

Sehr nützlich ist die integrierte Hilfefunktion: sie bietet Hilfe zu einzelnen Befehlen, Dialogfeldern oder Meldungen, läßt sich aber auch als umfangreiches Nachschlagewerk nutzen.

➡ Schlagen Sie das durch ein **?** in der Menüleiste symbolisierte Menü **Hilfe** auf und wählen Sie darin den Befehl **Index**. Daraufhin wird eine Liste von 10 Sachgebieten angezeigt, durch die Farbe (soweit vorhanden) und Unterstreichung als Verweise gekennzeichnet.

Themenbezogene Hilfe aufrufen

➡ Klicken Sie auf den Eintrag *Textverarbeitung*. Jetzt können Sie zwischen vier Themen zur Textverarbeitung wählen.

➡ Klicken Sie auf *Drucken Ihres Textverarbeitungsdokuments*. Weitere Auswahlmöglichkeiten werden angezeigt, klicken Sie auf *Seitenzahlen*. Daraufhin erscheint der Hilfetext zum Drucken von Seitenzahlen in Textverarbeitungsdokumenten.

In diesem Hilfetext können Sie einen Bildlauf durchführen, Definitionen einblenden und zu anderen Themen verzweigen. Definitionen sind Passagen innerhalb des Textes, die mit einer durchbrochenen Linie unterstrichen und, sofern Sie einen Farbmonitor einsetzen, farbig hervorgehoben sind, z.B. *Kopf-/Fußzeilen.* Wenn Sie den Mauszeiger auf *Kopf-/Fußzeilen* bewegen, verwandelt er sich in eine Hand.

Definition anzeigen

➡ Klicken Sie auf *Fußzeilen* und halten Sie die Maustaste gedrückt. Daraufhin wird eine Definition zu diesem Begriff angezeigt (siehe *Abbildung 2-13*). Lassen Sie die Maustaste wieder los.

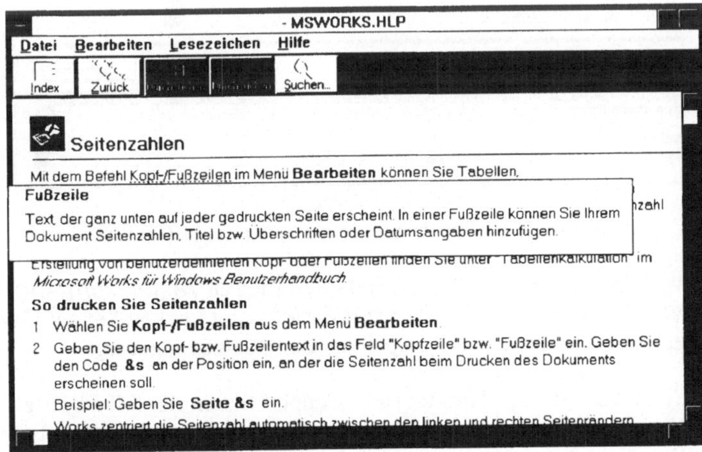

Abbildung 2-13: Ein Hilfetext mit eingeblendeter Definition

Zu einem
verwandten
Thema springen

Außerdem gibt es unterstrichene Textpassagen am Ende des Hilfetextes (soweit möglich ebenfalls farbig hervorgehoben), das sind im allgemeinen Verweise auf verwandte oder weiterführende Themen. Wenn Sie auf einen solchen Text klicken (auch hier verwandelt sich der Mauszeiger in eine Hand), wird der Hilfetext zu dem entsprechenden Thema angezeigt. Über die Schaltfläche Zurück kehren Sie zu dem vorher angezeigten Thema zurück.

Gezielt suchen

So gelangen Sie allmählich zu dem Thema, zu dem Sie Hilfe benötigen. Es gibt jedoch auch eine Möglichkeit, gezielt Informationen zu erhalten:

➡ Klicken Sie auf die Schaltfläche Suchen im Hilfefenster. Im Dialogfeld Suchen wählen Sie in einem Listenfeld den Begriff aus, zu dem Sie Hilfe benötigen, oder geben den gesuchten Begriff direkt in ein Textfeld ein.

➡ Schreiben Sie in das Eingabefeld *kursiv*. Im Listenfeld wird daraufhin der Eintrag *kursiv* markiert.

➡ Klicken Sie auf Suchen. Im unteren Bereich des Dialogfelds teilt Works mit, daß sechs Themen gefunden worden sind, die einen Bezug zum Begriff *kursiv* haben; dabei handelt es sich u. a. um die in der *Abbildung 2-14* genannten Themen.

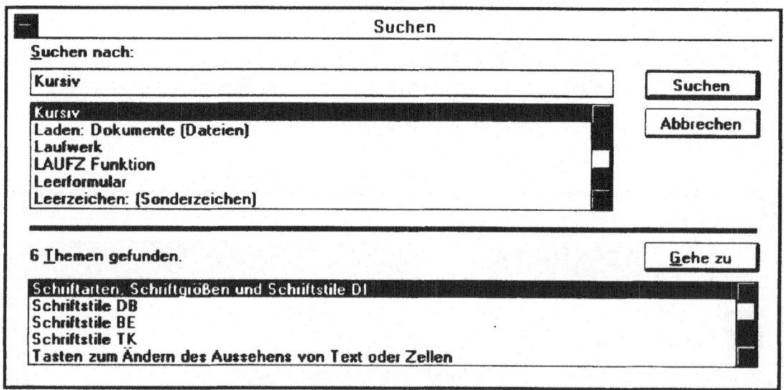

Abbildung 2-14:Das Dialogfeld Suchen im Hilfefenster

➡ Wählen Sie im unteren Listenfeld den Eintrag *Tasten zum Ändern des Aussehens von Text oder Zellen*, und klicken Sie auf Gehe zu. Daraufhin wird der entsprechende Hilfetext angezeigt.

Hilfe beenden

➡ Schließen Sie das Hilfefenster: klappen Sie in der Menüleiste des Hilfefensters das Menü **Datei** auf und führen Sie den Befehl **Beenden** aus.

Wenn ein Befehl ausgewählt ist oder aber ein Dialogfeld oder eine Meldung angezeigt wird, können Sie dazu sofort Hilfe bekommen:

➡ Wählen Sie im Menü **Datei** den Befehl **Speichern unter**. Wenn das Dialogfeld angezeigt wird, drücken Sie die Funktionstaste F1 oder die Schaltfläche ? im Dialogfeld. Damit aktivieren Sie das Hilfefenster mit einem Hilfetext zu dem Befehl **Speichern unter**. Im Hilfefenster können Sie die bereits beschriebenen Funktionen ausführen.

               Kontextsensitive Hilfe aufrufen

➡ Experimentieren Sie ein wenig, um sich mit dieser wichtigen Funktion vertraut zu machen, bevor Sie die Hilfe verlassen!

Lernprogramm

Wenn Sie sich einen schnellen Überblick über Works verschaffen wollen, aktivieren Sie das Lernprogramm. Es zeigt die Fähigkeiten von Works und gibt Ihnen Gelegenheit, ein wenig zu üben. Auch wenn das Dialogfeld **Willkommen zu Microsoft Works** beim Aufrufen von Works nicht mehr angezeigt wird (siehe Abschnitt *Works aufrufen*), können Sie jederzeit auf das integrierte Lernprogramm zugreifen.

➡ Wählen Sie im Menü **Hilfe** (durch ein ? in der Menüleiste symbolisiert) den Befehl **Lernprogramm**.

               Lernprogramm aufrufen

➡ In einem ersten Fenster geben Sie an, ob Sie sich nur über Tastatur- oder aber auch über Maustechniken informieren wollen. Klicken Sie mit der linken Maustaste auf den Bildschirm. Daraufhin erscheint das Hauptmenü des Lernprogramms, in dem Sie die Wahl zwischen 6 Themen haben. Klicken Sie auf ein Thema, und lassen Sie sich von dem Lernprogramm führen.

➡ Wenn Sie das Lernprogramm verlassen wollen, klicken sie auf die Schaltfläche **Steuerung**: STRG+F1 am unteren Bildschirmrand.

Works-Assistenten

Works hilft Ihnen mit drei Assistenten beim Erstellen von Works-Dokumenten. Sie können mit ihnen unter schrittweiser Anleitung ein Adreßbuch, angepaßte Serienbriefe und Adreßetiketten erstellen. Zum Aufruf eines Works-Assistenten haben Sie mehrere Möglichkeiten:

➡ Direkt beim Aufrufen von Works klicken Sie im Dialogfeld **Works-Start** auf das Symbol **Works-Assistenten**.

               Assistenten aufrufen

➡ Später, bei der Arbeit mit Works wählen Sie im Menü **Datei** den Befehl **Neue Datei erstellen**. Ein Dialogfeld erscheint, in dem Sie auf das Symbol **Works-Assistenten** klicken.

➡ In beiden Fällen wählen Sie den gewünschten Assistenten in einem Listenfeld aus. Klicken Sie auf OK.

Daraufhin werden Sie von dem entsprechenden Assistenten durch die Arbeit geführt.

Works beenden

Works kurzzeitig verlassen

Nun sollten Sie Works einmal probeweise beenden, dazu haben Sie wieder mehrere Möglichkeiten. Wenn Sie Works nur kurzzeitig verlassen wollen, um zwischendurch mit Windows oder einer anderen Anwendung zu arbeiten:

➨ Drücken Sie ALT-TASTE+ESC-TASTE, um zwischen Works, dem Programm-Manager von Windows und anderen geöffneten Anwendungen hin- und herzuschalten.

Oder:

➨ Klicken Sie auf das Sinnbildfeld in der Titelleiste von Works. Im unteren Bildschirmbereich wird dann das Symbol für Works angezeigt (siehe *Abbildung 2-4*). Wenn Sie später die Arbeit mit Works wiederaufnehmen wollen, doppelklicken Sie auf dieses Symbol.

Works beenden

Wenn Sie dagegen die Arbeit mit Works endgültig beenden wollen:

➨ Wählen Sie im Menü **Datei** den Befehl **Works Beenden**.

Wenn Sie eine der geöffneten Dateien geändert und die Änderungen noch nicht gespeichert haben, werden Sie gefragt, ob Sie diese Änderungen speichern möchten (s. Abschnitt *Dateien verwalten* in diesem Kapitel).

➨ In dieser Aufgabe haben Sie noch nichts Bewahrenswertes in die geöffneten Dateien geschrieben, so daß Sie diese Frage verneinen können: klicken Sie auf Nein.

Zusammenfassung

Works aufrufen

➨ PC einschalten, Windows aufrufen.
➨ Auf Symbol für Works doppelklicken.
➨ Evtl. Eingangsbildschirm Willkommen zu Microsoft Works durch Drücken der Schaltfläche Works starten übergehen.
➨ Evtl. im Fenster Works-Start auf Schaltfläche für Teilprogramm oder Vorhandene Datei öffnen klicken.

Works beenden

➨ Im Menü **Datei** Befehl **Works beenden** ausführen.
➨ Wenn noch nicht alle Änderungen in den geöffneten Fenstern gespeichert sind, erfolgt eine Sicherheitsabfrage.
➨ Works kurzfristig verlassen: ALT-TASTE+ESC-TASTE oder auf Sinnbildfeld in Works-Titelleiste klicken.

Befehl auswählen

➡ Menü aufklappen: auf Menü in Menüleiste klicken.
➡ Auf Befehl klicken.
➡ Gegebenenfalls im Dialogfeld Optionen auswählen und Eingaben vornehmen. Auf OK klicken, um Befehl auszuführen, und auf Abbrechen, um Befehl abzubrechen.

Works anpassen

➡ Im Menü **Optionen** Befehl **Works-Einstellungen** aufrufen.
➡ Option auswählen.

Datei erstellen

➡ Im Fenster Works-Start auf Symbol für Teilprogramm klicken
oder
➡ im Menü **Datei** Befehl **Neue Datei erstellen** aufrufen und im Dialogfeld auf Symbol für Teilprogramm klicken.

Datei öffnen

➡ Im Menü **Datei** Befehl **Vorhandene Datei öffnen** aufrufen.
➡ Im Dialogfeld im Eingabefeld Dateiname kompletten Pfadnamen der Datei eingeben, oder Datei im Listenfeld unter Dateiname auswählen. Gegebenenfalls Verzeichnis und Laufwerk wechseln.
➡ Bei Bedarf im Listenfeld Dateiformat Fremdformat auswählen, aus dem Dokument importiert werden soll.
➡ Wenn beim Speichern der Datei Sicherungskopien angelegt werden sollen, entsprechende Option ankreuzen.
➡ Auf OK klicken.

Datei zum ersten Mal speichern

➡ Im Menü **Datei** Befehl **Speichern unter** aufrufen.
➡ Im Dialogfeld im Feld Dateiname Works-Standardnamen mit aussagefähigem Namen überschreiben (Eingabe der Erweiterung nicht erforderlich).
➡ Eventuell Verzeichnis und Laufwerk wechseln.
➡ Bei Bedarf im Listenfeld Dateiformat Fremdformat auswählen, in dem Dokument exportiert werden soll.
➡ Auf OK klicken.

Datei erneut speichern

➡ Im Menü **Datei** Befehl **Speichern** ausführen.

Dokument schließen

➡ Im Menü **Datei** Befehl **Schließen** ausführen.
➡ Evtl. nach Sicherheitsabfrage Dokument speichern.

Themenbezogene Hilfe anfordern

➡ Im Hilfemenü (**?** in Menüleiste) Befehl **Index** auswählen.
➡ Thema auswählen: auf Verweis (unterstrichen) klicken.
oder
➡ Im Hilfefenster auf Schaltfläche Suchen klicken. Im Dialogfeld
   Suchbegriff eingeben, aus Liste der gefundenen Themen ein Thema
   auswählen und auf Gehe zu klicken.
➡ Zum vorherigen Hilfetext zurückkehren: auf Schaltfläche Zurück
   klicken.
➡ Definition (gepunktete Unterstreichung) anzeigen: mit gedrückter
   Maustaste auf Definition zeigen.
➡ Hilfe verlassen: im Menü **Datei** Befehl **Beenden** ausführen.

Kontextbezogene Hilfe anfordern

➡ Wenn Dialogfeld oder Meldung angezeigt wird, auf Schaltfläche **?**
   klicken.
➡ Im Hilfefenster arbeiten wie unter *Themenbezogene Hilfe anfordern*
   beschrieben.

Lernprogramm bearbeiten

➡ Im Hilfemenü (**?** in Menüleiste) Befehl **Lernprogramm** aufrufen.
➡ Den Anweisungen des Lernprogramms folgen.
➡ Lernprogramm beenden: auf Schaltfläche Steuerung: STRG+F1 am
   unteren Bildschirmrand klicken.

Mit Works-Assistenten arbeiten

➡ Im Menü **Datei** Befehl **Neue Datei erstellen** aufrufen.
➡ Im Dialogfeld auf Symbol Works-Assistenten klicken.
➡ Den gewünschten Assistenten aus Listenfeld in weiterem Dialog-
   feld auswählen.
➡ Den Anweisungen des Works-Assistenten folgen.

Kapitel 3: Textverarbeitung

Nähme man den Zeitungen den Fettdruck - : um wieviel stiller wäre es in
der Welt - ! (Tucholsky)

Als ich vor Jahren meine Diplomarbeit geschrieben habe, stand mir nur eine Schreibmaschine zur Verfügung - immerhin eine elektrische. Ich habe reichlich Korrekturflüssigkeit und -blättchen verbraucht, trotzdem etliche Seiten mehrmals geschrieben, Absätze ausgeschnitten und an anderer Stelle wieder eingeklebt und die Seitenzahlen erst ganz zum Schluß auf die einzelnen Blätter getippt. Anschließend mußte ich das Original kopieren, um eine halbwegs saubere Kopie abgeben zu können. Aber damals kamen gerade die ersten PCs auf den Markt, und an preiswerte Programme mit der Leistungsfähigkeit des Works-Textverarbeitungsprogramms war noch nicht zu denken. Als wir dagegen vor einigen Wochen umgezogen sind, habe ich einen Brief mit der Works-Textverarbeitung geschrieben, die Adressen unserer privaten und geschäftlichen Verbindungen aus der Works-Adreßdatenbank ausgewählt und die Serienbrieffunktion aufgerufen. Schon waren knapp 100 Briefe fertig und brauchten nur noch in Fensterbriefumschläge gesteckt zu werden.

Ob Sie nun Ihre Examensarbeit oder andere längere Berichte schreiben müssen, häufig Briefe ähnlichen Inhalts versenden, Briefe gleichen Inhalts an verschiedene Adressaten schicken oder einfach Ihre Gedanken in einer Art Tagebuch festhalten wollen - in all diesen Fällen ist das Textverarbeitungsprogramm von Works eine wahre Arbeitserleichterung. Es genügt den Grundprinzipien der Textverarbeitung:

-	die Texte sind reproduzierbar
-	die Texte lassen sich mischen
-	die Texte lassen sich in Einzelteile zerlegen.

Dazu kommt, daß Sie Texte beliebig häufig korrigieren, umstellen und überarbeiten sowie Briefe gleichen Inhalts an verschiedene Empfänger schreiben können (die bereits erwähnte Serienbrieffunktion).

Im allgemeinen werden bei der Textverarbeitung die folgenden Etappen unterschieden, die sich auch im Aufbau des Kapitels widerspiegeln:

-	Text eingeben
-	Text bearbeiten
-	Text formatieren
-	Seiten im voraus ansehen und gegebenenfalls verbessern
-	drucken
-	speichern.

Das heißt nun allerdings nicht, daß Sie immer in dieser Reihenfolge vorgehen müssen: Schreiben ist kein streng iterativer Prozeß! Sie werden vielmehr einige Grundeinstellungen für die Formatierung vornehmen, bevor Sie Text eingeben, direkt beim Schreiben korrigieren, Ergänzungen vornehmen, Absätze umstellen und den Text auch schon ein wenig gestalten. Vor allem werden Sie während der Arbeit an einem längeren Dokument dieses immer mal wieder speichern. Und vielleicht geht es Ihnen so wie mir - zum Korrigieren und Überarbeiten eines längeren Textes brauche ich das Medium Papier.

Die Grundfunktionen der sechs genannten Arbeitsschritte lernen Sie im Verlaufe des Kapitels kennen, dabei werden wir aus didaktischen Gründen nicht immer die rationellste Form der Bearbeitung wählen. Weitere Funktionen der Textverarbeitung behandeln wir im Kapitel 7, das der Integration der einzelnen Works-Teilprogramme gewidmet ist.

Aufgabe: Protokoll schreiben

Als Schriftwartin des Skatvereins "Reizende Herzchen" müssen Sie die Protokolle der Mitgliederversammlungen schreiben. Bisher war das eine ziemlich mühsame Arbeit: Sie legen Wert auf eine makellose Erscheinung Ihrer Protokolle und wollen ihnen ein einheitliches Aussehen verleihen. Daher haben Sie mit der Schreibmaschine immer mehrere Anläufe nehmen müssen, um ein Protokoll zu erstellen, dessen Form Ihren Ansprüchen genügt. Aber jetzt haben Sie ja Works! In den *Abbildungen 3-1* und *3-2* auf den folgenden Seiten ist das fertige Protokoll zu sehen.

Vorarbeiten

Bevor Sie mit dem Schreiben beginnen können, müssen Sie zunächst einige Vorbereitungen treffen:

➡ Schalten Sie (wenn nötig) Ihren PC ein, rufen Sie Windows auf und dann Works (siehe Kapitel 2, Abschnitt *Works aufrufen*).

Neues Dokument erstellen

➡ Jetzt sollte das Fenster **Works-Start** (siehe *Abbildung 2-6*) angezeigt werden, klicken Sie darin auf das Symbol **Textverarbeitung**.

➡ Wenn die Anzeige des Fensters **Works-Start** bereits ausgestellt ist und ein leeres Anwendungsfenster erscheint, rufen Sie im Menü **Datei** den Befehl **Neue Datei erstellen** auf und klicken im Dialogfeld auf das Symbol **Textverarbeitung**.

Skatverein Reizende Herzchen
Vorsitzende: Karin Sander

Protokoll
Außerordentliche Mitgliederversammlung
9. Januar 1992 im Ratskrug zu Ratingen

Teilnehmer:

Siehe beigefügte Anwesenheitsliste

Tagesordnung:

1. Begrüßung
2. Tagesordnung
3. Protokoll der letzten Sitzung
4. Beitragsänderung
5. Veranstaltungstermine
6. Verschiedenes
7. Nächste Sitzung

1. Begrüßung

Gegen 20 Uhr 30 begrüßte die 1. Vorsitzende Karin Sander die
anwesenden Skatfreundinnen und stellte die Beschlußfähigkeit der
Versammlung fest.

2. Tagesordnung

Die in der Einladung zu der Sitzung vorgeschlagene Tagesordnung wurde
ohne Änderung angenommen.

3. Protokoll der letzten Sitzung

Das Protokoll der letzten Sitzung wurde ohne Änderung angenommen.

4. Beitragsänderung

Rückwirkend ab 1. Januar 1992 wird der monatliche Beitrag für alle aktiven
und passiven Mitglieder auf DM 10,- angehoben.

Der Beitrag wird an jedem 1. Montag eines Monats in bar erhoben. Dieser
Vorschlag wurde mit 27 Ja-Stimmen bei 3 Enthaltungen
angenommen. Damit entfällt der bisher bei einem Teil der Mitglieder
praktizierte Bankeinzug.

Wie bisher wird bei den Meisterschaftsserien für jedes verlorene Spiel DM
1,- erhoben. Dieser Betrag dient vornehmlich der Finanzierung des
Preisskats an jedem letzten Montag im Monat, bei dem die folgenden
Preise ausgesetzt sind:

    1. Preis: DM 50,-
    2. Preis: DM 30,-
    3. Preis: DM 20,-

Abbildung 3-1: Die erste Seite des fertigen Protokolls

Mitgliederversammlung vom 9.1.1992

5. Veranstaltungstermine

6.9.1992   Traditioneller Wandertag mit anschließendem Grillfest

10.10.1992   Jubiläumsfeier. Die Skatfreundinnen Ilse Breitscheidt und
                Gudrun Halbweg werden ein Programm entwerfen und bei
                der ordentlichen Mitgliederversammlung im März
                vorschlagen.

8.11.1992   Die Ratinger Skat-Stadtmeisterschaft der Damen soll wie
                bisher am zweiten Sonntag im November stattfinden. Die
                1. Vorsitzende Karin Sander wird bei der Stadtverwaltung
                vorsprechen, um geeignete Räumlichkeiten zu reservieren.

6. Verschiedenes

Die 2. Vorsitzende Ines Krause-Halke ermahnte aus gegebenem Anlaß alle
Skatfreundinnen, pünktlich zu den Spielabenden zu erscheinen bzw.
rechtzeitig abzusagen, so daß die Auslosung der Spieltische ohne
unnötige Verzögerung erfolgen kann.

7. Nächste Sitzung

Die nächste ordentliche Mitgliederversammlung findet am Dienstag, dem
17. März statt.

Die Versammlung wurde um 21 Uhr 45 geschlossen.

Karin Sander   Maria Kabel
1. Vorsitzende   *Schriftwartin*

Seite 2

Abbildung 3-2: Die zweite Seite des fertigen Protokolls

Works anpassen

Works nimmt einige Standardeinstellungen vor, aber um sicherzustellen,
daß Sie von derselben Basis ausgehen wie wir, sollten Sie diese zunächst
einmal überprüfen bzw. ändern.

➡ Schlagen Sie das Menü **Optionen** auf.

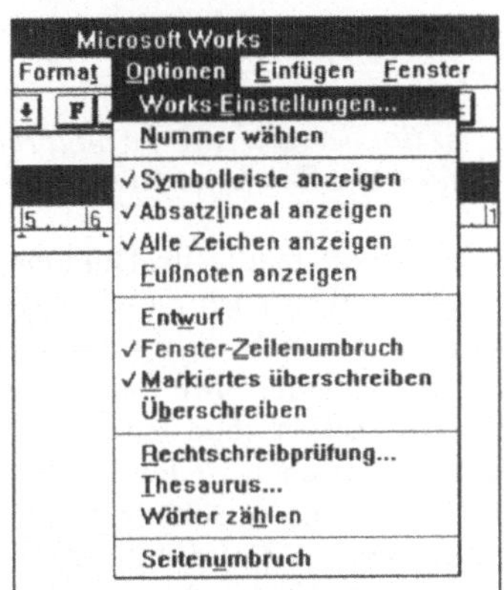

*Abbildung 3-3: Die in diesem Buch zugrundegelegten Einstellungen in der
Textverarbeitung*

In diesem Menü gibt es eine ganze Reihe von Befehlen, mit denen Sie die
Benutzeroberfläche von Works in der Textverarbeitung steuern können.
Diese Befehl arbeiten wie Schalter: wenn Sie einen Befehl auswählen, ist
dieser solange aktiviert, bis Sie ihn wieder aufrufen und damit
ausschalten. Ein aktivierter Befehl ist durch ein Häkchen gekennzeichnet.
Die Einstellung der Befehle bleibt beim Verlassen von Works
gespeichert, so daß Sie beim nächsten Aufrufen von Works unter denselben Bedingungen weiterarbeiten können. Aktivieren Sie die Befehle
entsprechend *Abbildung 3-3*.

Mit diesem Befehl schalten Sie die Anzeige der Symbolleiste ein oder   *Symbolleiste*
aus. Wir haben bereits im vorigen Kapitel erwähnt, daß die Symbolleiste   *anzeigen*
die Arbeit mit Works erheblich erleichtert und beschleunigt.

Mit Hilfe des Absatzlineals können Sie sehr schnell Einzüge und Tab-   *Absatzlineal*
stops festlegen.   *anzeigen*

Mit diesem Befehl veranlassen Sie Works, nicht nur die eingegebenen   *Alle Zeichen*
Buchstaben und Zahlen auf dem Bildschirm anzuzeigen, sondern auch die   *anzeigen*
in der *Abbildung 3-4* dargestellten Sonderzeichen. Die Anzeige der
Sonderzeichen erleichtert Ihnen das Verständnis einiger Funktionen,
beispielsweise des manuellen Zeilenwechsels.

```
┌─────────────────────────────────────────────────────────────┐
│  Einige·sichtbare·Sonderzeichen:¶                             │
│  ¶                                                            │
│  Absatzendemarke¶                                             │
│  L·e·e·r·z·e·i·c·h·e·n¶                                       │
│  Zeilenendemarke·(bei·manuellem·Zeilenwechsel):··↵           │
│  Tabulatorzeichen:···→    →      →    ¶                       │
│  ↳ Automatischer·Seitenwechsel·(links)¶                       │
│  ·············································                  │
│  ↳ Manueller·Seitenwechsel·(links·und·oben)¶                 │
└─────────────────────────────────────────────────────────────┘
```

*Abbildung 3-4: Einige der Sonderzeichen, die angezeigt werden, wenn
der Befehl Alle Zeichen aktiviert ist*

*Fenster-
Zeilenumbruch*

Wenn Ihre Seitenränder nicht vollständig im Dokumentfenster angezeigt werden können, wird das Dokument nach rechts bewegt, sobald Sie den rechten Rand erreichen. Das kann sehr lästig sein, weil Sie dann nicht mehr die ganze Zeile auf einmal sehen. Mit dem Befehl **Fenster-Zeilenumbruch** verhindern Sie, daß Zeilen über den Fensterrand hinausgehen. Works führt dann einen automatischen Zeilenwechsel durch, sobald Sie den Rand des Fensters erreichen, unabhängig von der Breite Ihres Dokuments. Beim Drucken wird der Zeilenumbruch wieder am von Ihnen festgelegten rechten Seitenrand durchgeführt. (Siehe auch Abschnitte *Text eingeben* und *Seitengröße festlegen*.

*Markiertes
überschreiben*

Wenn dieser Befehl eingeschaltet ist, können Sie in einem Arbeitsgang einen vorhandenen Text löschen und einen neuen Text an dieser Stelle eingeben. Diese Vorgehensweise ist beim Korrigieren und Bearbeiten eines Dokuments meistens zu empfehlen.

Die folgenden Befehle sind nicht aktiv:

*Fußnoten
anzeigen*

Den Befehl **Fußnoten anzeigen** können Sie nur dann aktivieren, wenn Ihr Dokument Fußnoten enthält.

Entwurf

Wenn Sie lange Dokumente schreiben, die noch dazu viele verschiedene Schriftarten und -stile, Tabellen usw. enthalten, ist es sinnvoll, in die Entwurfsansicht zu wechseln. Dann wird das Dokument auf dem Bildschirm nicht mehr so angezeigt, wie es gedruckt werden wird; stattdessen verwendet Works nur noch eine Schriftart und -größe. Das hat aber den Vorteil, daß Sie einen schnelleren Bildlauf durchführen können.

Überschreiben

Wenn Sie den Befehl **Überschreiben** aktivieren, ersetzt Works Zeichen für Zeichen den vorhandenen Text rechts von der Einfügemarke, wenn Sie neuen Text eingeben.

Der Bildschirm in der Textverarbeitung

Auf Ihrem Bildschirm wird das leere Dokument Text1 angezeigt, wie in *Abbildung 3-5*. Sie haben quasi ein leeres Blatt Papier vor sich. In der Textverarbeitung unterscheiden sich das Anwendungs- und Dokumentfenster ein wenig von den entsprechenden Fenstern in den anderen Teilprogrammen (siehe auch *Abbildung 2-7*):

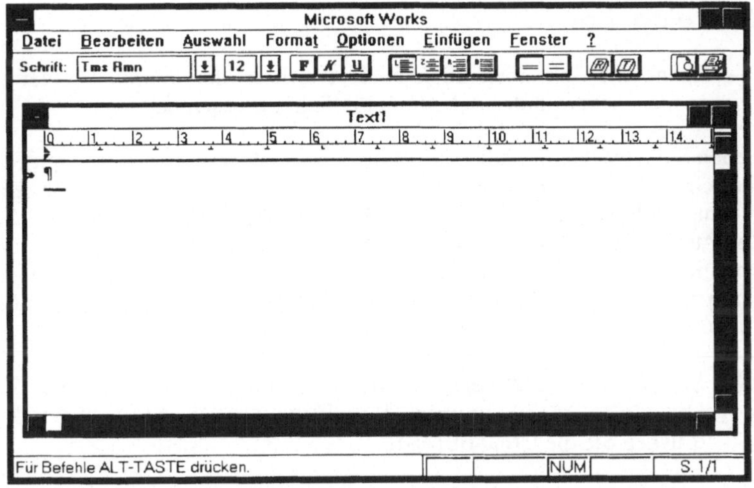

Abbildung 3-5: Das Anfangsfenster der Textverarbeitung

Statt der Bearbeitungszeile im Anwendungsfenster (siehe *Abbildung 2-7*) wird unter der Titelleiste des Dokumentfensters das Absatzlineal angezeigt. Damit können Sie einfach und schnell Einzüge festlegen und Tabulatoren setzen (siehe Abschnitt *Text gestalten*).

Absatzlineal

In der rechten unteren Ecke der Statuszeile werden zwei durch einen Schrägstrich getrennte Zahlen angezeigt: die erste Zahl gibt an, auf welcher Seite sich die Einfügemarke gerade befindet, die zweite Zahl gibt die Gesamtzahl der Seiten wieder. In einem leeren Dokument wie in *Abbildung 3-5* wird also *S. 1/1* angezeigt. Außerdem werden hier einige aktive Befehle oder Funktionen angezeigt, beispielsweise weist *UBERS* darauf hin, daß der Befehl **Überschreiben** aus dem Menü **Optionen** (siehe Abschnitt *Works anpassen*) aktiv ist.

Statuszeile

In der Symbolleiste sind Schaltflächen für die in der Textverarbeitung am häufigsten verwendeten Befehle untergebracht, z.B. die Schaltflächen Fett, Kursiv und Unterstrichen, die dazu dienen, Text mit **Fettschrift**, *Kursivschrift* bzw. mit Unterstreichung auszuzeichnen (siehe Abschnitt *Text gestalten*).

Symbolleiste

Die Einfügemarke, ein senkrechter, blinkender Strich, befindet sich links oben im Dokumentfenster und zeigt Ihnen an, an welcher Stelle das nächste eingegebene Zeichen eingefügt wird. Ihre Position können Sie, sofern das Dokument nicht leer ist, durch Klicken auf die gewünschte Stelle im Text verändern. Direkt unter der Einfügemarke befindet sich die Dateiendemarke. Diese Markierung bewegt sich immer weiter nach

Einfügemarke,
Dateiendemarke

unten, je mehr Text Sie eingeben. Sie können die Einfügemarke nicht unter die Dateiendemarke positionieren.

Text eingeben

Das eigentliche Schreiben unterscheidet sich in der Works-Textverarbeitung nicht sehr von der Arbeit mit der Schreibmaschine.

Geben Sie zunächst die Überschrift des Protokolls ein, dabei arbeiten Sie ähnlich wie auf der Schreibmaschine. Allerdings schreiben Sie sogenannten Fließtext, d.h. Sie drücken am Zeilenende *nicht* auf die EINGABETASTE, sondern nur dann, wenn Sie dazu angeleitet werden. Ein Verzeichnis der in diesem Buch verwendeten Namen für die Tasten sowie deren mögliche Beschriftung auf Ihrer Tastatur finden Sie im Anhang *Tastatur*.

➡ Schreiben Sie *Skatverein Reizende Herzchen*. Drücken Sie die EINGABETASTE. Schreiben Sie *Vorsitzende: Karin Sander*, drücken Sie die EINGABETASTE.

Wenn Sie bisher ausschließlich mit einer Schreibmaschine gearbeitet haben, müssen Sie sich wohl zunächst daran gewöhnen, daß das Geschriebene nicht direkt ausgedruckt, sondern zunächst auf dem Bildschirm angezeigt wird. So können Sie den Text vor dem Druck überprüfen und, wenn nötig, überarbeiten. Sie können die Arbeit auch erst einmal speichern und zu einem späteren Zeitpunkt wiederaufnehmen.

➡ Geben Sie ein: *Protokoll der außerordentlichen Mitgliederversammlung am 9. Januar 1992 im Ratskrug zu Ratingen* EINGABETASTE *Teilnehmer:* EINGABETASTE *Siehe beigefügte Anwesenheitsliste* EINGABETASTE.

Ihr Bildschirm sollte jetzt der *Abbildung 3-6* entsprechen.

Zeilenwechsel Wenn Sie Text eingeben, sollten Sie sich möglichst nicht um den Zeilenwechsel kümmern, sondern einen Absatz nach dem anderen als sogenannten Fließtext eingeben. Sie haben sicherlich bemerkt, daß Works einen automatischen Zeilenwechsel durchführt, wenn ein Wort den rechten Rand des Fenster erreicht, und das entsprechende Wort auf die nächste Zeile schiebt (in der 4. Zeile in *Abbildung 3-6* das Wort *zu*). Diesen automatischen Zeilenwechsel führt Works am Bildschirm entweder am rechten Fensterrand oder am rechten Seitenrand eines Dokuments aus, je nachdem, ob der Befehl **Fenster-Zeilenumbruch** aus dem Menü **Optionen** aktiv ist (siehe Abschnitt *Works anpassen*). Wenn Sie das Fenster vergrößern/verkleinern oder andere Seitenränder festlegen, ändert sich automatisch der Zeilenumbruch im Dokument, ohne daß Sie sich darum zu kümmern brauchen.

Absatz, Leerzeile Durch das einmalige Drücken der EINGABETASTE beenden Sie einen Absatz. Wollen Sie eine Leerzeile einfügen, ohne die Möglichkeit der Absatzformatierung (Abstand nach dem Absatz) auszunutzen (siehe

Abschnitt *Abstände festlegen*), drücken Sie zweimal hintereinander die EINGABETASTE.

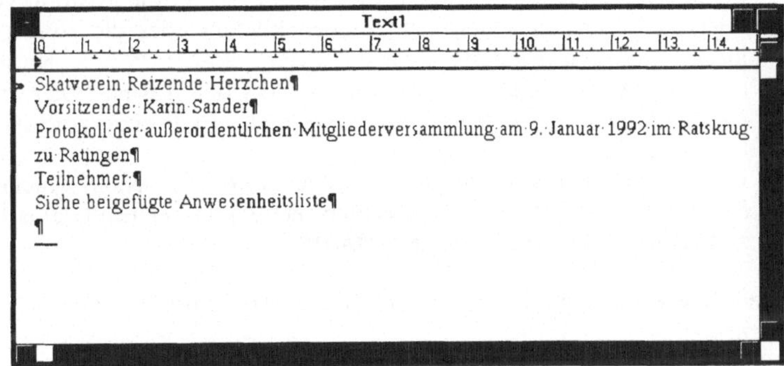

Abbildung 3-6: Der Anfang des Protokolls

➡ Geben Sie die Tagesordnung ein. Schreiben Sie *Tagesordnung:* EINGABETASTE *1. Begrüßung* EINGABETASTE *2. Tagesordnung* EINGABETASTE *3. Protokoll der letzten Sitzung EINGABETASTE 4. Beitragsänderung* EINGABETASTE *5. Veranstaltungstermine 1992* EINGABETASTE *6. Verschiedenes* EINGABETASTE *7. Nächste Sitzung* EINGABETASTE .

Ihr Dokument auf dem Bildschirm sollte jetzt der *Abbildung 3-7* entsprechen.

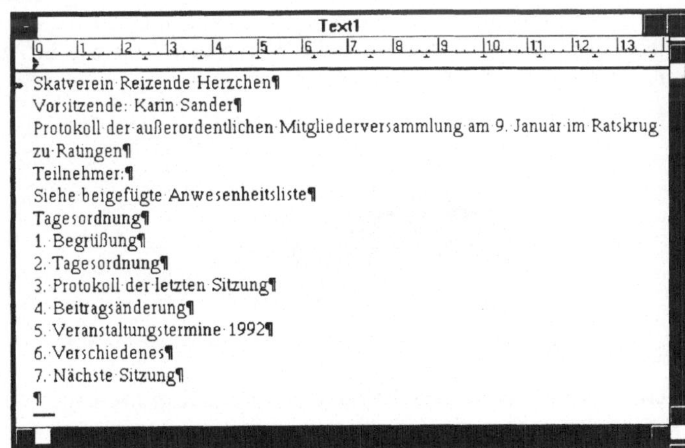

Abbildung 3-7: Das Protokoll mit der Tagesordnung

Eingabefehler korrigieren

Sie haben sich beim Eingeben des Textes verschrieben? Kein Problem:

➥ Positionieren Sie die Einfügemarke, indem Sie auf die Position vor oder nach dem zu ändernden Zeichen klicken oder die Einfügemarke mit den Pfeiltasten (NACH-OBEN, NACH-UNTEN, NACH-RECHTS und NACH-LINKS) verschieben. Mit den Tasten POS1 und ENDE gelangen Sie an den Anfang bzw. an das Ende einer Zeile.

➥ Um das Zeichen links von der Einfügemarke zu löschen, drücken Sie die RÜCKTASTE. Um das Zeichen rechts von der Einfügemarke zu löschen, drücken Sie die ENTF-TASTE.

Weitere Korrekturmöglichkeiten lernen Sie im Abschnitt *Text bearbeiten* kennen.

Text kopieren

Die Texte der einzelnen Tagesordnungspunkte sollen auch als Überschrift im Protokoll erscheinen - Sie brauchen die Texte aber nicht noch einmal zu schreiben, sondern können sie kopieren. Bevor Sie eine Aktion wie kopieren, löschen, formatieren usw. ausführen können, müssen Sie Works jedoch mitteilen, auf welchen Text sich diese Aktion auswirken soll. Dazu markieren Sie den gewünschten Text - einzelne Zeichen, Wörter, Zeilen, Absätze oder auch das ganze Dokument. Zum Markieren verwenden Sie möglichst die Maus, im Anhang *Tastatur* sind aber auch Tastaturverfahren beschrieben.

Beliebigen Text markieren und kopieren

➥ Positionieren Sie den Mauszeiger vor die *2* im zweiten Tagesordnungspunkt, ziehen Sie den Mauszeiger bei gedrückter Maustaste in die nächste Zeile hinter das Wort *letzten*. Lassen Sie die Maustaste los. Daraufhin stellt Works den Text wie in *Abbildung 3-8* invers dar, der Text ist markiert.

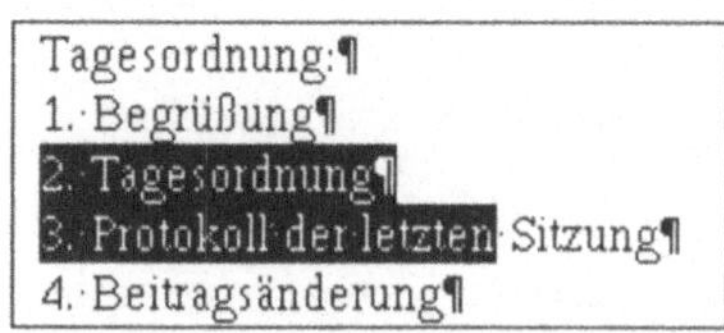

Abbildung 3-8: Markierter Text, der kopiert werden soll

➥ Führen Sie im Menü **Bearbeiten** den Befehl **Kopieren** aus. Works kopiert den Text in die Zwischenablage.

➥ Positionieren Sie die Einfügemarke an das Ende des Textes, direkt vor das Absatzendezeichen. Erstellen Sie zunächst einen neuen Absatz, indem Sie die EINGABETASTE drücken.

➡ Führen Sie im Menü **Bearbeiten** den Befehl **Einfügen** aus. Daraufhin fügt Works eine Kopie der Zwischenablage (eine Kopie des markierten Textes) vor der Absatzendemarke ein.

```
Tagesordnung:¶
1.·Begrüßung¶
2.·Tagesordnung¶
3.·Protokoll·der·letzten·Sitzung¶
4.·Beitragsänderung¶
5.·Veranstaltungstermine¶
6.·Verschiedenes¶
7.·Nächste·Sitzung2.·Tagesordnung¶
3.·Protokoll·der·letzten¶
```

Abbildung 3-9: Der markierte Text aus Abbildung 3-8 ist kopiert worden

Mit diesen drei Arbeitsgängen können Sie auch einzelne Zeichen, Wörter, eine oder mehrere Zeilen sowie einen oder mehrere Absätze kopieren. Nur beim Markieren gehen Sie ein wenig anders vor.

Je nach der Größe Ihres Dokumentfensters ist es möglich, daß schon gar nicht mehr der gesamte Text im Fenster angezeigt werden kann. Wie auch sonst unter Windows üblich können Sie einen Bildlauf durchführen, um Ihr Dokument anzuschauen. Wenn Sie auf einen der Bildlaufpfeile in der vertikalen Bildlaufleiste klicken, rollen Sie im Text um jeweils eine Zeile nach oben oder nach unten. Durch Klicken auf die Bildlaufleiste oberhalb oder unterhalb des Bildlauffeldes blättern Sie um eine Seite zurück bzw. weiter. Ziehen Sie das Bildlauffeld, um sich proportional im Dokument zu bewegen.

Bildlauf im Dokument durchführen

Der 3. Tagesordnungspunkt ist nicht vollständig kopiert worden, das soll jetzt korrigiert werden:

➡ Zum Markieren des Wortes *Sitzung* im dritten Tagesordnungspunkt doppelklicken Sie auf dieses Wort.

Wort markieren und kopieren

➡ Führen Sie im Menü **Bearbeiten** den Befehl **Kopieren** aus. Works ersetzt den aktuellen Inhalt der Zwischenablage durch eine Kopie des markierten Wortes.

➡ Positionieren Sie die Einfügemarke an das Ende der letzten Textzeile, und führen Sie im Menü **Bearbeiten** den Befehl **Einfügen** aus. Daraufhin fügt Works am Zeilenende eine Kopie des Wortes *Sitzung* aus der Zwischenablage ein (Sie müssen eventuell ein Leerzeichen ergänzen).

Jetzt soll der erste Tagesordnungspunkt kopiert werden, dabei werden Sie etwas rationeller vorgehen:

Zeile markieren ➡ Zum Markieren der Zeile mit dem ersten Tagesordnungspunkt
und kopieren   klicken Sie im Seitenrand links neben der entsprechenden Zeile.
                      Führen Sie im Menü **Bearbeiten** den Befehl **Kopieren** aus.

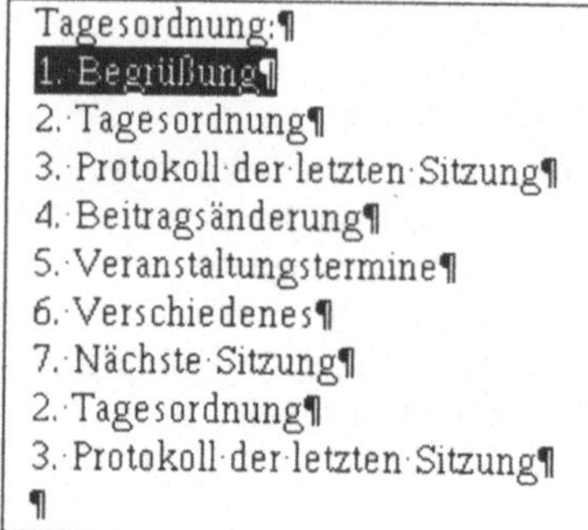

Abbildung 3-10: Die markierte Zeile soll kopiert werden

➡ Positionieren Sie die Einfügemarke auf den Anfang der Zeile, in der
   der zweite Tagesordnungspunkt zum zweiten Mal vorkommt, und
   führen Sie im Menü **Bearbeiten** den Befehl **Einfügen** aus.
   Daraufhin fügt Works an dieser Stelle eine Kopie des ersten Tagesordnungspunkts ein.

Aber es geht sogar noch schneller:

Mehrere Zeilen ➡ Klicken Sie im Seitenrand links neben der Zeile mit dem vierten
markieren und   Tagesordnungspunkt, ziehen Sie den Mauszeiger bei gedrückter
kopieren   Maustaste im Seitenrand bis zum siebten Tagesordnungspunkt.
                    Lassen Sie die Maustaste los. Beim Ziehen des Mauszeigers wird
                    Zeile um Zeile invers dargestellt. Führen Sie im Menü **Bearbeiten**
                    den Befehl **Kopieren** aus.

➡ Positionieren Sie die Einfügemarke an das Ende des Dokuments,
   vor die letzte Absatzendemarke. Führen Sie gegebenenfalls einen
   Bildlauf durch, damit das Dokumentende im Fenster angezeigt
   wird. Führen Sie im Menü **Bearbeiten** den Befehl **Einfügen** aus.
   Daraufhin fügt Works an der Position der Einfügemarke eine Kopie
   der letzten vier Tagesordnungspunkte ein. Sie müssen evtl. die
   EINGABETASTE drücken, um einen neuen Absatz zu erstellen.

Ihr Protokoll sollte jetzt der *Abbildung 3-11* entsprechen.

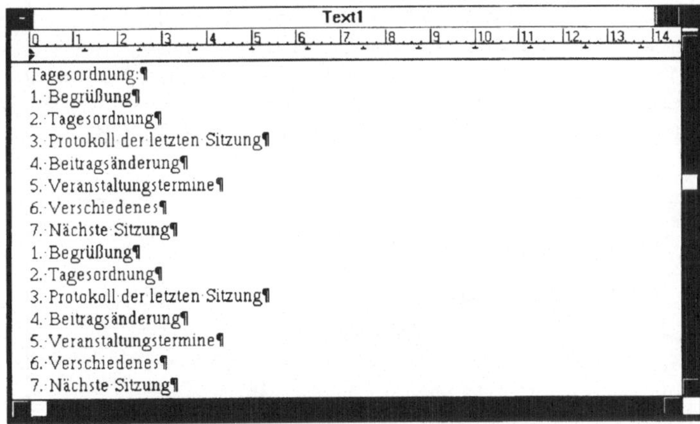

Abbildung 3-11: Das Protokoll mit der kopierten Tagesordnung (die ersten Zeilen sind nicht abgebildet)

Dank der Zwischenablage können Sie sich wiederholende Texte auf rationelle Weise eingeben. Schreiben Sie den Text einmal, markieren Sie ihn, und führen Sie den Befehl **Kopieren** aus dem Menü **Bearbeiten** aus. Dann befindet sich in der Zwischenablage eine Kopie des Textes, die Sie an mehrere andere Stellen im Dokument kopieren können: positionieren Sie jeweils die Einfügemarke an die Stelle, an der der Text eingefügt werden soll, und führen Sie den Befehl **Einfügen** aus dem Menü **Bearbeiten** aus. Das Einfügen können Sie solange wiederholen, bis Sie den Inhalt der Zwischenablage mit einem anderen Text bzw. anderen Daten überschreiben.

Dokument erstmalig speichern

Sicherheitshalber sollten Sie das Protokoll schon einmal speichern - Sie wissen ja, daß sich alle Daten zunächst nur im Arbeitsspeicher des PCs befinden. Stromausfall oder das versehentliche Abschalten Ihres Computers kann zum Verlust der noch nicht gespeicherten Daten führen. Deshalb sollten Sie es sich zur Angewohnheit machen, Ihre Dateien während der Arbeit regelmäßig zu speichern. Siehe auch Abschnitt *Dateien verwalten* in Kapitel 2.

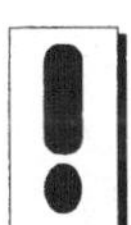

➡ Wählen Sie im Menü **Datei** den Befehl **Speichern unter**.

Works hat Ihrem Dokument zunächst einen Standardnamen gegeben und zeigt diesen Namen *text1* im Dialogfeld an. Sie sollten stattdessen einen Namen wählen, der etwas über den Inhalt des Dokuments aussagt.

Denken Sie daran, daß der Dateiname nur 8 Zeichen lang sein darf. Die Erweiterung .WPS wird automatisch eingefügt.

➡ Geben Sie im Textfeld **Dateiname** den Namen *prot9201* ein.

➡ Wenn Sie unseren Vorschlag aus Kapitel 2 befolgt und ein Unterverzeichnis für Ihre Daten angelegt haben, müssen Sie auch das Verzeichnis wechseln. Wählen Sie im Listenfeld Verzeichnisse das Verzeichnis, in dem das Dokument gespeichert werden soll, also z.B. C:\MSWORKS\DATEN. Klicken Sie auf OK.

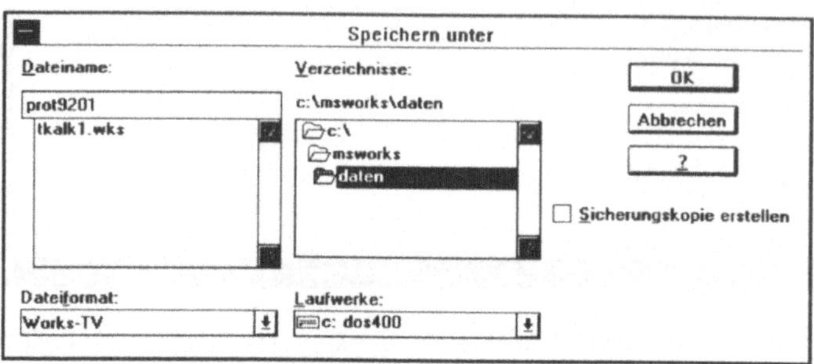

Abbildung 3-12: Erstes Speichern des Protokolls unter dem Namen PROT9201.WPS im Verzeichnis C:\MSWORKS\DATEN

Text bearbeiten

Sie haben jetzt den Rahmen des Protokolls erstellt und können die Texte unter den Überschriften ergänzen. Einer der großen Vorteile von Textverarbeitungsprogrammen gegenüber der Schreibmaschine besteht ja gerade darin, daß Sie jederzeit an einer beliebigen Stelle Ihres Dokuments neuen Text eingeben können. Dabei können Sie wählen, ob der vorhandene Text, vor dem Sie neuen Text eingeben, überschrieben oder aber verschoben wird.

Text einfügen

Works ist zunächst so eingestellt, daß neuer Text zwischen Zeichen, Wörter usw. eingefügt wird, ohne daß dabei bereits vorhandener Text gelöscht wird. Diese Einstellung können Sie im Menü **Optionen** über den Befehl **Überschreiben** bzw. durch das Drücken der EINFG-TASTE ändern (siehe Abschnitt *Works anpassen*).

➡ Um beispielsweise den Text unter der Überschrift *1. Begrüßung* einzugeben, positionieren Sie die Einfügemarke unmittelbar hinter das Wort *Begrüßung* (gemeint ist das zweite Auftreten dieses Textes!), indem Sie auf diese Stelle klicken. Drücken Sie die EINGABETASTE, um einen neuen Absatz zu erstellen, schreiben Sie in der neuen Zeile *Gegen 20 Uhr 30 begrüßte die 1. Vorsitzende Karin Sander die anwesenden Skatfreundinnen und stellte die Beschlußfähigkeit der Versammlung fest.*

Geben Sie die weiteren Texte entsprechend *Abbildung 3-13* ein:

```
7. Nächste·Sitzung¶
1. Begrüßung¶
Gegen·20·Uhr·30·begrüßte·die·1.·Vorsitzende·Karin·Sander·die·anwesenden·
Skatfreundinnen·und·stellte·die·Beschlußfähigkeit·der·Versammlung·fest.¶
2. Tagesordnung¶
Die·in·der·Einladung·zu·der·Sitzung·vorgeschlagene·Tagesordnung·wurde·ohne·
Änderung·angenommen.¶
3. Protokoll·der·letzten·Sitzung¶
Das·Protokoll·der·letzten·Sitzung·wurde·ohne·Änderung·angenommen.¶
4. Beitragsänderung¶
Rückwirkend·ab·1.·Januar·1992·wird·der·monatliche·Beitrag·für·alle·aktiven·und·
passiven·Mitglieder·auf·DM·10,-·angehoben.¶
Der·Beitrag·wird·an·jedem·1.·Montag·eines·Monats·in·bar·erhoben.·Dieser·Vorschlag·
wurde·mit·27·Ja-Stimmen·bei·3·Enthaltungen·angenommen.·Damit·entfällt·der·bisher·
bei·einem·Teil·der·Mitglieder·praktizierte·Bankeinzug.¶
Wie·bisher·wird·bei·den·Meisterschaftsserien·für·jedes·verlorene·Spiel·DM·1,-·
erhoben.·Dieser·Betrag·dient·vornehmlich·der·Finanzierung·des·Preisskats·an·jedem·
letzten·Montag·im·Monat,·bei·dem·die·folgenden·Preise·ausgesetzt·sind:¶
1. Preis:·DM·50,-¶
2. Preis:·DM·30,-¶
3. Preis:·DM·20,-¶
5. Veranstaltungstermine¶
6.9.1992·Traditioneller·Wandertag·mit·anschließendem·Grillfest¶
10.10.1992·Jubiläumsfeier.·Die·Skatfreundinnen·Ilse·Schmal·und·Gudrun·Halbweg·
werden·ein·Programm·ausarbeiten·und·bei·der·ordentlichen·Mitgliederversammlung·
im·März·vorschlagen.¶
8.11.1992·Die·Ratinger·Skat-Stadtmeisterschaft·der·Damen·soll·wie·bisher·am·zweiten·
Sonntag·im·November·stattfinden.·Die·1.·Vorsitzende·Karin·Sander·wird·bei·der·
Stadtverwaltung·vorsprechen,·um·geeignete·Räumlichkeiten·zu·reservieren.¶
6. Verschiedenes¶
Die·2.·Vorsitzende·Ines·Krause-Halke·ermahnte·aus·gegebenem·Anlaß·alle·
Skatfreundinnen,·pünktlich·zu·den·Spielabenden·zu·erscheinen·bzw.·rechtzeitig·
abzusagen,·so·daß·die·Auslosung·der·Spieltische·ohne·unnötige·Verzögerung·erfolgen·
kann.¶
7. Nächste·Sitzung¶
Die·nächste·ordentliche·Mitgliederversammlung·findet·am·Dienstag,·dem·17.·März·
statt.¶
Die·Versammlung·wurde·um·21·Uhr·45·geschlossen.¶
Karin·Sander·Maria·Kabel¶
1. Vorsitzende·Schriftwartin¶
¶
```

Abbildung 3-13: Das unformatierte Protokoll

Text ersetzen

Ihr Text ist jetzt vollständig erfaßt, aber beim Durchlesen fallen Ihnen einige Stellen auf, die Sie korrigieren möchten. Vergessen Sie die Korrekturflüssigkeit - in Works ist das Korrigieren viel einfacher und vor allem später nicht mehr zu sehen!

So stellen Sie fest, daß Ihnen unter dem Tagesordnungspunkt 5 ein Fehler unterlaufen ist: nicht die Skatfreundin Ilse Schmal, sondern Ilse Breitscheidt sollte das Veranstaltungsprogramm ausarbeiten. Zwar könnten Sie die Einfügemarke vor das Wort *Schmal* positionieren, durch sechsmaliges Drücken der ENTF-TASTE den Namen *Schmal* löschen und dann den Namen *Breitscheidt* einfügen. Aber Works läßt Sie bestehenden Text auch in einem Arbeitsgang löschen und überschreiben. Dabei ist es unerheblich, ob alter und neuer Text dieselbe Länge haben.

➡ Markieren Sie das Wort *Schmal* im Tagesordnungspunkt 6, indem Sie darauf zeigen und doppelklicken. Schreiben Sie *Breitscheidt* LEERTASTE.

Sobald Sie das erste Zeichen eingeben, löscht Works den markierten Text und fügt das Zeichen *B* ein. Der nachfolgende Text wird verschoben. (Voraussetzung ist allerdings, daß der Befehl **Markiertes überschreiben** im Menü **Optionen** aktiviert ist.)

Text verschieben

Sie haben die Veranstaltungstermine im 5. Tagesordnungspunkt zunächst in der Reihenfolge angeführt, in der sie besprochen und festgelegt worden sind. Jetzt möchten Sie die Termine im Protokoll jedoch chronologisch anordnen. Die Reihenfolge von Absätzen oder anderen Textteilen läßt sich mühelos umstellen:

Absatz markieren ➡ Markieren Sie den Absatz *6.9.1992 ...*, indem Sie mit der Maus im *und verschieben* Seitenrand links neben dem Absatz doppelklicken.

```
5. Veranstaltungstermine¶
10.10.1992 Jubiläumsfeier. Die Skatfreundinnen Ilse Breitscheidt und Gudrun
Halbweg werden ein Programm ausarbeiten und bei der ordentlichen
Mitgliederversammlung im März vorschlagen.¶
8.11.1992 Die Ratinger Skat-Stadtmeisterschaft der Damen soll wie bisher am
zweiten Sonntag im November stattfinden. Die 1. Vorsitzende Karin Sander wird bei
der Stadtverwaltung vorsprechen, um geeignete Räumlichkeiten zu reservieren.¶
6.9.1992 Traditioneller Wandertag mit anschließendem Grillfest¶
6. Verschiedenes¶
```

Abbildung 3-14: Ein Absatz des 5. Tagesordnungspunkts wird ausgeschnitten ...

➡ Führen Sie im Menü **Bearbeiten** den Befehl **Ausschneiden** aus. Der Absatz wird aus dem Dokument entfernt und in die Zwischenablage gestellt, der nachfolgende Text nach oben verschoben.

```
5. Veranstaltungstermine¶
6.9.1992 Traditioneller Wandertag mit anschließendem Grillfest¶
10.10.1992 Jubiläumsfeier. Die Skatfreundinnen Ilse Breitscheidt und Gudrun
Halbweg werden ein Programm ausarbeiten und bei der ordentlichen
Mitgliederversammlung im März vorschlagen.¶
8.11.1992 Die Ratinger Skat-Stadtmeisterschaft der Damen soll wie bisher am
zweiten Sonntag im November stattfinden. Die 1. Vorsitzende Karin Sander wird bei
der Stadtverwaltung vorsprechen, um geeignete Räumlichkeiten zu reservieren.¶
6. Verschiedenes¶
```

Abbildung 3-15: ... und an einer anderen Stelle wieder eingefügt

➡ Positionieren Sie die Einfügemarke an den Anfang des Absatzes *10.10.1992...* Führen Sie im Menü **Bearbeiten** den Befehl **Einfügen** aus. Works entnimmt der Zwischenablage den vorher ausgeschnittenen Absatz und fügt ihn an der Position der

Einfügemarke ein. Der nachfolgende Text wird nach unten verschoben, siehe *Abbildung 3-15*.

Wie auch schon beim Kopieren bleibt der Text in der Zwischenablage erhalten, Sie könnten also eine weitere Kopie dieses Absatzes an einer anderen Stelle einfügen.

Dokument erneut speichern

Sichern Sie das Protokoll, nachdem Sie mit dem Bearbeiten des Textes zunächst einmal fertig sind:

➡ Führen Sie im Menü **Datei** den Befehl **Speichern** aus.

Arbeit unterbrechen und wiederaufnehmen

Sie möchten eine längere Pause einlegen? In Works können Sie Ihre Arbeit jederzeit unterbrechen:

➡ Schließen Sie die geöffneten Dokumente, speichern Sie dabei alle Änderungen. Beenden Sie Works (und verlassen Sie gegebenenfalls Windows, schalten Sie PC und Drucker aus).

➡ Wenn Sie die Arbeit wieder aufnehmen wollen, schalten Sie zunächst Ihren PC und Drucker wieder ein, rufen Windows und Works auf.

➡ Im Dialogfeld **Works-Start** klicken Sie auf das Symbol **Vorhandene Datei öffnen**, im leeren Anwendungsfenster rufen Sie im Menü **Datei** den Befehl **Vorhandene Datei öffnen** auf. Im Dialogfeld geben Sie den Namen der Datei ein, mit der Sie weiterarbeiten wollen, jetzt wäre das *prot9201.wps*. Führen Sie im Dokument einen Bildlauf aus, um an die Stelle zu gelangen, an der Sie weiterarbeiten möchten.

Text gestalten

Inzwischen haben Sie den ganzen Text geschrieben, jetzt werden Sie an der Form des Protokolls arbeiten.

Damit Sie die einzelnen Arbeitsschritte der Formatierung bewußt ausführen und auch die Auswirkungen einer Formatierung in einem größeren Zusammenhang sehen, haben wir Sie zunächst den ganzen Text schreiben lassen, den Sie jetzt erst formatieren werden. Es ist aber auch möglich, zu Beginn der Texteingabe bestimmte Grundeinstellungen (wie Schriftart, -größe, Ausrichtung usw.) vorzunehmen, die dann für den Text wirksam sind, der ab der aktuellen Position eingegeben wird.

Symbolleiste

Gerade das Formatieren läßt sich mit der Symbolleiste erheblich vereinfachen und beschleunigen. In der Textverarbeitung enthält die Symbolleiste die folgenden Symbole :

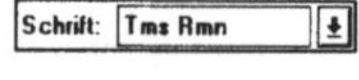  Wenn Sie auf den abwärts gerichteten Pfeil neben den Feldern Schriftart
bzw. Schriftgröße klicken, werden Listenfelder ausgeklappt, in denen
die auf Ihrem Drucker verfügbaren Schriftarten und die dazugehörigen
Schriftgrößen zur Auswahl stehen.

 Die drei nachfolgenden Symbole Fett, Kursiv und Unterstrichen stehen
für die Schriftstile fett, kursiv und unterstrichen.

 Es folgen vier Symbole, mit denen die Ausrichtung eines Absatzes ge-
steuert werden kann: die Symbole Linksbündig, Zentriert, Rechtsbün-
dig und Blocksatz.

 Im Anschluß daran folgen die Symbole Einfacher Zeilenabstand und
Doppelter Zeilenabstand.

 Der nächste Block umfaßt die Symbole Rechtschreibprüfung und The-
saurus.

 Die letzten beiden Symbole sind Seitenansicht und Drucken.

Die Listenfelder Schriftart und Schriftgröße und die Symbole zeigen für
das Zeichen, vor dem die Einfügemarke steht, bzw. für den markierten
Text die aktuelle Formatierung an. Ein aktiviertes Symbol ist heruntergedrückt.

Schriftart, -größe und -stil festlegen

Mit unterschiedlichen Schriftarten, Schriftgrößen und Schriftstilen lenken
Sie die Aufmerksamkeit auf einzelne Dokumentteile und betonen deren
Bedeutung.

Schriftarten   Unter einer Schriftart ist dabei die Gesamtheit aller Zeichen mit einem
bestimmten Erscheinungsbild zu verstehen. Eine Schriftart steht im allgemeinen in mehreren Schriftgrößen und unterschiedlichen Schriftstilen
zur Verfügung. Schriftarten mit fester Schrittteilung (monospace) wie der
auch von der Schreibmaschine her bekannten Schriftart Courier stehen
andere mit proportionaler Schrittteilung (Proportionalschriftarten) gegenüber, bei denen die einzelnen Zeichen eine unterschiedliche Breite haben.
Neben Schriftarten mit Serifen (den kleinen Abschlußstrichen am Fuß
oder am Kopf der Buchstaben/Zeichen) wie Times oder Courier gibt es
serifenlose Schriftarten wie Helvetica oder Modern. Einige Schriftarten
sind ausgesprochene Textschriftarten, wie beispielsweise Times oder
Helvetica, andere lassen sich hervorragend zum Auszeichnen einsetzen,
sind aber für Textabschnitte ungeeignet, wie beispielsweise Copperplate.

Fast alle Schriftarten stehen in mehreren Größen zur Verfügung. Dabei wird die Schriftgröße in typographischen Punkten angegeben, ein Punkt entspricht etwa 0,36 mm. Gelegentlich werden Sie auch andere Einheiten für die Schriftgröße finden, wie beispielsweise Millimeter, Punkte pro Zoll (dpi - dots per inch) oder Zeichen pro Zoll (cpi - character per inch).

Schriftgrößen

Für eine Schriftart stehen Ihnen normalerweise neben verschiedenen Größen auch verschiedene Schriftstile (auch Auszeichnung oder Ausprägung genannt) zur Verfügung. So können Sie mit dem Works-Textverarbeitungsprogramm einen Text *kursiv*, **fett**, durch <u>Unterstreichen</u> sowie Durchstreichen hervorheben. Außerdem können Sie die Position des Textes relativ zur Schriftlinie festlegen, neben der normalen Position gibt es die Möglichkeit des Hochstellens bzw. Tiefstellens von Texten. Auch Kombinationen sind möglich, wie beispielsweise ***fett und kursiv*** oder <u>*kursiv und unterstrichen*</u>.

Schriftstile

In der *Abbildung 3-16* finden Sie einige Beispiele für unterschiedliche Schriftarten, -größen und -stile.

Das ist Helvetica, normal, 14 Punkt
Das ist Helvetica, normal, 12 Punkt
Das ist Helvetica, fett, 12 Punkt
Das ist Helvetica, kursiv, 12 Punkt
Das ist Helvetica, normal, 10 Punkt
Das ist Times, normal, 12 Punkt
DAS IST COPPERPLATE, NORMAL, 14 PUNKT
Das ist Modern, normal, 12 Punkt
Das ist Courier, normal, 12 Punkt

Abbildung 3-16: Beispiele verschiedener Schriftarten (bei der Reproduktion des Buches sind die Schriften auf ca. 80% der ursprünglichen Größe reduziert worden)

Die in Works zur Verfügung stehenden Schriften sind von Ihrem Drucker abhängig. Daher kann auf Ihrem Bildschirm die Anzeige in den Listenfeldern **Schriftart** und **Schriftgröße** in der Symbolleiste und im Dialogfeld **Schriftart und Schriftstil** von den Beispielen hier im Buch abweichen. Wenn Sie Text mit einem Schriftstil formatiert haben, der auf Ihrem Drucker nicht zur Verfügung steht (zum Beispiel kursiv und fett), wird er ohne Formatierung, also als normaler Text, ausgedruckt. Weitere Informationen über die Schriften, die auf Ihrem Drucker zur Verfügung stehen, finden Sie in Ihrem Druckerhandbuch.

Schriften in Works

Nach diesem Ausflug in die Typographie kehren wir zu Ihrem Protokoll zurück. Ebenso wie beim Kopieren müssen Sie beim Formatieren zunächst den Text, den Sie bearbeiten wollen, markieren und dann einen

Formatierungsbefehl ausführen bzw. das entsprechende Symbol aus der Symbolleiste auswählen.

Dokument markieren und Schriftart festlegen

➡ Markieren Sie das gesamte Dokument, indem Sie die STRG-TASTE gedrückt halten und auf den linken Seitenrand klicken (oder im Menü **Auswahl** den Befehl **Alles** ausführen).

➡ Klicken Sie auf den abwärts gerichteten Pfeil rechts neben dem Feld Schriftart in der Symbolleiste. Daraufhin werden in einem Listenfeld die Schriften angezeigt, die auf Ihrem Drucker zur Verfügung stehen (siehe *Abbildung 3-17*). Wählen Sie eine Schriftart aus, die für das gesamte Dokument gelten soll (wir haben in diesem Aufgabe *Helvetica* gewählt), indem Sie auf den entsprechenden Eintrag in der Liste klicken.

Abbildung 3-17: Auswahl der Schriftart über die Symbolleiste

Works stellt daraufhin das Dokument auch auf dem Bildschirm in Helvetica dar, der gesamte Text bleibt markiert. Nutzen Sie diesen Umstand, um sofort die Standardschriftgröße für den ganzen Text festzulegen.

Schriftgröße festlegen

➡ Klicken Sie auf den abwärts gerichteten Pfeil neben dem Feld Schriftgröße in der Symbolleiste. In einem Listenfeld werden alle für die gewählte Schriftart (bei uns Helvetica) zur Verfügung stehenden Schriftgrößen angezeigt.

Abbildung 3-18: Auswahl der Schriftgröße über die Symbolleiste

➡ Als Standardschriftgröße scheint uns eine Schriftgröße von 12 Punkt angemessen, klicken Sie also in der Liste auf den Eintrag *12* (bzw. einen ähnlichen Wert).

Nachdem Sie die Schriftart und Schriftgröße für den gesamten Text festgelegt haben, können Sie daran gehen, einzelne Textteile durch eine
andere Schriftgröße und/oder einen anderen Schriftstil hervorzuheben.

➡ Markieren Sie den 4. Absatz des Protokolls, *Teilnehmer:*.

➡ Klicken Sie in der Symbolleiste auf das Symbol **Fett**. Works stellt
daraufhin den markierten Text in fetter Schrift dar, die Schaltfläche
mit dem Symbol **Fett** in der Symbolleiste ist heruntergedrückt
(siehe auch *Abbildung 3-19*).

*Schriftstil
festlegen*

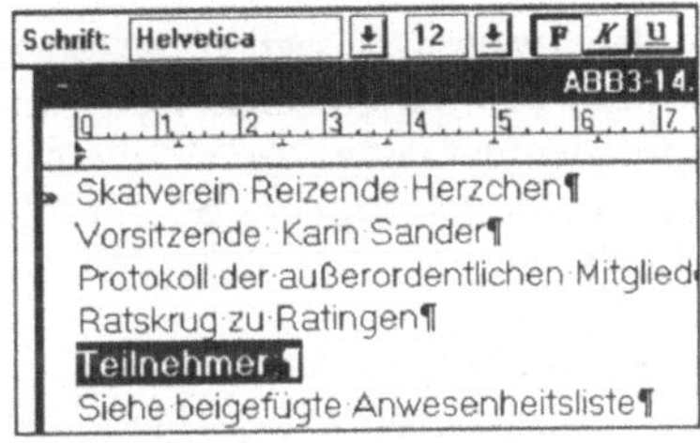

Abbildung 3-19: Festlegen des Schriftstils über die Symbolleiste

Heben Sie auch die folgenden Überschriften fett hervor.

➡ Markieren Sie den Absatz *Tagesordnung:*, klicken Sie auf das
Symbol **Fett**.

➡ Markieren Sie nacheinander (unterhalb der Tagesordnung!) die
Absätze *1. Begrüßung*, *2. Tagesordnung*, ... *7. Nächste
Sitzung*, und klicken Sie jeweils auf das Symbol **Fett**.

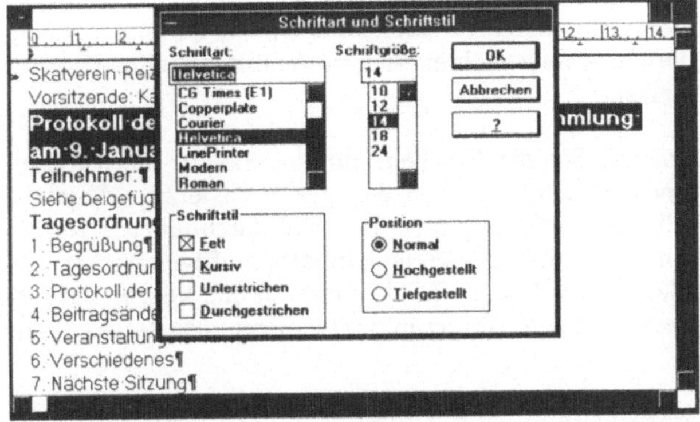

*Abbildung 3-20: Festlegen von Schriftgröße und -art über den
entsprechenden Befehl aus dem Menü Format*

Schriftart, größe und -stil gleichzeitig festlegen

Wenn Sie für einen Text mehr als eines der Merkmale Schriftart, -größe und -stil ändern wollen, ist es sinnvoller, statt der Symbolleiste einen Befehl zu verwenden.

➡ Markieren Sie den dritten Absatz *Protokoll der ...*, rufen Sie im Menü **Format** den Befehl **Schriftart und Schriftstil** auf. In einem Dialogfeld legen Sie in einem Arbeitsgang die Schriftart und Schriftgröße, den Schriftstil und die Position fest (siehe *Abbildung 3-20*). Wählen Sie im Listenfeld Schriftgröße die nächste Größe, also beispielsweise *14*, und im Feld Schriftstil die Option Fett. Klicken Sie auf OK.

➡ Markieren Sie den zweiten Absatz *Vorsitzende: ..,.*und rufen Sie im Menü **Format** den Befehl **Schriftart und Schriftstil** auf. Wählen Sie im Listenfeld Schriftgröße die nächstkleinere Größe, also beispielsweise *10,* und im Feld Schriftstil die Option Kursiv. Klicken Sie auf OK.

Wenn Sie selbst Texte gestalten, sollten Sie für den normalen Text, den sogenannten Grundtext, Schriftgrößen zwischen 10 und 12 Punkten verwenden, für Überschriften Schriftgrößen zwischen 14 und 16 Punkten und für Fußnoten usw. Schriftgrößen zwischen 8 und 10 Punkten. Setzen Sie unterschiedliche Schriftarten, -größen und -stile sparsam und gezielt ein. Weniger ist hier oft mehr, und ein Text mit vielen Gestaltungsvarianten wirkt überladen und unübersichtlich.

Zeichenformatierung kopieren

Die Zeichen des letzten Absatzes des Protokolls sollen ebenso formatiert werden wie die des 2. Absatzes. Nutzen Sie daher die Möglichkeit, eine Zeichenformatierung zu kopieren.

➡ Falls der zweite Absatz des Protokolls nicht mehr markiert sein sollte, positionieren Sie die Einfügemarke auf eine beliebige Stelle in diesem Absatz. Führen Sie im Menü **Bearbeiten** den Befehl **Kopieren** aus.

➡ Markieren Sie die Zeichen, für die Sie die Formatierung übernehmen wollen, hier also den gesamten letzten Absatz des Protokolls (Sie müssen einen Bildlauf durchführen). Rufen Sie im Menü **Bearbeiten** den Befehl **Inhalte einfügen** auf. Im Dialogfeld wählen Sie die Option Zeichenformat und klicken auf OK. Damit ist auch der letzte Absatz in der kleineren Schrift und kursiv formatiert.

Diese Vorgehensweise ist besonders dann vorteilhaft, wenn Sie die Zeichenformatierung eines Absatzes (oder sonstiger Textteile) in mehrere andere Absätze oder Textteile übernehmen wollen. Sie brauchen dann die ersten beiden Arbeitsschritte (Markieren des Ausgangsabsatzes und Ausführen des Befehls **Kopieren** aus dem Menü **Bearbeiten**) nur einmal auszuführen; die beiden letzten Arbeitsschritte führen Sie dann für jeden Textteil aus, in den Sie die Zeichenformatierung kopieren wollen.

Ausrichtung festlegen

Ihr Protokoll sollte jetzt in etwa der *Abbildung 3-21* entsprechen. Mit der Zeichenformatierung sind Sie zufrieden, aber die Absätze müssen noch ansprechender gestaltet werden.

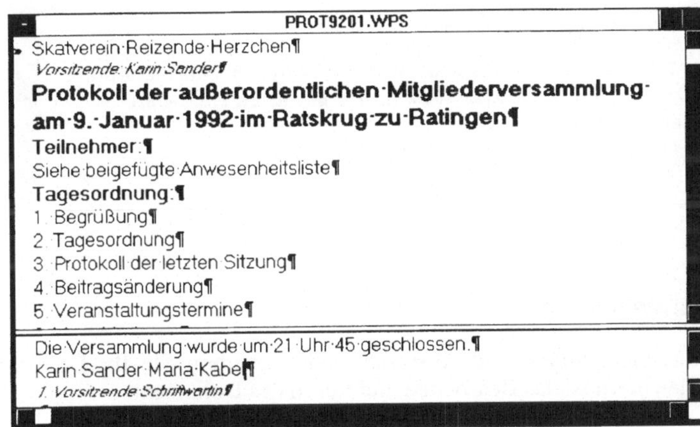

Abbildung 3-21: Das Protokoll mit der Zeichenformatierung (nur Anfang und Ende des Protokolls, in einem geteilten Fenster dargestellt)

Die Art und Weise, in der Absätze auf einer Seite ausgerichtet sind, beeinflußt das Erscheinungsbild und die Verständlichkeit eines Dokuments. Wenn nichts anderes festgelegt ist, richtet Works Absätze linksbündig aus, d.h. das alle Zeilen am linken Seitenrand (bzw. Einzug) beginnen und die rechten Ränder "flattern". Das ist die normale Ausrichtung, die Sie noch von der Schreibmaschine her kennen.

Standard-
ausrichtung

Neben der linksbündigen gibt es noch die rechtsbündige Ausrichtung (Flattersatz links), die wir bespielsweise für die Zitate in diesem Buch verwendet haben. Außerdem können Sie Absätze zentrieren und einen Blocksatz festlegen. Beim Blocksatz sind die Zeilen sowohl links- als auch rechtsbündig ausgerichtet, und zwischen den Wörtern in der Zeile werden vom Programm zusätzliche Leerräume eingefügt, um die Zeile zu füllen. Blocksatz sollten Sie nur in Texten mit längeren Absätzen einsetzen, wünschenswert wäre auch eine automatische Trennfunktion, damit es nicht zu unschönen großen Lücken zwischen den Wörtern kommt.

Möglichkeiten
der Ausrichtung

Sicher haben Sie schon einmal versucht, mit der Schreibmaschine eine Überschrift in die Mitte der Zeile zu setzen, d.h. zu zentrieren? Dann erinnern Sie sich daran, wie mühsam Sie die Position ausgezählt bzw. abgeschätzt haben, bis ein befriedigendes Ergebnis vorlag. In der Works-

Textverarbeitung brauchen Sie nichts abzuzählen und zu probieren, um die Überschrift des Protokolls zu zentrieren:

Absatz zentrieren ➡ Positionieren Sie die Einfügemarke in den Absatz, dessen Ausrichtung Sie ändern wollen, hier die Überschrift *Protokoll der ...* Klicken Sie auf das Symbol **Zentrieren**.

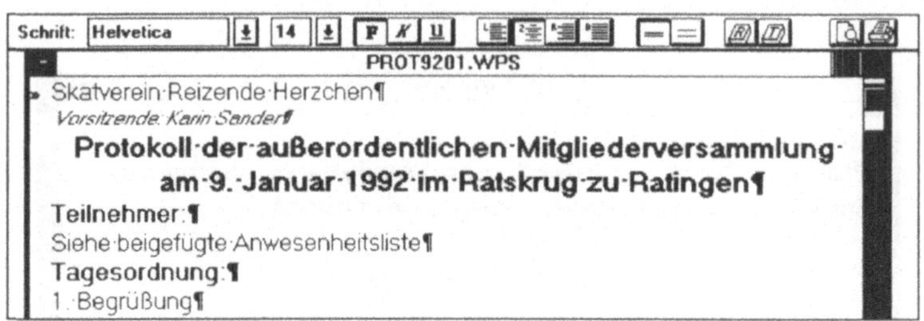

Abbildung 3-22: Die zentrierte Überschrift

Abstände festlegen

Mit variablen Zeilen- und Absatzabständen gliedern Sie Ihr Dokument und erleichtern so das Bearbeiten und Lesen des Dokuments.

Zeilenabstand Works legt automatisch einen Zeilenabstand fest, der von der Größe des größten Zeichens in der betreffenden Zeile abhängt. Wenn Sie einen doppelten Zeilenabstand festlegen (z.B. über das entsprechende Symbol in der Symbolleiste), wird dieser automatische Abstand zwischen den Zeilen verdoppelt. Diese Funktion werden wir im Protokoll allerdings nicht einsetzen.

Absatzabstand Stattdessen werden Sie nach den Absätzen einen Abstand einfügen. Dazu könnten Sie zwar auch Leerzeilen verwenden, so wie Sie das mit der Schreibmaschine gemacht haben, aber Works bietet eine wesentlich elegantere Methode an.

➡ Markieren Sie die Absätze 2 bis 6, also von *Vorsitzende: ...* bis *Tagesordnung:*, indem Sie im linken Seitenrand des 2. Absatzes doppelklicken und den Mauszeiger bei gedrückter Maustaste im Seitenrand zum 6. Absatz ziehen.

➡ Rufen Sie im Menü **Format** den Befehl **Einzüge und Abstände** auf. Im Dialogfeld geben Sie im Textfeld **Abstand nach dem Absatz** *1Ze* ein. Klicken Sie auf **OK**.

Works fügt nach jedem markierten Absatz einen Leerraum ein und verschiebt den nachfolgenden Text um jeweils eine Zeile nach unten.

Absatzformatierung kopieren

Formatieren Sie den Hauptteil des Protokolls ebenso, indem Sie die Absatzformatierung kopieren.

➡ Falls der soeben formatierte Bereich nicht mehr markiert sein sollte, positionieren Sie die Einfügemarke auf eine beliebige Stelle in einem der Absätze 2 bis 6 (allerdings nicht im Absatz mit der Überschrift - Sie würden sonst auch die Ausrichtung zentriert kopieren). Führen Sie im Menü **Bearbeiten** den Befehl **Kopieren** aus.

➡ Markieren Sie den Hauptteil des Protokolls vom Tagesordnungspunkt *7. Nächste Sitzung* bis zum viertletzten Absatz *Die nächste ordentliche ...* (einschließlich). Rufen Sie im Menü **Bearbeiten** den Befehl **Inhalte einfügen** auf. Im Dialogfeld wählen Sie die Option *Absatzformatierung,* klicken Sie auf *OK.* Daraufhin fügt Works nach jedem der markierten Absätze einen Leerraum ein.

Nach dem drittletzten Absatz soll ein noch größerer Leerraum folgen:

➡ Markieren Sie den drittletzten Absatz *Die Versammlung ...* , rufen Sie im Menü **Format** den Befehl **Einzüge und Abstände** auf.

➡ Im Dialogfeld geben Sie im Textfeld *Abstand nach dem Absatz 4Ze* ein und klicken auf *OK.*

Ihr Protokoll sollte jetzt der *Abbildung 3-23* entsprechen.

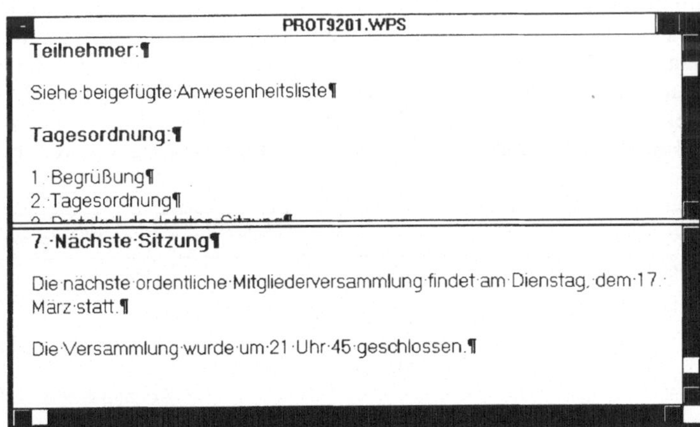

Abbildung 3-23: Nach den Absätzen sind Abstände eingefügt worden (wieder wird nur ein Teil des Protokolls in einem geteilten Fenster angezeigt)

Es ist im übrigen nicht möglich, die Einfügemarke in einen Leerraum zu positionieren, der als Abstand vor oder nach einem Absatz eingefügt worden ist. Wenn Sie Ihre eigenen Texte gestalten, sollten Sie im allgemeinen ebenfalls *nach* einem Absatz zusätzlichen Abstand definieren. Wenn Sie zusätzlichen Leerraum *vor* einem Absatz festlegen, fügt Works diesen Abstand möglicherweise zu Beginn einer neuen Seite ein.

Einzüge festlegen

Mit Einzügen gestalten Sie Ihr Dokument ansprechender und übersichtlicher. Insbesondere können Sie mit geschachtelten Einzügen Gliederungen und mit negativen Erstzeileneinzügen numerierte oder mit Punkten oder sonstigen Zeichen unterteilte Listen erstellen. Bei einem geschachtelten Absatz weist der linke Einzug einen größeren Wert auf als der vorhergehende Absatz, er beginnt also weiter rechts. Die erste Zeile eines Absatzes mit negativem Erstzeileneinzug beginnt weiter links als die folgenden Zeilen des Absatzes. Mit den automatischen Vorgabeeinstellungen von Works formatieren Sie sehr schnell negative Erstzeileneinzüge und geschachtelte Absätze. Aber Sie können auch eigene Werte für die Einzüge eines jeden Absatzes festlegen. Ihnen sind wohl die entsprechenden Textfelder im Dialogfeld des Befehls **Einzüge und Abstände** aus dem Menü **Format** aufgefallen? In diesen Feldern können Sie die Maße für die Einzüge in den Maßeinheiten Zentimeter, Zoll, 10 Pitch, 12 Pitch oder Punkten eingeben.

Absatzlineal

Einfacher ist es jedoch, das Absatzlineal zu verwenden. Wie aus der *Abbildung 3-24* ersichtlich, zeigt das Absatzlineal Seitenrandmarken, Einzugsmarken und Tabstops an. Dabei können Sie wählen, welche Maßeinheit verwendet wird: Zentimeter, Zoll, Pica, oder Punkte. Im Abschnitt *Works anpassen* in Kapitel 2 haben wir für die Aufgaben dieses Buches die Maßeinheit Zentimeter eingestellt, für Ihre eigene Arbeit können Sie später aber auch jede andere Einheit auswählen, mit der Sie vertraut sind. Aus dem Abschnitt *Works anpassen* zu Beginn dieses Kapitels wissen Sie, daß Sie die Anzeige des Absatzlineals mit dem Befehl **Absatzlineal anzeigen** aus dem Menü **Optionen** steuern können.

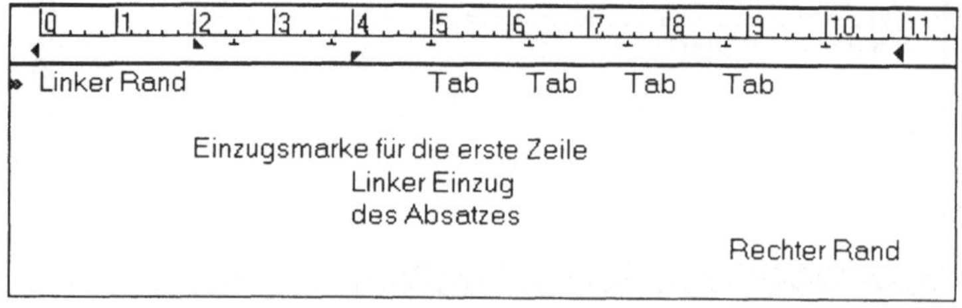

Abbildung 3-24: Absatzlineal

Geschachtelter Einzug

Markieren Sie die Absätze, die Sie einziehen möchten: die drei letzten Absätze des 4. Tagesordnungspunkts. Ziehen Sie die Einzugsmarke für den linken Einzug auf dem Absatzlineal an die gewünschte Position, hier auf 1cm. Die Einzugsmarke für den

Erstzeileneinzug bewegt sich mit. Die markierten Absätze werden sofort mit der neuen Einzugseinstellung angezeigt (siehe *Abbildung 3-25*).

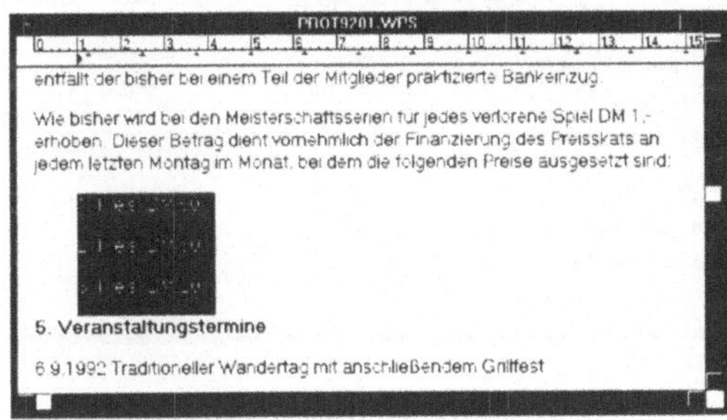

Abbildung 3-25: Geschachtelter Einzug

Wenn Sie sehr schnell einen geschachtelten Einzug mit den Vorgabeeinstellungen von Works erstellen möchten, markieren Sie den oder die Absätze, die Sie einziehen möchten und drücken STRG-TASTE+V so oft, bis der oder die Absätze den gewünschten Einzug aufweisen. Works zieht alle Zeilen in einem geschachtelten Absatz um 1,25 cm oder ein Vielfaches davon ein. Um einen geschachtelten Einzug rückgängig zu machen, markieren Sie den oder die entsprechenden Absätze und drücken STRG-TASTE+Y oder STRG-TASTE+W. Bei mehrfach geschachtelten Absätzen müssen Sie die Tastenkombination STRG-TASTE+Y oder STRG-TASTE+W mehrfach drücken.

Die Veranstaltungstermine im 6. Tagesordnungspunkt können Sie mit einem negativen Erstzeileneinzug viel deutlicher herausstellen.

Negativer Erstzeileneinzug

➡ Markieren Sie die drei Absätze im fünften Tagesordnungspunkt. Ziehen Sie die Einzugsmarke für den linken Einzug auf die Position 3 cm und die Einzugsmarke für die erste Zeile zurück auf die Position 0 cm. Die Absätze werden sofort mit der neuen Einzugseinstellung angezeigt, siehe *Abbildung 3-26*.

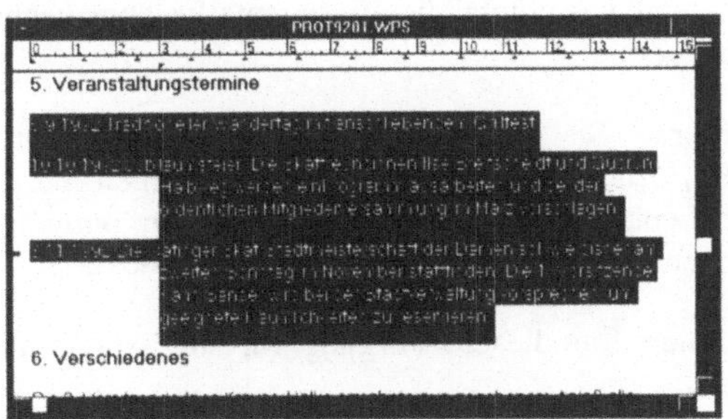

Abbildung 3-26: Absätze mit negativem Erstzeileneinzug

➡ Markieren Sie den ersten der drei Absätze, rufen Sie im Menü **Format** den Befehl **Einzüge und Abstände** auf.

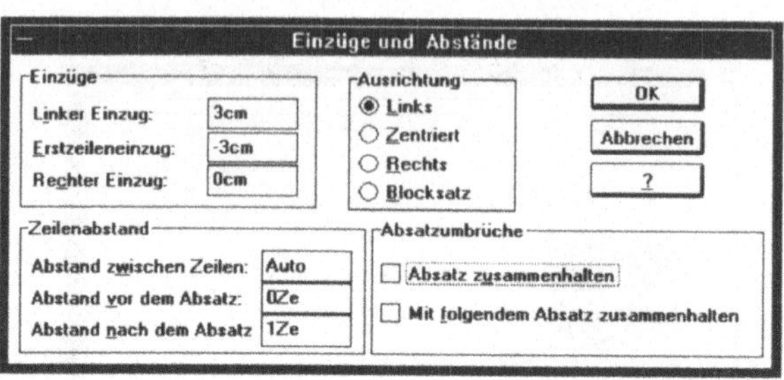

Abbildung 3-27: Die Einstellung eines negativen Erstzeileneinzugs

Im Textfeld Linker Einzug ist der Wert *3 cm* angegeben - die Position, auf die Sie die Einzugsmarke für den linken Einzug geschoben haben. Im Textfeld Erstzeileneinzug erscheint derselbe Wert, allerdings mit einem Minuszeichen versehen: der Erstzeileneinzug wird stets relativ zum linken Einzug eines Absatzes festgelegt, nicht aber relativ zum Seitenrand des Dokuments.

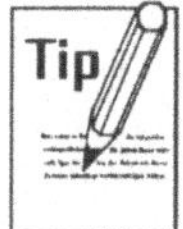

Wenn Sie sehr schnell einen negativen Erstzeileneinzug mit den Vorgabeeinstellungen von Works erstellen möchten, markieren Sie den oder die Absätze, die Sie einziehen möchten und drücken STRG-TASTE+MINUSZEICHEN (-). Works erstellt automatisch einen negativen Erstzeileneinzug von 1,25 cm. Um einen negativen Erstzeileneinzug rückgängig zu machen, markieren Sie den oder die entsprechenden Absätze und drücken STRG-TASTE+Y oder STRG-TASTE+W.

Tabstops festlegen

Die drei Absätze sind noch nicht ganz zufriedenstellend gestaltet, da der Textbeginn der ersten Zeile und der linke Einzug der folgenden Zeilen nicht übereinstimmen. Dem können Sie abhelfen: Tabstops richten Spalten in einer Tabelle oder einer Liste aus. Wenn Sie die TAB-TASTE drücken, fügt Works ein Tabulatorzeichen (siehe *Abbildung 3-4*) in das Dokument ein und verschiebt die Einfügemarke zum nächsten Tabstop der betreffenden Zeile.

Tabulatorzeichen einfügen ➡ Positionieren Sie die Einfügemarke direkt hinter das Datum *6.9.1992,* drücken Sie die TAB-TASTE. Löschen Sie das jetzt überflüssige Leerzeichen, das bisher das Datum vom nachfolgenden Text getrennt hat, durch Drücken der ENTF-TASTE.

➡ Wiederholen Sie diesen Vorgang für die beiden nachfolgenden Absätze.

Daraufhin stimmt in den drei Absätzen der Textbeginn der ersten Zeile mit dem linken Einzug überein.

Im Absatzlineal zeigt Works die Tabstops für die markierten Absätze an bzw. für den Absatz, in dem sich die Einfügemarke befindet. Sie haben, wie in *Abbildung 3-28* dargestellt, die Wahl zwischen links- oder rechtsbündig, zentriert oder dezimal ausgerichteten Tabstops. Außerdem können Sie den Tabstops Füllzeichen zuweisen, die den Abstand zwischen dem Inhalt einer Spalte und dem Inhalt der vorhergehenden Spalten überbrücken. Dabei können Sie zwischen Punkten (...), Bindestrichen (---), Unterstreichungen (___) und Gleichheitszeichen (===) auswählen.

Tabstops setzen

Abbildung 3-28: Absatzlineal mit Tabstops unterschiedlicher Ausrichtung

Works verwendet automatisch linksausgerichtete Tabstops mit der Schrittweite von 1,25 cm. Diesen Abstand können Sie jedoch ändern. Im Protokoll sollten Sie jetzt die beiden letzten Absätze mit Tabstops ansprechender gestalten:

➡ Fügen Sie in den letzen beiden Absätzen ein Tabulatorzeichen zwischen die Namen *Karin Sander* und *Maria Kabel* sowie die Wörter *Vorsitzende* und *Schriftwartin* ein. Entfernen Sie das überflüssige Leerzeichen in diesen Absätzen.

➡ Markieren Sie beide Absätze, klicken Sie in der unteren Hälfte des Absatzlineals auf die Position 3 cm, damit erzeugen Sie einen linksbündigen Tabstop.

➡ Im Dokumentfenster stellen Sie sofort fest, daß dies ist noch nicht die richtige Position ist. Ziehen Sie die Tabulatormarke im Absatzlineal auf die Position 5 cm. Daraufhin werden die beiden Absätze wie gewünscht dargestellt.

*Tabstop
verschieben*

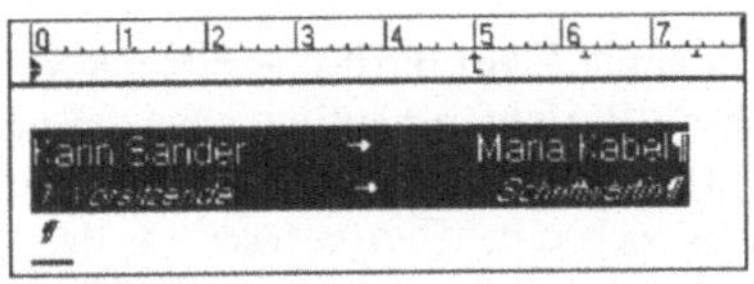

*Abbildung 3-29: Gestaltung der beiden letzten Absätze mit
benutzerdefinierten Tabstops*

Wenn Sie einen Tabstop nicht verschieben, sondern löschen wollen, ziehen Sie die Tabulatormarke nach unten aus dem Absatzlineal heraus. Wenn Sie anders ausgerichtete Tabstops festlegen oder Füllzeichen auswählen wollen, doppelklicken Sie im Absatzlineal auf die Stelle, an der Sie einen Tabstop setzen möchten. Works zeigt dann das Dialogfeld Tabstops an, in dem Sie die erforderlichen Eingaben machen. In diesem

Dialogfeld können Sie auch mehrere Tabstops gleichzeitig setzen und
löschen.

➡ Sichern Sie das Dokument mit dem Befehl **Speichern** aus dem
Menü **Datei**.

Dokument prüfen und verbessern

Sie sparen Zeit und Papier, wenn Sie es sich zur guten Angewohnheit
machen, Ihre Dokumente vor dem Drucken zu überprüfen. Dazu stellt
Ihnen Works einen Thesaurus, eine Rechtschreibprüfung und die Seitenansicht des Dokuments zur Verfügung. Alle drei Funktionen sind über
die Symbolleiste schnell und einfach aufzurufen.

Rechtschreibprüfung

Wie leicht übersieht man doch Schreibfehler im eigenen Text, noch dazu
am Bildschirm! Mit der automatischen Rechtschreibprüfung ist es aber
kein Problem, einen Zeichendreher wie *Tagseorndung*, Wiederholun-
gen wie *und und* sowie sonstige Schreibfehler aufzufinden und zu korrigieren.

Bei der Suche nach Schreibfehlern verwendet Works ein Wörterbuch mit
mehr als 150.000 Wörtern - und dieses Wörterbuch können Sie erweitern, indem Sie Works veranlassen, ein bisher unbekanntes Wort in das
Wörterbuch aufzunehmen.

➡ Positionieren Sie die Einfügemarke an die Stelle, an der Works mit
der Rechtschreibprüfung beginnen soll, sinnvollerweise also an den
Anfang des Protokolls. Klicken Sie in der Symbolleiste auf das
Symbol Rechtschreibprüfung (oder rufen Sie im Menü **Optionen**
den Befehl **Rechtschreibprüfung** auf). Sobald Works in Ihrem
Protokoll ein unbekanntes Wort gefunden hat, erscheint ein Dialogfeld, in dem hinter Nicht im Wörterbuch das unbekannte Wort angeben ist.

Wörterbuch er- ➡ Das erste unbekannte Wort dürfte bereits *Skatverein* sein. Da die-
gänzen   ses Wort in Ihren Berichten häufiger vorkommen wird, sollten Sie
es in das Wörterbuch übernehmen, indem Sie auf Aufnehmen
klicken. Works schreibt *Skatverein* in das Wörterbuch (wird
dieses Wort also in Zukunft erkennen) und zeigt das nächste
unbekannte Wort an.

Schreibweise ➡ Wenn Sie den Fehler sofort erkennen, können Sie im Feld Ändern
ändern   zu den korrekten Wortlaut angeben und auf die Schaltfläche Ändern klicken. Daraufhin ersetzt Works im Protokoll das falsch geschriebene Wort durch Ihre Korrektur. Wenn Sie auf die Schaltfläche Alle Ändern klicken, wird das Wort jedes Mal korrigiert, wenn
es in derselben falschen Schreibweise im Text vorkommt.

➡ Wenn Sie den Fehler nicht sofort erkennen, klicken Sie auf die Schaltfläche **Vorschlagen**. Dann erscheinen im Listenfeld Vorschläge Korrekturvorschläge für dieses Wort. Zur Übernahme eines Vorschlags wählen Sie diesen im Listenfeld aus (er erscheint dann im Feld **Ändern zu**) und klicken auf die Schaltfläche **Ändern** bzw. **Alle ändern**. Wenn Sie die Option **Immer vorschlagen** einschalten, macht Works grundsätzlich Korrekturvorschläge.

*Korrektur-
vorschläge
anfordern*

➡ Wenn Sie auf die Schaltfläche **Ignorieren** klicken, übergeht Works das unbekannte Wort ohne Änderung. Diese Option empfiehlt sich besonders bei Namen, die in einem Text selten vorkommen. Wenn Sie auf **Alle ignorieren** klicken, ignoriert Works alle Wörter derselben Schreibweise, die noch im Text auftreten werden. Diese Taste sollten Sie drücken, wenn ein unbekanntes Wort häufiger im Text vorkommt, Sie dieses Wort aber nicht in das Wörterbuch aufnehmen wollen. Außerdem haben Sie die Möglichkeit, Wörter, die ganz in Großbuchstaben geschrieben sind, aus der Rechtschreibprüfung auszuschließen; dafür schalten Sie die Option **Wörter in Großbuchstaben überspringen** ein. Das kann sinnvoll sein, wenn es in Ihrem Text viele Begriffe wie DOS, ASCII, UNO, NATO usw. gibt, die Sie aber nicht in das Wörterbuch aufnehmen möchten.

*Wort nicht
korrigieren*

➡ Wenn Sie die Rechtschreibprüfung beenden wollen, bevor Works den ganzen Text geprüft hat, klicken Sie auf **Abbrechen**.

*Rechtschreib-
prüfung
abbrechen*

Thesaurus

Neben dem Symbol **Rechtschreibprüfung** ist das Symbol **Thesaurus** angeordnet. Der Works-Thesaurus ist eine Sammlung von Synonymen (Wörter gleicher oder ähnlicher Bedeutung), die Ihnen beim Formulieren gute Dienste leisten kann. Wenn Sie beispielsweise nicht sicher sind, den richtigen Begriff gewählt zu haben, oder die Wiederholung eines Wortes vermeiden wollen, kann Ihnen der Thesaurus Synonyme anbieten, aus denen Sie einen passenderen bzw. anderen Begriff aussuchen.

➡ Markieren Sie im zweiten Absatz des 5. Tagesordnungspunkts das Wort *ausarbeiten*. Klicken Sie auf das Symbol **Thesaurus** (oder rufen Sie im Menü **Optionen** den Befehl **Thesaurus** auf). In einem Dialogfeld werden zwei Listenfelder angezeigt.

➡ Da das Wort ausarbeiten mehrere Bedeutungen hat, können Sie im linken Listenfeld eine davon auswählen, in diesem Falle ist bereits die richtige Bedeutung *erarbeiten* markiert. (Andernfalls müßten Sie im linken Listenfeld auf die gewünschte Bedeutung klicken). Im rechten Listenfeld werden die Synonyme für *ausarbeiten* in der Bedeutung *erarbeiten* angezeigt, siehe *Abbildung 3-30*.

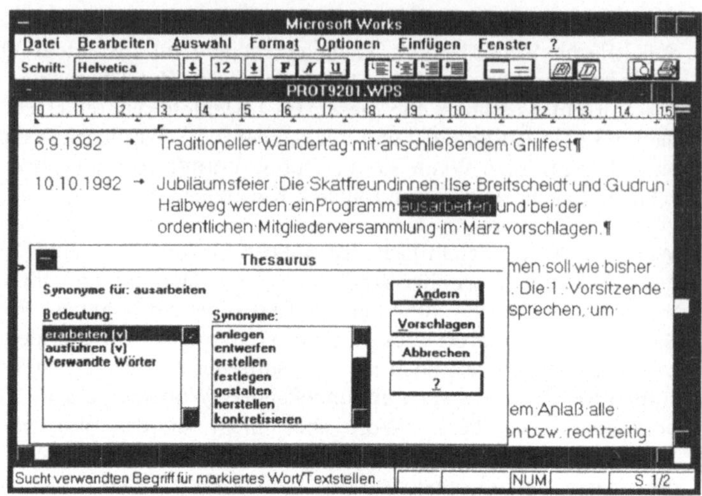

Abbildung 3-30: Der Thesaurus schlägt Synonyme vor

➡ Da Ihnen der Begriff entwerfen besser zusagt als ausarbeiten, markieren Sie *entwerfen* im Listenfeld Synonyme und klicken auf die Schaltfläche Ändern. Works ersetzt das im Protokoll markierte Wort *ausarbeiten* durch *entwerfen*.

Wenn das Original im Text nicht verändert werden soll, klicken Sie zum Verlassen des Thesaurus **Abbrechen**. Wenn Sie im Listenfeld **Synonyme** einen Begriff auswählen und dann auf **Vorschlagen** klicken, wird dieser Begriff zum Suchwort, und im Listenfeld **Synonyme** werden dessen Synonyme angezeigt.

Seitenansicht

In der Seitenansicht sehen Sie Ihr Dokument so, wie es gedruckt werden wird. Das gibt Ihnen die Möglichkeit, die Gestaltung der Seite zu überprüfen und gegebenenfalls einzelne Merkmale vor dem endgültigen Druck noch einmal bearbeiten.

➡ Klicken Sie auf das Symbol Seitenansicht (oder rufen Sie im Menü **Datei** den Befehl **Seitenansicht** auf).

Daraufhin wird auf dem Bildschirm die Standardansicht Ihres Dokuments angezeigt: die Seite ist so verkleinert, daß Sie in den Fensterausschnitt paßt. In dieser Ansicht können Sie vor allem erkennen, wie der Text auf der Seite angeordnet sein wird.

➡ Klicken Sie auf die Schaltfläche Nächste bzw. Vorige, um die 2. bzw. 1. Seite des Protokolls sehen zu können.

➡ Klicken Sie zweimal auf Vergrößern, dann wird Ihr Protokoll so groß angezeigt wie im Dokumentfenster. Wenn Sie auf Verkleinern klicken, sehen Sie wieder mehr vom Protokoll. Insgesamt können Sie das Dokument in drei Größen betrachten.

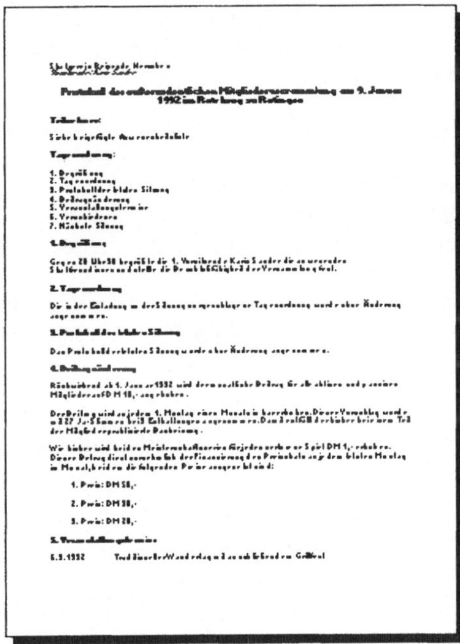

Abbildung 3-31: Das Protokoll in der Seitenansicht

→ Über den Bildlauf bewegen Sie sich in der Seitenansicht.

→ Da das Protokoll noch nicht zufriedenstellend ist, klicken Sie auf **Abbrechen**, um die Seitenansicht zu verlassen.

Seitengröße festlegen

In der Seitenansicht ist Ihnen aufgefallen, daß die Ränder recht schmal sind. Sie richten einen breiteren linken Rand zum Abheften der Protokolle ein sowie einen breiteren rechten Rand, damit Ihre Vereinsmitglieder Platz für Bemerkungen haben.

→ Rufen Sie im Menü **Datei** den Befehl **Seite einrichten** auf. In einem Dialogfeld werden die Standardwerten für die Seitengestaltung angezeigt.

In den Feldern **Seitenlänge** und **Seitenbreite** legen Sie das Format der Seite fest, die Vorgabe **Seitenlänge** *29,7 cm* und **Seitenbreite** *21 cm* entspricht der DIN A4-Seite. Wenn Sie Endlospapier verwenden, geben Sie im Feld **Seitenlänge** *12"* (Maßeinheit Zoll) ein. Wenn Sie die Werte vertauschen, erhalten Sie eine DIN A4-Seite im Querformat (dann müssen Sie allerdings auch im Dialogfeld des Befehls **Druckereinrichtung**

Seitenformat

im Menü **Datei** eine entsprechende Angabe machen - siehe Abschnitt *Tabelle drucken* in Kapitel 4. Nicht alle Drucker sind in der Lage, quer zu drucken.)

Seitenränder

In den Feldern Rand ... legen Sie den Druckbereich des Textes auf einer Seite fest. Dabei sollten Sie ruhig recht großzügig sein und nicht versuchen, viel Text auf einer Seite unterzubringen.

Kopf- und Fußzeilenrand

In den darunterliegenden Feldern Kopfzeilenrand und Fußzeilenrand legen Sie den Abstand der Kopfzeile bzw. Fußzeile vom Papierrand fest. Die Werte in diesen Feldern müssen kleiner sein als die Werte in den Feldern Rand oben bzw. Rand unten, damit die Kopf- und Fußzeilen innerhalb des oberen bzw. unteren Seitenrandes gedruckt werden können.

Anfangsseite

Schließlich können Sie im Feld Nr. der ersten Seite noch festlegen, mit welcher Seitennummer die automatische Numerierung Ihres Textes beginnen soll.

➡ Nehmen Sie die Einstellungen entsprechend der *Abbildung 3-32* vor, ändern Sie gegebenenfalls den Wert im Feld Seitenlänge. Klicken Sie auf OK.

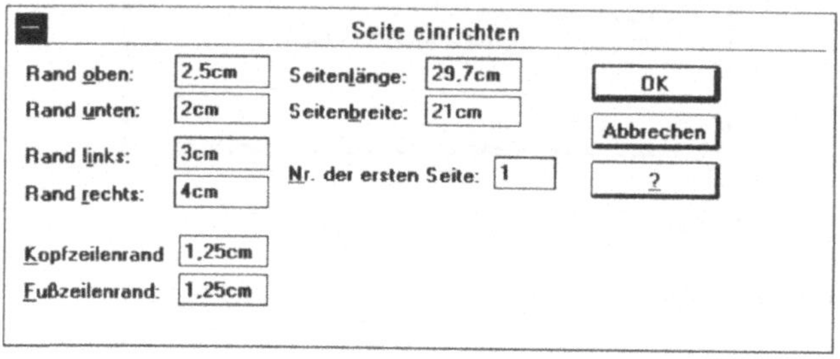

Abbildung 3-32: Festlegen der Seitengröße

Kopf- und Fußzeile festlegen

Da das Protokoll über eine Seite hinausgeht, bietet es sich an, automatisch eine Seitennumerierung durchführen zu lassen und ab der 2. Seite eine Kopf- und Fußzeile auszudrucken.

Position

Der Text von Kopf- und Fußzeilen wird automatisch im oberen bzw. unteren Seitenrand jeder Seite Ihres Dokuments gedruckt. Mit Kopf- und Fußzeilen fügen Sie Informationen ein, die auf jeder Seite eines Dokuments erscheinen sollen, wie beispielsweise die Kapitelüberschriften und der Buchtitel in den Kopfzeilen dieses Buches.

Beim Erstellen einer Kopf- oder Fußzeile veranlassen Sie Works durch die Eingabe bestimmter Codes, Seitennummern, Datum und Uhrzeit einzufügen und die Kopf- oder Fußzeile auszurichten (wenn Sie nichts anderes angeben, werden Kopf- und Fußzeile automatisch zentriert). Die

folgenden Codes stehen Ihnen zur Verfügung (Sie können in einer Kopf-
oder Fußzeile beliebig viele Codes verwenden):

&s   Drucken der Seitennummer
&n   Drucken des Dateinamens
&a   Drucken des Datums in Langform
&k   Drucken des Datums in Kurzform
&e   Drucken der Uhrzeit
&2   Drucken eines einzelnen Et-Zeichens (&)
&l   Linksbündiges Ausrichten der nachfolgenden Zeichen
&r   Rechtsbündiges Ausrichten der nachfolgenden Zeichen
&z   Zentrieren der nachfolgenden Zeichen

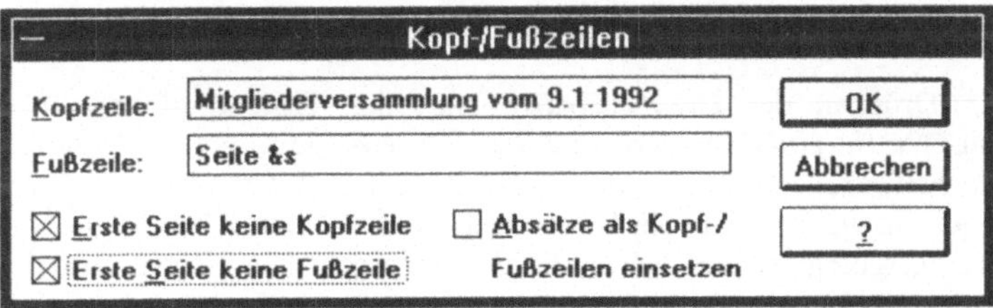

Abbildung 3-33: Eine Standardkopf- bzw. Fußzeile erstellen

➡ Rufen Sie im Menü **Bearbeiten** den Befehl **Kopf-/Fußzeile** auf.
Nehmen Sie im Dialogfeld die Eingaben entsprechend der *Abbildung 3-33* vor.

Wenn Sie jetzt in die Seitenansicht schalten, sollte der Kopf der zweiten
Seite der *Abbildung 3-34* entsprechen. (Möglicherweise mit einem anderen Text zu Beginn der Seite, da der Seitenumbruch bei Ihnen anders
ausgefallen sein kann, siehe Abschnitt *Manuellen Seitenwechsel einfügen*).

Mitgliederversammlung vom 9.1.1992

0.1992   Jubiläumsfeier. Die Skatfreundinnen Ilse Breitscheidt und
Gudrun Halbweg werden einProgramm entwerfen und bei
der ordentlichen Mitgliederversammlung im März
vorschlagen.

Abbildung 3-34: Seite 2 des Protokolls mit Kopfzeile

Manuellen Zeilenwechsel einfügen

Neben dem zu schmalen Seitenrand mißfiel Ihnen die Gestaltung der
Überschrift. Sie möchten den Text noch einmal bearbeiten und auf drei
Zeilen verteilen.

➡ Positionieren Sie die Einfügemarke hinter das Wort *Protokoll*, drücken Sie UMSCHALTTASTE+EINGABETASTE.

Works fügt hinter dem Wort *Protokoll* einen manuellen Zeilenwechsel ein (das Zeichen für den manuellen Zeilenwechsel ist in *Abbildung 3-4* dargestellt). Im Gegensatz zu automatischen Zeilenwechseln bleiben die manuellen im Text erhalten, auch wenn Sie die Seitenränder ändern und damit einen anderen Zeilenumbruch bewirken.

➡ Positionieren Sie die Einfügemarke hinter das Wort *Mitgliederversammlung*, drücken Sie UMSCHALTTASTE+EINGABETASTE.

➡ Ändern Sie den Text am Anfang der 2. Überschriftszeile in *Außerordentliche*... Löschen Sie in der jetzt dritten Zeile der Überschrift das Wort *am* einschließlich der umschließenden Leerzeichen.

Durch Drücken der EINGABETASTE statt der Tastenkombination UMSCHALTTASTE+EINGABETASTE hätten Sie aus dem einen Absatz der Überschrift drei Absätze gemacht. Normalerweise wäre das nicht weiter störend. Da wir aber für die Überschrift bereits einen Abstand nach dem Absatz festgelegt haben, wären die drei Überschriftszeilen jeweils durch einen Leerraum getrennt worden. Um nun nicht wieder das Absatzformat ändern zu müssen, haben wir den manuellen Zeilenwechsel eingefügt.

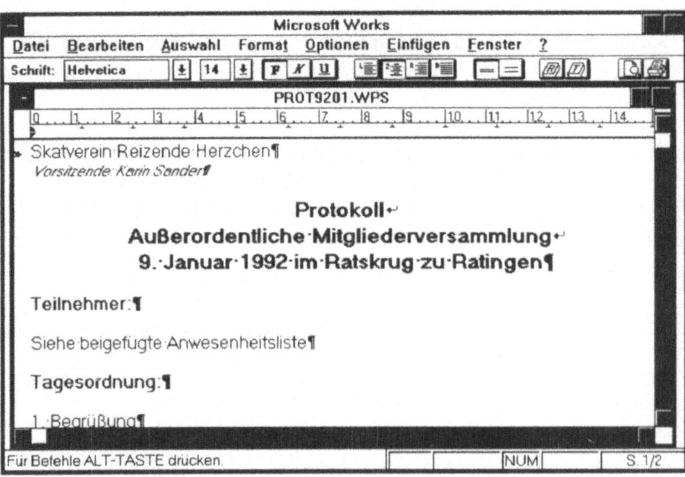

Abbildung 3-35: Die überarbeitete Überschrift

Absatzabstand korrigieren

Reduzieren Sie die Abstände nach den ersten beiden eingezogenen Absätzen im 4. Tagesordnungspunkt:

➡ Markieren Sie die beiden Absätze, rufen Sie im Menü **Format** den Befehl **Einzüge und Abstände** auf. Geben Sie im Dialogfeld in das Feld Abstand nach Absatz *0* ein, klicken Sie auf OK.

Manuellen Seitenwechsel einfügen

➡ Schalten Sie in die Seitenansicht, um das Dokument wieder zu prüfen. Hat Works in Ihrem Protokoll auch einen Seitenumbruch an einer ungünstigen Stelle vorgenommen? (Der Seitenumbruch kann bei Ihnen anders sein, er hängt u.a. von der Größe des Druckbereichs auf der Seite und der definierten Schriftart und -größe ab.)

Works fügt die Seitenwechsel automatisch in ein Dokument ein. Sie können jedoch selbst bestimmen, wo ein Seitenwechsel eingefügt werden soll, wenn bestimmte Seiten an einer anderen Stelle im Text beginnen sollen (ähnlich wie beim Zeilenwechsel). Wenn Sie einen manuellen Seitenwechsel einfügen, legt Works den Seitenumbruch für das ganze Dokument neu fest. Im Dokument sind automatische und manuelle Seitenwechsel unterschiedlich gekennzeichnet, siehe *Abbildung 3-4*.

Wenn auch in Ihrem Dokument ein automatischer Seitenwechsel innerhalb eines Tagesordnungspunktes eingefügt worden ist, fügen Sie einen manuellen Seitenwechsel *vor* der betreffenden Überschrift ein:

➡ Verlassen Sie die Seitenansicht. Positionieren Sie die Einfügemarke an den Anfang der Überschrift *5. Veranstaltungstermine* (bzw. an die Stelle, an der Sie eine neue Seite beginnen wollen). Drücken Sie STRG-TASTE+EINGABETASTE (oder rufen Sie im Menü **Einfügen** den Befehl **Seitenwechsel** auf). Schalten Sie noch einmal in die Seitenansicht.

Sie haben es geschafft - Ihr Protokoll entspricht den *Abbildungen 3-1* und *3-2*, dem Ziel dieser Aufgabe! Jetzt brauchen Sie es nur noch zu drucken.

➡ Verlassen Sie zunächst die Seitenansicht.

Drucken

Sie können geöffnete Dateien oder auch Ausschnitte daraus aus jedem Teilprogramm heraus drucken. Vorher müssen Sie jedoch sicherstellen, daß Ihr Drucker installiert ist. Works arbeitet mit den Druckern, die Sie unter Windows installiert und konfiguriert haben. Außerdem müssen Sie festlegen (sofern Sie mit mehreren Druckern arbeiten), welchen Drucker Sie verwenden wollen. Dazu verwenden Sie die Systemsteuerung von Windows. Hinweise zur Druckerinstallation und -auswahl finden Sie in Ihrer Windows-Dokumentation.

➡ Klicken Sie auf das Symbol Drucken in der Symbolleiste (oder rufen Sie im Menü **Datei** den Befehl **Drucken** auf). Daraufhin wird ein Dialogfeld angezeigt, in dem Sie die notwendigen Einstellungen zum Drucken vornehmen. 

Anzahl Kopien   In dem Feld Anzahl Kopien legen Sie fest, wieviele Exemplare des Dokuments drucken soll - gerade bei Protokollen eine sehr nützliche Ein-
richtung, Sie brauchen keinen Kopierer mehr.

Druckbereich   Unter Druckbereich legen Sie fest, ob Sie das ganze Dokument oder nur
einzelne Seiten daraus drucken wollen. Wenn Sie die Option Seiten an-
klicken, geben Sie im Feld Von die Zahl der Seite an, die als erste gedruckt werden soll, und im Feld Bis die Zahl der Seite, die als letzte gedruckt werden soll.

Entwurfsqualität Wenn Sie die Option Entwurfsqualität einschalten, geht der Ausdruck
schneller vonstatten, enthält allerdings weder Diagramme, Zeichnungen,
Grafiken noch mehrere Schriftarten.

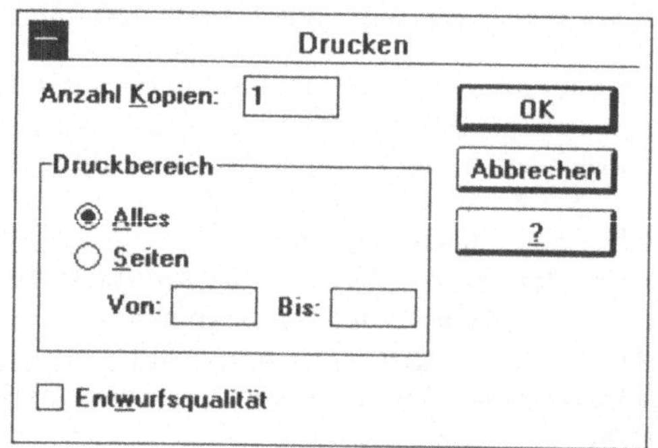

Abbildung 3-36: Einstellungen zum Drucken des Protokolls

➡ Nehmen Sie die Einstellungen entsprechend der *Abbildung 3-36*
vor, klicken Sie auf OK.

Drucken nach   Wenn Sie sich in der Seitenansicht befinden und die Gestaltung des
Seitenansicht   aktuellen Dokuments Ihren kritischen Augen standhält, können Sie direkt
das Drucken des Dokuments veranlassen, indem Sie auf die Schaltfläche
Drucken klicken. Dann wird das Dialogfeld Drucken angezeigt, in dem
Sie die Einstellungen wie beschrieben vornehmen.

Abschlußarbeiten

Bevor Sie sich in einer Arbeitspause von der Aufgabe erholen, sollten Sie
noch einige abschließende Arbeitsschritte ausführen:

➡ Schließen Sie das Dokumentfenster mit dem Protokoll, indem Sie
im Menü **Datei** den Befehl **Schließen** aufrufen. Im Dialogfeld der
Sicherheitsanfrage geben Sie an, daß die Änderungen im Dokument
PROT9201.WPS gespeichert werden sollen.

➡ Beenden Sie Works und Windows, schalten Sie Drucker und PC
aus.

Zusammenfassung

Text eingeben

➡ Einfügemarke positionieren.
➡ Fließtext schreiben.
➡ Absatz beenden: EINGABETASTE
➡ Manueller Zeilenwechsel: UMSCHALTTASTE+EINGABETASTE
➡ Manueller Seitenwechsel: STRG-TASTE+EINGABETASTE (oder im Menü **Einfügen** Befehl **Seitenwechsel** ausführen).

Text markieren

➡ Beliebige Menge Text: Mauszeiger über Text ziehen.
➡ Wort: auf Wort doppelklicken.
➡ Zeile: auf Seitenrand links neben der Zeile klicken.
➡ Mehrere Zeilen: Mauszeiger im linken Seitenrand nach unten oder nach oben ziehen.
➡ Absatz: auf Seitenrand links neben dem Absatz doppelklicken.
➡ Mehrere Absätze: auf Seitenrand links neben dem ersten Absatz doppelklicken, Mauszeiger nach unten oder nach oben zum letzen Absatz ziehen.
➡ Ganzes Dokument: STRG-TASTE drücken, gleichzeitig in linken Seitenrand klicken (oder im Menü **Auswahl** Befehl **Alles** ausführen).

Text ändern

➡ Einfügemarke positionieren: auf Position klicken oder mit Pfeiltasten verschieben (NACH-OBEN, NACH-UNTEN, NACH-RECHTS und NACH-LINKS).
➡ Zeichen links von Einfügemarke löschen: RÜCKTASTE
➡ Zeichen rechts von Einfügemarke löschen: ENTF-TASTE
➡ Text ersetzen: in Menü **Optionen** Befehl **Markiertes überschreiben** aktivieren, alten Text markieren, neuen Text eingeben.
➡ Text überschreiben: in Menü **Optionen** Befehl **Überschreiben** aktivieren, Einfügemarke positionieren, Text eingeben.
➡ Text einfügen: in Menü **Optionen** Befehl **Überschreiben** deaktivieren, Einfügemarke positionieren, Text eingeben.

Text kopieren

➡ Zu kopierenden Text markieren.
➡ Im Menü **Bearbeiten** Befehl **Kopieren** ausführen.
➡ Einfügemarke positionieren, im Menü **Bearbeiten** Befehl **Einfügen** ausführen.

Text verschieben

➡ Zu verschiebenden Text markieren.

➡ Im Menü **Bearbeiten** Befehl **Ausschneiden** ausführen.

➡ Einfügemarke positionieren, im Menü **Bearbeiten** Befehl **Einfügen** ausführen.

Text löschen

➡ Zu löschenden Text markieren.

➡ ENTF-TASTE (oder im Menü **Bearbeiten** Befehl **Löschen** aufrufen).

Schriftart, -größe, -stil und Position festlegen

➡ Text markieren oder Einfügemarke auf Position setzen, ab der für neuen Text neue Formatierung gelten soll.

➡ Schriftart im Feld Schriftart in Symbolleiste auswählen, Schriftgröße im Feld Schriftgröße in Symbolleiste auswählen, Schriftstil in Symbolleiste auswählen

oder

➡ im Menü **Format** Befehl **Schriftart/-größe** aufrufen und im Dialogfeld Schriftart und Schriftgröße auswählen und im Menü **Format** Befehl **Schriftstil/Position** aufrufen und im Dialogfeld Schriftstil und Position auswählen.

Zeichenformatierung kopieren

➡ Zeichen markieren, deren Formatierung kopiert werden soll.

➡ Im Menü **Bearbeiten** Befehl **Kopieren** ausführen.

➡ Zeichen markieren, die formatiert werden sollen.

➡ Im Menü **Bearbeiten** Befehl **Inhalte einfügen** aufrufen, im Dialogfeld Option Zeichenformatierung wählen.

Zeilen- und Absatzabstand festlegen

➡ Absatz markieren oder Einfügemarke auf Position setzen, ab der für neuen Text neue Abstände gelten sollen.

➡ Zeilenabstand in Symbolleiste auswählen

oder

➡ im Menü **Format** Befehl **Einzüge und Abstände** aufrufen, im Dialogfeld Zeilenabstand und Absatzabstand eingeben.

Einzüge festlegen

➡ Absatz markieren oder Einfügemarke auf Position setzen, ab der für neuen Text neue Einzüge gelten sollen.

➡ Einzugsmarken in Absatzlineal verschieben

oder

➡ im Menü **Format** Befehl **Einzüge und Abstände** aufrufen, im Dialogfeld Einzüge eingeben.

Ausrichtung festlegen

➡ Absatz markieren oder Einfügemarke auf Position setzen, ab der für neuen Text neue Ausrichtung gelten soll.

➡ Ausrichtung in Symbolleiste auswählen

oder

➡ im Menü **Format** Befehl **Einzüge und Abstände** aufrufen, im Dialogfeld Ausrichtung wählen.

Tabstop setzen

➡ Absatz markieren oder Einfügemarke auf Position setzen, ab der für neuen Text neuer Tabstop gelten soll.

➡ Auf Position im Absatzlineal klicken (linksbündiger Tabstop)

oder

➡ auf Position im Absatzlineal doppelklicken oder im Menü **Format** Befehl **Tabstops** aufrufen, im Dialogfeld Position, Ausrichtung und Füllzeichen eingeben.

Tabstops ändern

➡ Absatz markieren.

➡ Tabulatormarken in Absatzlineal verschieben

oder

➡ auf Position im Absatzlineal doppelklicken oder im Menü **Format** Befehl **Tabstops** aufrufen, im Dialogfeld Tabstop auswählen und Ausrichtung und Füllzeichen ändern.

Tabstops löschen

➡ Absatz markieren.

➡ Tabulatormarken nach unten aus dem Absatzlineal ziehen

oder

➡ auf Position im Absatzlineal doppelklicken oder im Menü **Format** Befehl **Tabstops** aufrufen, im Dialogfeld Tabstop auswählen, auf Schaltfläche Löschen klicken.

Absatzformatierung kopieren

➡ Einfügemarke in Absatz positionieren, dessen Formatierung kopiert werden soll.

➡ Im Menü **Bearbeiten** Befehl **Kopieren** ausführen.

➡ Absatz markieren, der formatiert werden sollen.

➡ Im Menü **Bearbeiten** Befehl **Inhalte einfügen** aufrufen, im Dialogfeld Option Absatzformatierung wählen.

Kopf-/Fußzeilen festlegen

➡ Im Menü **Bearbeiten** Befehl **Kopf-/Fußzeile** aufrufen.

➡ Text für Kopf- bzw. Fußzeile eingeben, festlegen, ob Kopf- und Fußzeile auf 1. Seite gedruckt werden sollen.

Synonyme suchen

➡ Wort markieren.

➡ Auf Symbol Thesaurus in Symbolleiste klicken oder im Menü **Optionen** Befehl **Thesaurus** aufrufen.

➡ Im Dialogfeld evtl. Bedeutung des Wortes auswählen.

➡ Synonym in Text übernehmen: Schaltfläche Ändern.

➡ Synonym nicht in Text übernehmen: Schaltfläche Abbrechen.

Rechtschreibung prüfen

➡ Einfügemarke positionieren.

➡ Auf Symbol Rechtschreibprüfung in Symbolleiste klicken oder im Menü **Optionen** Befehl **Rechtschreibprüfung** aufrufen.

➡ Fehler übergehen: Schaltfläche Ignorieren oder Alle ignorieren.

➡ Fehler selbst korrigieren: Korrektur in Feld Ändern eintragen.

➡ Korrekturvorschläge anfordern: Schaltfläche Vorschlagen oder Option Immer vorschlagen.

➡ Fehler im Text korrigieren: Ändern oder Alle ändern.

➡ Rechtschreibprüfung abbrechen: Schaltfläche Abbrechen.

Seite einrichten

➡ Im Menü **Datei** Befehl **Seite einrichten** aufrufen.

➡ Im Dialogfeld Seitenformat, Seitenränder und Position der Kopf-/Fußzeile festlegen. Eventuell Nummer der ersten Seite eingeben.

Seitenansicht

➡ Auf Symbol Seitenansicht in Symbolleiste klicken oder im Menü **Datei** Befehl **Seitenansicht** aufrufen.

➡ Im Dokument blättern: Schaltflächen Vorherige bzw. Nächste.

➡ Anzeige vergrößern/verkleinern: Schaltflächen Vergrößern bzw. Verkleinern.

➡ Drucken: Schaltfläche Drucken.

Dokument drucken

➡ Auf Symbol Drucken in Symbolleiste klicken oder im Menü **Datei** Befehl **Drucken** aufrufen.

➡ Im Dialogfeld Druckeinstellungen vornehmen.

Kapitel 4: Tabellenkalkulation

*Ich habe einen Mann, der meine Rechnungen führt. Die Küche hat ihr
bestimmtes Budget für jeden Tag, das sie nicht zu überschreiten wagt.
Allmonatlich sehe ich die Rechnungen durch ... denn es ist peinlich,
Schulden zu haben, und in jeder Hinsicht vorteilhaft, Ordnung in seinen
Geschäften zu haben. (Friedrich der Große)*

Einen der Schwerpunkte der Anwendungsprogramme, die im Rahmen der
individuellen Datenverarbeitung auf PCs eingesetzt werden, bilden die
Tabellenkalkulationsprogramme, deren Entstehen überhaupt erst mit dem
Aufkommen der persönlichen Computer möglich geworden ist.

Mit dem Works-Teilprogramm zur Tabellenkalkulation können Sie alle
erdenklichen Berechnungen für private und geschäftliche Zwecke ausführen. Ihre Berechnungen, Analysen und Planungen sind in Ihrem Computer gespeichert, eventuelle Änderungen sind also mit der Eingabe einiger Zeichen und einem Tastendruck leicht durchzuführen. Ein weiterer
Vorteil besteht in der Möglichkeit, *Was wäre, wenn*-Analysen durchführen zu können - Sie variieren Ihre Ausgangswerte und prüfen, welche
Auswirkungen das auf das Ergebnis hätte.

In diesem Kapitel lernen Sie die Grundfunktionen der Works-Tabellenkalkulation kennen. Dabei werden Sie, ähnlich wie im vorangegangenen
Kapitel bei der Textverarbeitung, in Etappen vorgehen:

- Tabelle erstellen
- Tabelle bearbeiten
- Tabelle gestalten
- Tabelle prüfen, verbessern und drucken
- Diagramm erstellen
- Diagramm gestalten
- Diagramm drucken.

Aufgabe: Buchführung

Als neue Kassenwartin Ihres Skatvereins sind Sie für die Vereinsbuch-
führung zuständig. Bisher wurde eine sehr vereinfachte Buchführung wie
in *Abbildung 4-1* geführt.

| | Buchführung
Januar 1991 | | | | |
Datum	Beleg	Beschreibung	Ein	Aus	Bestand
1.1.91	1	Übertrag Bank	350,00		
		Übertrag Kasse	70,00		420,00
3.1.91	2	Beiträge	480,00		
3.1.91	3	Umtrunk		47,30	
10.1.91	4	Beiträge	50,00		
17.1.91		Verlorene Sp.	23,00		
24.1.91		Preisskat		60,00	
31.1.91	5	Zuschuß LV	750,00		
			1303,00	107,30	1615,70

Abbildung 4-1: Die bisherige Buchführung

Dieses Verfahren befriedigt Sie überhaupt nicht. Von Ihrer Vorgängerin
wissen Sie, wie mühsam es war, aus den Zahlen die Werte für die Ein-
nahmen-Ausgaben-Rechnung am Jahresende herauszufiltern. Mit Works
wollen Sie eine komfortablere Buchführung realisieren: die einzelnen
Einnahmen- und Ausgabenarten sollen von Anfang an getrennt werden,
der aktuelle Bestand soll jederzeit zu ermitteln sein. Dazu werden Sie
zunächst pro Monat eine Tabelle erstellen. Außerdem werden Sie in Ihren
Berichten für den Vorstand und die Mitgliederversammlung das doch
etwas trockene Zahlenmaterial auflockern und in einem ersten Schritt die
monatlichen Einnahmen und Ausgaben durch entsprechende Diagramme
anschaulich darstellen. Auf den beiden nächsten Seiten ist Ihr Teilziel zu
sehen: in *Abbildung 4-2* das Arbeitsblatt für einen Monat und in den *Abbildungen 4-3* und *4-4* je ein Kreisdiagramm, das die Zusammensetzung
der monatlichen Einnahmen und Ausgaben visualisiert. Später (in Kapitel
7) sollen die Monatswerte in einer kumulierenden Jahrestabelle
zusammengefaßt und ein weiteres Diagramm erstellt werden, das die
Entwicklung der Einnahmen und Ausgaben während des Jahres aufzeigt.

Skatverein Reizende Herzchen

Buchführung 1992 **Januar**

Datum	Beschreibung	Bestand	Einnahmen Beiträge	Einnahmen Verl. Spiele	Einnahmen Spenden usw	Einnahmen Sonstiges	Ausgaben Verwaltung	Ausgaben Bewirtung	Ausgaben Preisskat	Ausgaben Sonstiges
	Übertrag Vormonat	230,37								
06.01.1992	Beiträge Januar	550,37	320,00							
06.01.1992	Spieltag 1	607,37		57,00						
09.01.1992	Mitgliederversammlung	389,87						217,50		
10.01.1992	Briefmarken	346,37					43,50			
13.01.1992	Beiträge Januar	386,37	40,00							
13.01.1992	Spieltag 2	409,37		23,00						
17.01.1992	Spende Meier	559,37			150,00					
20.01.1992	Spieltag 3	635,37		76,00						
22.01.1992	Blumen Krankenh.	597,87								37,50
25.01.1992	Zinsen Sparbuch	640,99				43,12				
27.01.1992	Spieltag 3	668,99		28,00						
27.01.1992	Intern, Januar	568,99							100,00	
		568,99								
		568,99								
		568,99								
		568,99								
		568,99								
		568,99								
		568,99								
		568,99								
		568,99								
		568,99								
		568,99								
		568,99								
		568,99								
		568,99								
		568,99								
		568,99								
		568,99								
		568,99								
	Übertrag Folgemonat	568,99								
Summen:			**360,00**	**184,00**	**150,00**	**43,12**	**43,50**	**217,50**	**100,00**	**37,50**
			Summe der Einnahmen:			**737,12**	**Summe der Ausgaben:**			**398,50**

Abbildung 4-2: Die Buchführungstabelle für den Monat Januar

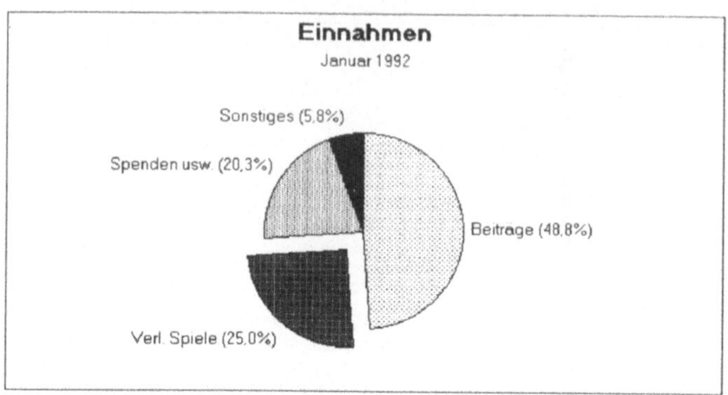

Abbildung 4-3: Zusammensetzung der Einnahmen im Januar

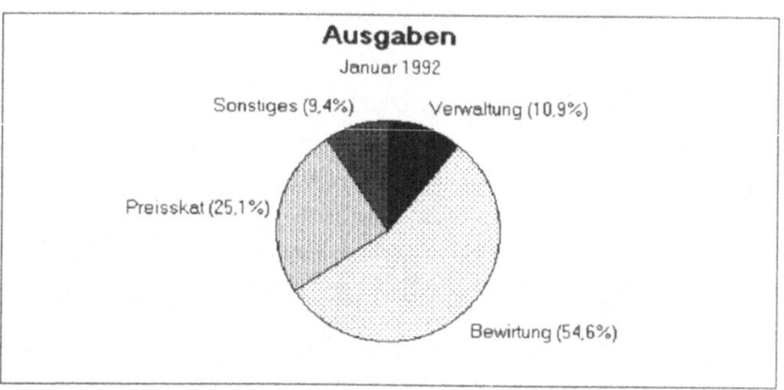

Abbildung 4-4: Zusammensetzung der Ausgaben im Januar

Vorarbeiten

Wieder müssen Sie einige Vorbereitungen treffen, bevor Sie mit dem Erstellen der Tabelle beginnen können:

➡ Schalten Sie (wenn nötig) Ihren PC ein, rufen Sie Windows auf und dann Works.

➡ Wenn Sie ohnehin schon mit Works gearbeitet haben, sollten Sie alle Dokumentfenster schließen, die sich eventuell noch auf Ihrem Bildschirm befinden.

Neue Tabelle erstellen

➡ Wenn der Bildschirm Works-Start (siehe *Abbildung 2-6*) angezeigt wird, klicken Sie darin auf das Symbol Tabellenkalkulation.

➡ Andernfalls rufen Sie im Menü **Datei** den Befehl **Neue Datei erstellen** auf und klicken im Dialogfeld auf das Symbol Tabellenkalkulation.

Works anpassen

Auch in der Tabellenkalkulation nimmt Works einige Standardeinstellungen vor, und um sicherzustellen, daß Sie von derselben Basis ausgehen wie wir, sollten Sie diese zunächst einmal überprüfen bzw. anpassen.

➡ Aktivieren Sie im Menü **Optionen** die Befehle **Symbolleiste anzeigen** und **Gitternetzlinien anzeigen**.

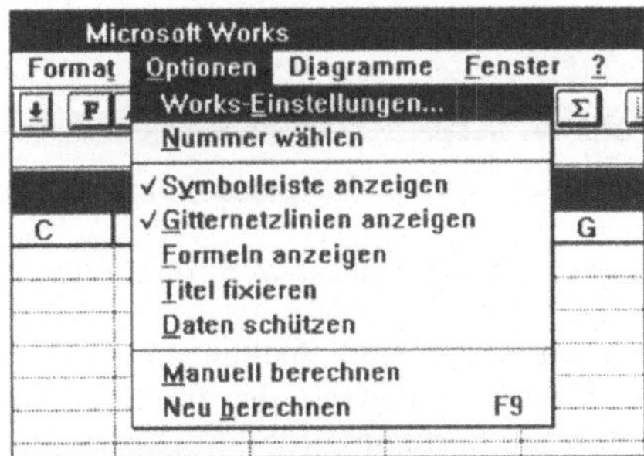

Abbildung 4-5: Die in diesem Buch zugrundegelegten Einstellungen in der Tabellenkalkulation

Auch in der Tabellenkalkulation sollten Sie die Anzeige der Symbolleiste einschalten, die Sie ja bereits in der Textverarbeitung zu schätzen gelernt haben.

Symbolleiste anzeigen

Solange Sie eine Tabelle bearbeiten, erleichtern Sie sich das Positionieren und Auffinden einzelner Zellen mit den Gitternetzlinien (die Trennlinien zwischen den einzelnen Zellen). Beim Formatieren kann es vorteilhaft sein, diese Option auszuschalten (siehe Abschnitt *Rahmen festlegen*).

Gitternetzlinien anzeigen

Der Bildschirm in der Tabellenkalkulation

Auf Ihrem Bildschirm wird wie in *Abbildung 4-6* das leere Dokument Tkalk1 angezeigt. Wir wollen die wesentlichen Bildschirmelemente in der Tabellenkalkulation noch einmal in Erinnerung rufen (siehe auch Abschnitt Der *Works-Bildschirm* in Kapitel 2).

Die Tabelle ist das Works-Dokument zum Bearbeiten und Speichern Ihrer Daten bzw. Berechnungen; jede Tabelle besteht aus einem Raster aus 256 Spalten (mit den Bezeichnungen A, B, C, ... Z, AA, AB, ...IU, IV) und 16348 numerierten Zeilen. Die Spalten- und Zeilenbezeichnungen sind jeweils am oberen bzw. linken Rand in der Kopfzeile bzw. Kopfspalte der Tabelle zu sehen.

Tabelle

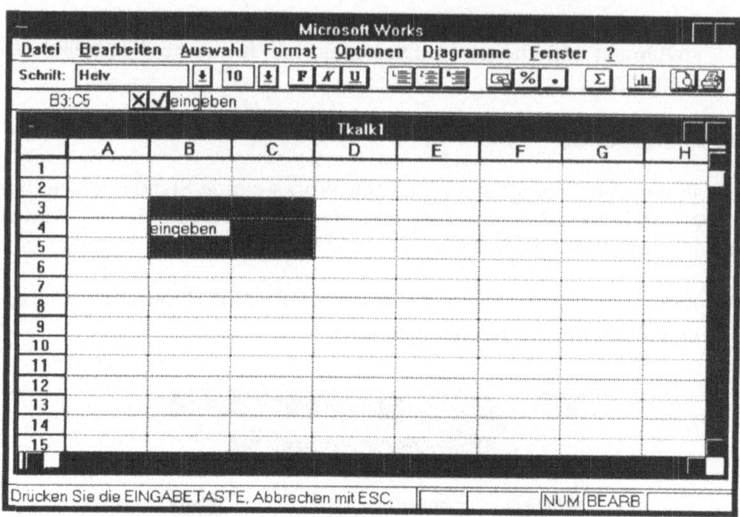

Abbildung 4-6: Das Fenster in der Tabellenkalkulation

Zelle

Schnittpunkte zwischen Zeilen und Spalten sind Zellen, die Basisbausteine der Tabelle. Works stellt Ihnen also für Ihre Berechnungen mehr als 4 Millionen Zellen zur Verfügung (256 Spalten x 16348 Zeilen)! Jede Zelle hat eine unverwechselbare Position in der Tabelle, am Schnittpunkt von Spalte B und Zeile 83 befindet sich beispielsweise die Zelle mit dem Zellbezug B83.

Zellbereich

Ein Zellbereich ist ein rechteckiger, zusammenhängender Bereich von Zellen, der durch die Position zweier Eckzellen benannt wird: der in der *Abbildung 4-6* markierte Bereich B3:C5 umfaßt also die Zellen B3, B4, B5, C3, C4 und C5.

Bearbeitungs-
zeile

Im Anwendungsfenster wird unterhalb der Symbolleiste die Bearbeitungszeile angezeigt. Darin geben Sie Feldinhalte ein (siehe Abschnitt *Informationen eingeben*). Ganz links wird der Zellbezug (die Koordinate) der Markierung angezeigt, in der *Abbildung 4-6* also *B3:C5*. Wenn Sie sich im Bearbeitungsmodus befinden, erscheinen zwischen dem Feldbezug und dem Eingabebereich das Abbruchsymbol (ein Kreuz) und das Bestätigungssymbol (ein Häkchen); diese Symbole entsprechen der ESC-TASTE bzw. der EINGABETASTE. Im übrigen wird Ihre Eingabe in der Bearbeitungszeile vollständig angezeigt, während sie in der Zelle abgeschnitten sein kann, siehe Abschnitt *Konstante Werte eingeben*.

Statuszeile

In der Statuszeile werden, wie auch in der Textverarbeitung, einige aktive Befehle oder Funktionen angezeigt. Beispielsweise bedeutet *BEARB*, daß Sie sich im Bearbeitungsmodus befinden, und *NUM*, daß die NUM-FESTSTELLTASTE gedrückt ist.

In der Symbolleiste sind Symbole für die in der Tabellenkalkulation am   *Symbolleiste*
häufigsten verwendeten Befehle untergebracht, einige davon kennen Sie
bereits aus der Textverarbeitung (siehe Abschnitt *Tabelle gestalten*).

Die Einfügemarke, ein senkrechter, blinkender Strich, zeigt Ihnen in der   *Einfügemarke,*
Bearbeitungszeile an, an welcher Stelle das nächste eingegebene Zeichen   *Einfügerahmen*
eingefügt wird. Ihre Position können Sie durch Klicken auf die ge-
wünschte Stelle in der Bearbeitungszeile ändern. Zusätzlich zeigt Ihnen
der Einfügerahmen an, welche Zelle aktiv ist - in *Abbildung 4-6* die Zelle
B4.

Informationen eingeben

Informationen werden in Zellen eingegeben, dazu müssen Sie die entsprechende Zelle erst einmal markieren. Beginnen Sie mit der Eingabe
der Überschriften.

➡ Normalerweise ist die Zelle A1 ohnehin markiert, dann können Sie   *Zelle markieren*
   sofort mit der Eingabe beginnen. Andernfalls markieren Sie die
   Zelle A1, indem Sie darauf klicken. Alternativ bewegen Sie sich in
   der Tabelle mit den Pfeiltasten oder der TAB-TASTE.

Konstante Werte eingeben

Die Works-Tabellenkalkulation kennt zwei Arten von Zelleinträgen: kon-
stante Werte und Formeln. Zu den konstanten Werten gehören Text und
Zahlen (incl. Zeit- und Datumsangaben sowie Wahrheitswerten). Die
Unterscheidung von Text und Zahlen ist wichtig - denn Works kann na-
türlich nicht mit Text rechnen! Jede Zelle, in die Sie andere Zeichen als
Ziffern oder bestimmte Sonderzeichen (z.B. mathematische Operatoren)
eingeben, wird von Works automatisch zur Textzelle gemacht. Zur
Verbesserung von Lesbarkeit und Verständlichkeit Ihrer Tabellen sollten
Sie reichlich Gebrauch von Textzellen machen, beispielsweise für Spal-
ten- und Zeilenbeschriftungen, Kommentare usw.

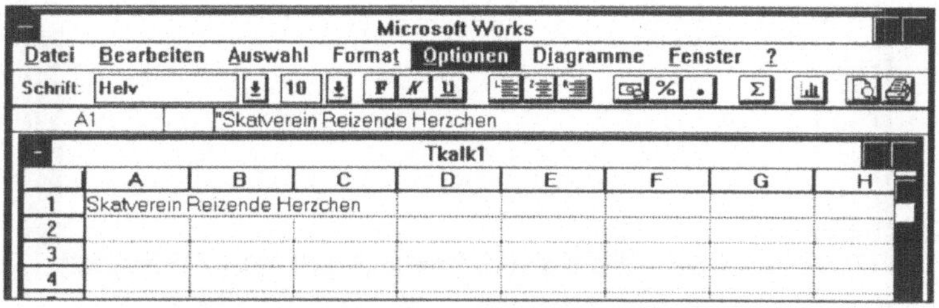

Abbildung 4-7: Eingabe der Überschrift

➡ Schreiben Sie *Skatverein Reizende Herzchen*. Ihre Eingabe er-   *Text eingeben*
   scheint sowohl in der markierten Zelle A1 als auch in der Bearbeitungszeile. Um die Eingabe zu übernehmen bzw. zu bestätigen,
   drücken Sie die EINGABETASTE oder klicken auf das Bestätigungs-

symbol in der Bearbeitungszeile. In der Bearbeitungszeile wird die Eingabe durch vorangestellte Anführungszeichen als Text gekennzeichnet. (Siehe *Abbildung 4-7*).

➡ Erfassen Sie die zweite Überschrift: markieren Sie die Zelle A3, schreiben Sie *Buchführung 1992* EINGABETASTE. In Feld C3 schreiben Sie *Januar* EINGABETASTE.

Eingabefehler korrigieren

➡ Wenn Sie sich verschrieben, die Eingabe aber noch nicht bestätigt haben, positionieren Sie die Einfügemarke in der Bearbeitungszeile mit den Tasten POS1 und ENDE bzw. durch Klicken auf die gewünschte Stelle und löschen dann mit der RÜCKTASTE oder der ENTF-TASTE das Zeichen vor bzw. nach der Einfügemarke. Weitere Korrekturmöglichkeiten lernen Sie später kennen.

Fragen Sie sich, warum die Zelle C3 mit dem Inhalt *Januar* rechtsbündig, die Zellen A1 und A3 aber linksbündig ausgerichtet sind? Wenn Sie einen Monatsnamen eingeben, wird dieser von Works als Datum (also als Zahl) interpretiert und entsprechend der Standardformatierung von Zahlen linksbündig ausgerichtet. Hier ist das nicht weiter störend, Sie könnten aber auch Anführungszeichen vor dem Monatsnamen eingeben, um diesen als Text zu kennzeichnen, oder aber die Zelle explizit linksbündig ausrichten (siehe Abschnitt *Tabelle gestalten*).

➡ Erfassen Sie die Spaltenüberschriften und sonstigen Text entsprechend der *Abbildung 4-9*. In die Zelle B6 geben Sie *Beschreibung* ein.

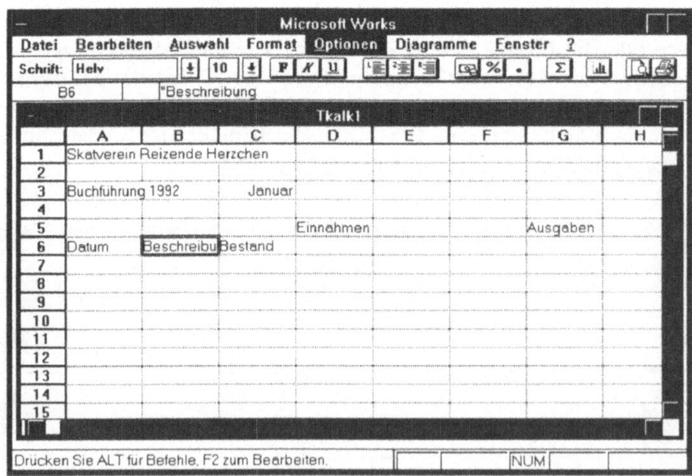

Abbildung 4-8: In der Zelle B6 kann nicht der ganze Zellinhalt angezeigt werden

Der Text in Zelle B6 geht über die Zellbreite hinaus und wird abgeschnitten, da die Zelle C6 rechts daneben nicht leer ist; das betrifft aber nicht den zugrundeliegenden Wert der Zelle, sondern nur die Anzeige auf dem Bildschirm bzw. den Ausdruck. Markieren Sie die Zelle B6, sehen Sie in der Bearbeitungszeile weiterhin deren vollständigen Inhalt (siehe auch *Abbildung 4-8*). Im Abschnitt *Tabelle gestalten* erfahren Sie, wie Sie die Zellbreite ändern können.

Um schneller in die nächste Zelle zu gelangen, drücken Sie nach dem Eingeben des Textes die TAB-TASTE oder eine der Pfeiltasten statt der EINGABETASTE; denn damit bestätigen Sie Ihre Eingabe und wählen gleichzeitig die nächste Zelle aus.

→ Erfassen Sie die restlichen Überschriften und sonstigen Texte entsprechend der *Abbildung 4-9*. Sie müssen in der Tabelle einen Bildlauf durchführen, um alle Zellen erreichen zu können.

	A	B	C	D	E	F	G	H	I	J
1	Skatverein Reizende Herzchen									
2										
3	Buchführung 1992		Januar							
4										
5				Einnahmen			Ausgaben			
6	Datum	Beschreibun	Bestand	Beiträge	Verl. Spiele	Spenden usw.	Verwaltung	Bewirtung	Preisskat	Sonstiges
7		Übertrag Vormonat								
8										
9										
10										
11										
12										
13										
38										
39		Übertrag Folgemonat								
40	Summen:									
41				Summe der Einnahmen:			Summe der Ausgaben:			
42										
43										

Abbildung 4-9: Konstante Texte der ersten Tabelle (aus Platzgründen wird die Tabelle in einem geteilten Fenster angezeigt)

Die Eingabe von Zahlen ist in mehreren Formaten möglich, u.a. als Ganze Zahlen, Dezimal- oder Gleitkommazahlen. Außerdem kann Ihrer Zahl das Prozentzeichen % oder der Text DM folgen. Sofern Sie nicht bereits bei der Eingabe ein anderes Format wählen, wird jede Zahl rechtsbündig ausgerichtet. Mehr zu den verschiedenen Darstellungsformen von Zahlen finden Sie im Abschnitt *Tabelle gestalten*.   *Zahlen eingeben*

Die Eingabe von Zahlen erfolgt im übrigen analog zur Eingabe von Texten. Wenn Sie die NUM-FESTSTELLTASTE gedrückt haben (dann wird in der Statuszeile *NUM* angezeigt), können Sie Zahlen und mathematische Operatoren auch über die Zehnertastatur eingeben.

→ Geben Sie die Zahlwerte (Datumswerte, Bestand, Einnahmen und Ausgaben) entsprechend der Liste in *Abbildung 4-10* ein. Wenn Sie sich bei der Erfassung geirrt haben, können Sie diese Fehler in einem späteren Abschnitt korrigieren. (Stören Sie sich nicht daran, daß der Inhalt der Zelle B7 in die Zelle C7 hineinragt - sobald Sie die Zelle C7 auswählen, stellen Sie fest, daß diese Zelle leer ist.)

Beachten Sie insbesondere, daß Works bei Eingabe von beispielsweise *6.1.92* diesen Wert als Datumswert erkennt und in dem Standardformat für Datumswerte in der Tabelle darstellt, also *06.01.1992*.

	A	B	C	D	E	F	G	H	I	J
1	Skatverein Reizende Herzchen									
2										
3	Buchführung 1992		Januar							
4										
5				Einnahmen			Ausgaben			
6	Datum	Beschreibun	Bestand	Beiträge	Verl. Spiele	Spenden us	Verwaltung	Bewirtung	Preisskat	Sonstiges
7		Übertrag Vo	230,37							
8	06.01.1992	Beiträge Januar		320						
9	06.01.1992	Spieltag 1			57					
10	09.01.1992	Mitgliederversammlung						217,5		
11	10.01.1992	Briefmarken					43,5			
12	13.01.1992	Beiträge Januar		40						
13	13.01.1992	Spieltag 2			23					
14	17.01.1992	Spende Meier				150				
15	20.01.1992	Spieltag 3			76					
16	22.01.1992	Blumen Krankenh.								37,5
17	27.01.1992	Spieltag 3			28					
18	27.01.1992	Intern, Januar							100	
19										

Abbildung 4-10: Tabelle mit den konstanten Werten

Tabelle erstmalig speichern

Ihre bisherige Arbeit befindet sich ja zunächst nur im Arbeitsbereich von Works, nun sollten Sie die Tabelle zum ersten Mal speichern. Dabei gehen Sie genauso vor wie in der Textverarbeitung.

➡ Wählen Sie im Menü **Datei** den Befehl **Speichern unter**. Im Dialogfeld ist im Feld Dateiname der Works-Standardname *tkalk1* vorgegeben. Geben Sie stattdessen den neuen Namen *buch9201* ein (die Erweiterung .WKS vergibt Works automatisch).

➡ Unter Verzeichnisse ist der Name des aktuellen Verzeichnisses angegeben, also beispielsweise *c:\msworks*, wenn Sie zur Bearbeitung dieser Aufgabe Works aufgerufen haben. Wechseln Sie in das Verzeichnis, in dem die Tabelle gespeichert werden soll, also beispielsweise *c:\msworks\daten*.

➡ Zum Bestätigen der Eingabe und Ausführen des Befehls klicken Sie auf OK (oder drücken die EINGABETASTE).

Ihre Datei wird unter dem Namen BUCH9201.WKS in dem angegebenen aktuellen Verzeichnis gespeichert. In der Titelzeile des Fensters erscheint der neue Dateiname.

Formeln eingeben

Ihre Tabelle enthält nun alle konstanten Werte. Die noch fehlenden Werte werden mit Hilfe von Formeln und Funktionen errechnet. In Works besteht eine Formel aus einem Gleichheitszeichen = gefolgt von Werten, Zellbezügen, Namen, Funktionen oder Operatoren, z.B.:

$$=17*8$$

$$=(A1/(1+0,15))+(B1/(1+0,15)\hat{\ }2)+(C1/(1+0,15)\hat{\ }3)$$

Wie die beiden Beispiele zeigen, können Formeln von einfach bis sehr komplex aufgebaut sein; Works stellt neben den Grundrechenarten Addition, Subtraktion, Multiplikation und Division (+, -, *, /) die Prozentrechnung und Potenzierung (% und ^) zur Verfügung und geht bei der Berechnung nach den allgemeinen algebraischen Regeln vor. Daneben gibt es auch noch logische Operatoren, auf die wir im nächsten Kapitel eingehen werden.

Die erste oben angeführte Formel verwendet ausschließlich konstante Zahlenwerte als Operanden; aber im allgemeinen werden Sie aus Werten in anderen Zellen neue Werte berechnen wollen. Diese Verbindung zwischen Zellen stellen Sie über die Zellbezüge her: die Formel

$$=C7+D8+E8+F8-G8-H8-I8-J8$$

addiert die Werte in den Zellen C7 und D8 bis F8, subtrahiert von dieser Summe die Werte in den Zellen G8 bis J8 und stellt das Ergebnis in der aktuellen Zelle bereit. Damit errechnen Sie in der Tabelle BUCH9201 in der Zelle C8 den aktuellen Bestand des Tages 6.1.92 nach der Formel

Bestand = Anfangsbestand + Einnahmen - Ausgaben

➡ Geben Sie also in Zelle C8 =c7+d8+e8+f8-g8-h8-i8-j8 ein, drücken Sie die EINGABETASTE. Works führt die Rechenanweisung sofort aus, in der Bearbeitungszeile steht die eben eingegebene Formel, in der aktuellen Zelle C8 dagegen das Ergebnis der Berechnung, der Wert *550,37*.

Es gibt eine rationelle Methode, Zellbezüge in eine Formel einzugeben, bei der Sie außerdem noch Erfassungsfehler vermeiden. Im oben angeführten Beispiel geben Sie in die aktive Zelle C8 das Gleichheitszeichen ein, klicken auf Zelle C7, geben das Pluszeichen ein, klicken auf Zelle D8, geben das Pluszeichen ein, klicken auf Zelle E8 usw. Nachdem Sie auf Zelle J8 geklickt haben (und die Formel somit vollständig ist), bestätigen Sie die Eingabe wie gewohnt mit der EINGABETASTE oder durch Klicken auf das Bestätigungssymbol.

Zellinhalt kopieren

In den folgenden Zellen C9 bis C39 wird der Bestand ebenso berechnet, beispielsweise lautet die Formel in Zelle C10:

$$=C9+D10+E10+F10-G10-H10-I10-J10$$

Zum Glück brauchen Sie die Formel nicht jedes Mal neu einzugeben, Works hält auch in der Tabellenkalkulation eine Kopierfunktion bereit.

Zelle markieren und kopieren

➡ Markieren Sie die Zelle C8, führen Sie im Menü **Bearbeiten** den Befehl **Kopieren** aus. Works stellt daraufhin eine Kopie des Zellinhalts in die Zwischenablage.

➡ Markieren Sie die Zelle C9, führen Sie im Menü **Bearbeiten** den Befehl **Einfügen** aus. Damit wird Works veranlaßt, den Inhalt der Zwischenablage in die aktuelle Zelle zu kopieren.

Beachten Sie, daß nicht der Wert, sondern die Formel kopiert wird: in der aktuellen Zelle C9 steht nämlich der Wert *607,37* und nicht *550,37* wie in Zelle C8. Sehen Sie sich die Formel in der Bearbeitungszeile an: da Sie die ursprüngliche Formel aus Zelle C8 um eine Zeile nach unten kopiert haben, hat Works die Zeilennummer in den Zellbezügen der Formel ebenfalls um eine Zeile heraufgesetzt.

➡ In der Zwischenablage befindet sich noch immer die Formel aus Zelle C8. Markieren Sie Zelle C10, führen Sie im Menü **Bearbeiten** den Befehl **Einfügen** aus.

Dieses Mal haben Sie um zwei Zeilen nach unten kopiert, also hat Works die Bezüge auch um zwei Zeilen korrigiert. In Zelle C10 steht der Wert *389,87*, die zugrundeliegende Formel ist in der Bearbeitungszeile zu sehen und lautet

$$=C9+D10+E10+F10-G10-H10-I10-J10$$

Zellbereich ausfüllen

Da Sie hier aber noch eine ganze Reihe von Zellen mit der Formel auszufüllen haben, können Sie einen anderen Befehl einsetzen, mit dem sich das Ausfüllen von Zellbereichen sehr schnell bewerkstelligen läßt.

	A	B	C	D	E	F	G	H	I
1	Skatverein Reizende Herzchen								
2									
3	Buchführung 1992		Januar						
4									
5				Einnahmen			Ausgaben		
6	Datum	Beschreibun	Bestand	Beiträge	Verl. Spiele	Spenden u	Verwaltung	Bewirtung	Preisskat
7		Übertrag Vor	230,37						
8	06.01.1992	Beiträge Jan	550,37	320					
9	06.01.1992	Spieltag 1	607,37		57				
10	09.01.1992	Mitgliederve	389,87					217,5	
11	10.01.1992	Briefmarken	346,37				43,5		
12	13.01.1992	Beiträge Jan	386,37	40					
13	13.01.1992	Spieltag 2	409,37		23				
14	17.01.1992	Spende Mer	559,37			150			
15	20.01.1992	Spieltag 3	635,37		76				
16	22.01.1992	Blumen Kran	597,87						
17	27.01.1992	Spieltag 3	625,87		28				
18	27.01.1992	Intern. Janu	525,87						100
19			525,87						

Abbildung 4-1: Ausfüllen eines Zellbereichs mit dem Befehl Unten ausfüllen aus dem Menü Bearbeiten

➡ Markieren Sie den Zellbereich C10:C39, indem Sie auf Zelle C10 klicken und den Mauszeiger bei bedrückter Maustaste auf die Zelle C39 ziehen. Dort lassen Sie die Maustaste los. Der gesamte Zellbereich C10:C39 ist jetzt markiert, dabei ist Zelle C10 die aktive Zelle - siehe auch *Abbildung 4-11*.

Zellbereich markieren und ausfüllen

➡ Rufen Sie im Menü **Bearbeiten** den Befehl **Unten ausfüllen** auf. Works füllt den Bereich C10:C39 mit der Formel aus Zelle C10 aus und paßt dabei die Zellbezüge an.

Funktionen eingeben

Die Stärke eines Tabellenkalkulationsprogrammes besteht darin, aus existierenden Werten neue zu errechnen. Dafür stehen Ihnen in Works neben den mathematischen Operatoren 57 Funktionen zur Verfügung. (Die Funktionen und Operatoren werden Sie übrigens auch in der Datenbank anwenden können.) Funktionen kann man als vereinfachte, komprimierte Formeln oder auch als Rechenanweisungen ansehen, die entweder allein oder als Baustein in Formeln verwendet werden.

Natürlich können wir im Rahmen dieses Einsteigerbuches nicht alle Funktionen von Works behandeln oder auch nur aufzählen. Deshalb beschränken wir uns in diesem Kapitel darauf, Ihnen zunächst nur den grundsätzlichen Aufbau und die Anwendung der Funktionen vorzustellen. Außerdem werden Sie die Funktion SUMME anwenden (weitere Funktionen lernen Sie im Kapitel 7 kennen). Eine vollständige Liste aller Funktionen finden Sie zum einen in der Works-Hilfe, zum anderen im *Anhang A* Ihres Works-Benutzerhandbuches. Letzteres enthält auch eine detaillierte Erläuterung zu den einzelnen Funktionen.

Works bietet eine Vielzahl von Funktionen unterschiedlichster Typen. Mit *mathematischen Funktionen* führen Sie Operationen von der Vorzeichenermittlung über die Berechnung der Quadratwurzel bis hin zur Ermittlung von Logarithmen besonders schnell und einfach durch. *Finanzmathematische Funktionen* helfen bei der Berechnung von Barwerten, Zins- und Tilgungsleistungen, Abschreibungen usw. Zu den *statistischen Funktionen* gehören einfache Funktionen zur Berechnung von Summen und Mittelwerten, aber auch Funktionen zur Ermittlung der Standardabweichung oder der Varianz. Dank der *Datums- und Zeitfunktionen* können Sie mit Daten und Zeiten wie mit Zahlen rechnen, so lassen sich beispielsweise der Wochenabstand zwischen zwei Daten oder die Dauer eines Vorgangs ermitteln. *Suchfunktionen* werden zum Auffinden von Informationen in Tabellen benutzt. Mit den *Logischen Funktionen* und den *Informationsfunktionen* formulieren Sie Bedingungen und Abfragen wie *Wenn die Formel in Zelle A2 zu einem Fehlerwert führt, dann soll der Wert der aktuellen Zelle 0 sein*. Mit den *trigonometrischen Funktionen* schließlich berechnen Sie Werte wie Sinus, Tangens usw.

Funktionstypen

Funktionen geben Sie in Formeln ein. Alle Funktionen sind nach dem gleichen Schema aufgebaut:

Aufbau von Funktionen

Funktion(Argument1;Argument2;...)

Die meisten Funktionen haben ein oder mehrere durch Semikolons getrennte Argumente, das sind die Werte, aus denen die Funktion neue Werte errechnet. Dabei kann es sich um Zahlen, Text, Wahrheitswerte, Fehlerwerte oder Bezüge handeln:

$$=MITTELWERT(D23;C2:C8;17*4)$$

$$=PI()$$

Im ersten Beispiel erkennen Sie als Argument einen einfachen Zellbezug, einen Bezug auf einen Zellbereich sowie einen zu berechnenden Zahlwert; im dritten Beispiel schließlich eine Funktion ohne Argumente (die Klammern sind obligatorisch!).

Die Reihenfolge der Argumente ist wesentlich; außerdem können Sie Funktionen verschachteln.

Doch nun zurück zu Ihrer Buchführung, denn

Grau, teurer Freund, ist alle Theorie. (Goethe)

Funktion
SUMME

In Ihrer Buchführungstabelle sollen in der Zeile 40 die Summen der einzelnen Einnahmen-/Ausgabenspalten berechnet werden, dazu setzen Sie die Funktion

SUMME(Bereichsbezug1; Bereichsbezug2;...)

ein. Allerdings brauchen Sie die Funktion nicht einzugeben, sondern können sie über die Symbolleiste einsetzen.

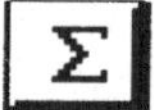

➡ Markieren Sie die Zelle D40, klicken Sie auf das Symbol Summe. In der Bearbeitungszeile steht daraufhin *=SUMME()*, die Einfügemarke befindet sich zwischen den beiden Klammern.

	A	B	C	D	E	F
37			525,87			
38			525,87			
39		Übertrag Fd	525,87			
40	Summen:			=SUMME()		
41				Summe der Einnahmen:		
42						

Abbildung 4-12: Anwendung der Funktion Summe

Works hat versucht, den Bereich zu erkennen, dessen Inhalte Sie summieren wollen, und dazu zuerst oberhalb und dann links der markierten Zelle nach Zellen gesucht, die in die Formel aufgenommen werden könnten. Da aber in Ihrer Tabelle die Bereiche oberhalb und links der markierten Zelle D40 nicht vollständig mit Zahlwerten gefüllt sind, kann Works ihnen keinen Zellbezug für die Funktion SUMME vorschlagen.

➡ Markieren Sie mit der Maus den Bereich D8:D38, klicken Sie auf das Bestätigungssymbol. Daraufhin lautet die Formel in der Bearbeitungszeile *=SUMME(D8:D38)*, in Zelle D40 finden Sie den resultierenden Wert *360*.

Diese korrekte Formel soll in die rechts danebenliegenden Zelle kopiert werden, dafür verwenden Sie das Pendant des Befehls **Unten ausfüllen**:

➡ Markieren Sie den Bereich D40:J40, rufen Sie im Menü **Bearbeiten** den Befehl **Rechts ausfüllen** auf. Works füllt die Zellen E40 bis J40 mit der Formel aus Zelle D40 aus und paßt dabei die Zellbezüge in der Formel an.

➡ Vergewissern Sie sich, daß die Formel angepaßt worden ist: markieren Sie die Zelle G40, in der Bearbeitungszeile steht *=SUMME(G8:G38)*.

Summieren Sie jetzt die Einnahmen bzw. Ausgaben:

➡ Markieren Sie die Zelle F41, klicken Sie auf das Symbol Summe. Works gibt als Bereichsbezug *F40* vor, dieser Bezug ist in der Bearbeitungszeile markiert. Markieren Sie stattdessen in der Tabelle den Bereich D40:F40, bestätigen Sie die Formel. In der Zelle F41 steht der Wert *694*, in der Bearbeitungszeile die zugrundeliegende Formel *=SUMME(D40:F40)*.

➡ Gehen Sie in der Zelle J41 ebenso vor, summieren Sie hier die Werte des Bereichs G40:J40. Der errechnete Wert müßte *398,5* sein.

	A	B	C	D	E	F	G	H	I	J
4										
5				Einnahmen			Ausgaben			
6	Datum	Beschreibun	Bestand	Beiträge	Verl. Spiele	Spenden u	Verwaltung	Bewirtung	Preisskat	Sonstiges
7		Übertrag Vo	230,37							
8	06.01.1992	Beiträge Jan	550,37	320						
9	06.01.1992	Spieltag 1	607,37		57					
10	09.01.1992	Mitgliederve	389,87					217,5		
11	10.01.1992	Briefmarken	346,37				43,5			
12	13.01.1992	Beiträge Jan	386,37	40						
13	13.01.1992	Spieltag 2	409,37		23					
14	17.01.1992	Spende Mei	559,37			150				
15	20.01.1992	Spieltag 3	635,37		76					
16	22.01.1992	Blumen Krar	597,87							37,5
17	27.01.1992	Spieltag 3	625,87		28					
38			525,87							
39		Übertrag Fol	525,87							
40	Summen:			360	184	150	43,5	217,5	100	37,5
41				Summe der Einnahmer		694	Summe der Ausgaben:			398,5
42										

Abbildung 4-13: Tabelle mit Formeln (einige Spalten sind in der Abbildung schmaler als auf Ihrem Bildschirm)

Ihre Tabelle sollte jetzt der *Abbildung 4-13* entsprechen, Abweichungen können Sie in einem späteren Arbeitsschritt korrigieren.

Tabelle erneut speichern

Sie sollten jetzt das Ergebnis Ihrer bisherigen Mühen erneut speichern.

➡ Führen Sie im Menü **Datei** den Befehl **Speichern** aus.

Tabelle bearbeiten

Auch wenn Sie es sich zur guten Angewohnheit machen, Ihre Tabellen erst einmal grob zu skizzieren, bevor Sie sie in Works realisieren, wird der Aufbau nicht immer auf Anhieb optimal sein. Neue Anforderungen werden ebenfalls eine geänderte Struktur bereits bestehender und bewährter Tabellen bedingen. Sie können problemlos Spalten und Zeilen in eine Tabelle einfügen oder auch löschen, die notwendigen Arbeitsschritte werden Sie im nachfolgenden Abschnitt erlernen.

Spalten oder Zeilen einfügen

Sie stellen fest, daß Sie bei der Anlage Ihrer Tabelle eine oder mehrere Spalten oder Zeilen vergessen haben oder daß eine bestehende Tabelle erweitert werden muß? Works bietet die Möglichkeit, an jeder beliebigen Stelle Leerzeilen oder -spalten einzufügen; dabei werden sogar die Zellbezüge in bestehenden Formeln angepaßt. Ergänzen Sie in Ihrer Buchführungstabelle eine Spalte für sonstige Einnahmen:

➡ Markieren Sie die Spalte G, indem Sie auf den Spaltenbuchstaben in der Kopfzeile der Tabelle klicken, führen Sie im Menü **Bearbeiten** den Befehl **Zeilen/Spalten einfügen** aus.

Works verschiebt daraufhin die Spalte G und alle weiteren Spalten um eine Spalte nach rechts, siehe *Abbildung 4-14*. Beachten Sie, daß Works die Zellbezüge in den Formeln der Zellen H40 bis K40 angepaßt hat.

	B	C	D	E	F	G	H	I	J	K
4										
5			Einnahmen				Ausgaben			
6	Beschreibun	Bestand	Beiträge	Verl. Spiele	Spenden usw		Verwaltung	Bewirtung	Preisskat	Sonstiges
7	Übertrag Vo	230,37								
8	Beiträge Jan	550,37	320							
9	Spieltag 1	607,37		57						
10	Mitgliederve	389,87						217,5		
11	Briefmarken	346,37					43,5			
12	Beiträge Jan	386,37	40							
13	Spieltag 2	409,37		23						
14	Spende Mei	559,37			150					
15	Spieltag 3	635,37		76						
16	Blumen Krar	597,87								37,5
17	Spieltag 3	625,87		28						
38		525,87								
39	Übertrag Fol	525,87								
40			360	184	150		43,5	217,5	100	37,5
41			Summe der Einnahmer		694		Summe der Ausgaben			398,5
42										

Abbildung 4-14: Einfügen einer Spalte

Ist eine Zeile markiert, wenn Sie den Befehl **Zeilen/Spalten einfügen** ausführen, werden Zeilen eingefügt. Wenn Sie nur eine Zelle markieren und den Befehl aufrufen, müssen Sie in einem Dialogfeld angeben, ob eine Spalte oder eine Zeile links bzw. oberhalb der Zelle eingefügt werden soll. Wenn Sie mehr als eine Zeile oder Spalte markieren, wird die entsprechende Anzahl Zeilen bzw. Spalten eingefügt. In Kapitel 7 erfahren Sie, wie Sie Zeilen oder Spalten einer Tabelle löschen.

Die Spalten Sonstiges unter Einnahmen und Ausgaben sind sehr ähnlich (bis auf die konstanten Zahlwerte), deshalb bietet es sich an, die Feldinhalte zu kopieren.

Zellbereich kopieren

➡ Markieren Sie den Bereich K6:K40, führen Sie im Menü **Bearbeiten** den Befehl **Kopieren** aus.

➡ Markieren Sie die Zelle in der linken oberen Ecke des Zielbereichs (also G6), führen Sie im Menü **Bearbeiten** den Befehl **Einfügen** aus. Works füllt den Bereich G6:G40 mit dem Inhalt der Zwischenablage, d.h. einer Kopie des Bereichs K6:K40 aus.

Wenn der Inhalt der Zwischenablage wie in diesem Beispiel mehr als eine Zelle umfaßt, Sie aber als Zielbereich nur eine Zelle markiert haben, wird der gesamte Inhalt der Zwischenablage in den Bereich kopiert, dessen linke obere Ecke die markierte Zelle ist. Dabei werden vorhandene Zellinhalte überschrieben. Wenn Sie dagegen einen Zellbereich markieren, dieser aber kleiner ist als der Inhalt der Zwischenablage, wird auch nur der markierte Bereich gefüllt.

Zellinhalt löschen

Die Zahlwerte in der Spalte Sonstiges unter Einnahmen müssen gelöscht werden, denn sie betreffen die Ausgaben. Zum Löschen gibt es mehrere Möglichkeiten:

➡ Markieren Sie die Zelle G16.

➡ Drücken Sie ENTF-TASTE,EINGABETASTE oder RÜCKTASTE,EIN-GABETASTE, oder führen Sie im Menü **Bearbeiten** den Befehl **Inhalte löschen** aus.

Fügen Sie stattdessen die fehlende Einnahme unter Sonstiges ein:

➡ Schreiben Sie in Zelle A19 *25.1.92*, in Zelle B19 *Zinsen Sparb.* und Zelle G19 *43,12*.

Haben Sie bemerkt, daß Works nach dem Ändern der Zellinhalte der Zellen G16 und G19 sofort neue Werte in den Zellen C16:C39 und G40 berechnet hat?

Zellinhalt verschieben

Übernehmen Sie jetzt noch die Formel aus Zelle F41 in die Zelle G41:

➡ Markieren Sie die Zelle F41, führen Sie im Menü **Bearbeiten** den Befehl **Ausschneiden** aus. Works entfernt die Formel aus der Zelle F41 und übernimmt sie in die Zwischenablage.

➡ Markieren Sie die Zelle G41, führen Sie im Menü **Bearbeiten** den Befehl **Einfügen** aus. Works stellt den Inhalt der Zwischenablage in die Zelle G41.

Wenn Sie mit den Befehlen **Ausschneiden/Einfügen** arbeiten, werden Zellbezüge nicht angepaßt. Vergewissern Sie sich, daß die Formel in Zelle G41 noch immer *=SUMME(D40:F40)* lautet.

Zellinhalt korrigieren

Diese Formel in Zelle F41 sowie die Formeln im Bereich C8:C39 müssen geändert werden, da ja eine weitere Spalte in die Summierung mit einbezogen werden muß. Ihre Eingaben in der Tabelle lassen sich problemlos korrigieren, wie bei der Eingabe wählen Sie auch dafür zuerst die zu korrigierende Zelle aus.

➡ Aktivieren Sie die Zelle F41, falls diese nicht ohnehin noch markiert ist. Die Formel steht in der Bearbeitungszeile. Klicken Sie auf die Bearbeitungszeile, damit sind Sie im Bearbeitungsmodus, erkennbar an der Einfügemarke und dem Bestätigungs- bzw. Abbruchsymbol in der Bearbeitungszeile und der Anzeige von *BEARB* in der Statuszeile.

Zur Korrektur haben Sie in der Bearbeitungszeile mehrere Möglichkeiten. Mit der Maus bringen Sie die Einfügemarke direkt an das zu verändernde Zeichen, indem Sie auf die Stelle vor oder nach dem Zeichen klicken; mit den Tasten POS1 und ENDE positionieren Sie die Einfügemarke an den Anfang bzw. an das Ende der Bearbeitungszeile. Die RÜCKTASTE und die ENTF-TASTE löschen das Zeichen links bzw. rechts von der Einfügemarke, fehlende Zeichen geben Sie direkt an der Position der Einfügemarke ein. Wenn Sie mehrere Zeichen zu ersetzen haben, markieren und überschreiben Sie diese Zeichen in der Bearbeitungszeile - ähnlich wie in der Textverarbeitung, wenn dort der Befehl **Markiertes überschreiben** aktiviert ist.

➡ Ersetzen Sie in der Bearbeitungszeile das Zeichen *F* durch *g*. Bestätigen Sie die Änderung in *=SUMME(D40:g40)* mit der EINGABETASTE oder durch Klicken auf das Bestätigungssymbol. Works zeigt in Zelle F40 *737,12* an.

Ändern Sie die Formel zur Berechnung des Bestandes:

➡️ Markieren Sie die Zelle C8, die die *Formel =C7+D8+E8+F8-H8-I8-J8-K8* enthält. Fügen Sie *+G8* in die Formel ein.

Wenn Sie wollen, können Sie stattdessen jetzt auch in dieser Zelle die Funktion Summe anwenden und die Formel *=C7+SUMME(D8:G8)-SUMME(H8:K8)* eingeben.

➡️ Korrigieren Sie die Formel in den darunterliegenden Zellen: markieren Sie den Bereich C8:C39, führen Sie im Menü **Bearbeiten** den Befehl **Unten ausfüllen** aus.

➡️ Korrigieren Sie alle etwaigen Erfassungsfehler in der Tabelle.

	A	B	C	D	E	F	G	H	I	J	K
5				Einnahmen				Ausgaben			
6	Datum	Beschreibun	Bestand	Beiträge	Verl. Spiel	Spenden	Sonstiges	Verwaltun	Bewirtung	Preisskat	Sonstiges
7		Übertrag Vor	230,37								
8	06.01.1992	Beiträge Jan	550,37	320							
9	06.01.1992	Spieltag 1	607,37		57						
10	09.01.1992	Mitgliederver	389,87						217,5		
11	10.01.1992	Briefmarken	346,37					43,5			
12	13.01.1992	Beiträge Jan	386,37	40							
13	13.01.1992	Spieltag 2	409,37		23						
14	17.01.1992	Spende Mei	559,37			150					
15	20.01.1992	Spieltag 3	635,37		76						
16	22.01.1992	Blumen Kran	597,87								37,5
17	27.01.1992	Spieltag 3	625,87		28						
18	27.01.1992	Intern, Janua	525,87							100	
19	25.01.1992	Zinsen Spar	568,99				43,12				
20			568,99								
39		Übertrag Fol	568,99								
40	Summen:			360	184	150	43,12	43,5	217,5	100	37,5
41				Summe der Einnahmen:			737,12	Summe der Ausgaben:			398,5

Abbildung 4-15: Die bearbeitete Tabelle

Nachdem Sie einen weiteren Teilschritt der Aufgabe erfolgreich abgeschlossen haben und die Tabelle auf Ihrem Bildschirm der *Abbildung 4-15* entspricht, sollten Sie sie erneut speichern:

Tabelle erneut speichern

➡️ Führen Sie im Menü **Datei** den Befehl **Speichern** aus.

Tabelle gestalten

Einer der Hauptvorzüge Works besteht in den vielfältigen Gestaltungsmöglichkeiten für Tabellen. Diese erhalten so ein professionelles Aussehen und werden dadurch auch viel leichter lesbar und benutzbar. In diesem Abschnitt lernen Sie, die von Works benutzten Standardformate Ihren Bedürfnissen anzupassen, dazu ändern Sie die Spaltenbreite, Schriftart und -größe und verwenden verschiedene Schriftstile, Ausrichtungen und Zahlenformate sowie Rahmen und Linien.

Spaltenbreite ändern

Wenn Sie keine Veränderungen vornehmen, präsentiert sich die Tabelle in den Standardeinstellungen von Works. Das bedeutet beispielsweise, daß alle Spalten so breit sind, daß 10 Zeichen der aktuellen Schriftart und Schriftgröße in eine Zelle geschrieben werden können.

Mit der Maus

Sie müssen die Breite einiger Spalten ändern, damit der Text nicht mehr abgeschnitten wird. Dazu gibt es zwei Möglichkeiten. Am schnellsten und einfachsten geht es mit der Maus:

➡ Positionieren Sie den Mauszeiger auf den Schnittpunkt der Spalten B und C mit der Kopfzeile. Sobald er sich in ein kleines Kreuz verwandelt, drücken Sie die Maustaste und ziehen den Mauszeiger bis an den Rand der Spalte C. Lassen Sie die Maustaste los, die Spalte B ist jetzt etwa doppelt so breit wie vorher.

Mit einem Befehl

Wenn Sie die neue Breite exakt festlegen wollen, ohne sich auf Ihr Augenmaß verlassen zu müssen, oder die Breite mehrerer nebeneinanderliegender Spalten gleichzeitig ändern wollen, müssen Sie über die Menüleiste vorgehen:

➡ Markieren Sie je eine Zelle in den Spalten D bis K, z. B. den Bereich D1:K1. Rufen Sie im Menü **Format** den Befehl **Spaltenbreite** auf.

➡ Im Dialogfeld geben Sie im Feld **Breite** *12* ein. Daraufhin ändert Works die Breite der markierten Spalten, so daß jeweils 12 Zeichen hineinpassen.

Die Spaltenbreite wird von Works automatisch an die Schriftgröße angepaßt. Wenn Sie also später eine kleinere Schriftgröße auswählen, werden alle Spalten automatisch schmaler, um exakt die festgelegte Anzahl von Zeichen aufnehmen zu können.

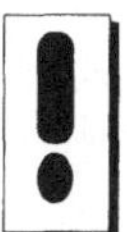

Ein langer Text, der nicht in einer Zelle dargestellt werden kann, wird einfach am Ende der Zelle abgeschnitten. Wenn eine lange Zahl nicht vollständig in einer Zelle angezeigt werden kann, erscheinen in der Zelle die Zeichen #####. Auch in diesem Fall müssen Sie die Spaltenbreite ändern oder aber ein anderes Zahlenformat festlegen. Beachten Sie, daß diese Formatierungen immer nur die Anzeige bzw. den Ausdruck der Zellinhalte betreffen, nicht aber den zugrundeliegenden Wert.

Schriftart, -größe und -stil festlegen

Die Spaltenbreite Ihrer Tabelle ist auch von der Schriftart und -größe abhängig, die Sie in Ihrer Tabelle einsetzen. Pro Tabelle legen Sie *eine* Schriftart und *eine* Schriftgröße fest. Ähnlich wie in der Textverarbeitung können Sie auch in der Tabellenkalkulation zwischen all den Schriftarten und -größen wählen, die auf Ihrem Drucker zur Verfügung stehen. (Eine Erläuterung zu den verschiedenen Schriftarten und -größen sowie ein Beispiel finden Sie im Abschnitt *Schriftart, -größe und -stil festlegen* im Kapitel 3 bzw. *Abbildung 3-16*).

Schriftart festlegen

➡ Eine beliebige Zelle kann markiert sein. Wie in der Textverarbeitung klappen Sie in der Symbolleiste das Feld **Schriftart** auf, indem Sie auf den abwärts gerichteten Pfeil neben dem Feld klicken. Wählen Sie eine der angezeigten Schriftarten, z. B. *Helvetica*.

➡ Klappen Sie in der Symbolleiste das Feld Schriftgröße auf. Wählen Sie, sofern möglich, die Schriftgröße *10* aus.

Wenn Sie es vorziehen, Schriftart und -größe in einem Arbeitsgang auszuwählen, rufen Sie im Menü **Format** den Befehl **Schriftart/-größe** auf. In einem Dialogfeld können Sie dann die Schriftart und die Schriftgröße auswählen. (Dieses Dialogfeld ähnelt dem des Befehls **Schriftart und Schriftstil** aus der Textverarbeitung, siehe *Abbildung 3-20*.)

Zum Hervorheben einzelner Zellen stehen Ihnen, wie in der Textverarbeitung, die Schriftstile fett, kursiv und unterstrichen zur Verfügung. Damit lenken Sie die Aufmerksamkeit auf wichtige Zahlen und heben Überschriften hervor. Und Sie können wieder am einfachsten mit der Symbolleiste arbeiten:

➡ Markieren Sie die Zeilen mit den Überschriften, indem Sie den Mauszeiger in der Kopfspalte von Zeile 1 bis Zeile 6 ziehen. Klicken Sie in der Symbolleiste auf das Symbol Fett.

➡ Gehen Sie mit den Zeilen 40 und 41 ebenso vor.

Ausrichtung festlegen

Standardmäßig stehen Texte linksbündig in den Zellen, Zahlwerte - dazu gehören ja auch die Datums- und Zeitwerte, beispielsweise *Januar* in Zelle C3 - rechtsbündig. In der Buchführungstabelle sollen jedoch die meisten Spaltenüberschriften in der Spalte zentriert werden.

➡ Markieren Sie die Zellen D5:K6, klicken Sie auf das Symbol Zentriert.

➡ Markieren Sie die Zelle A6, klicken Sie auf das Symbol Rechtsbündig.

Wenn Sie es vorziehen, mit den Menüs zu arbeiten, ändern Sie die Ausrichtung und den Schriftstil von Zellen oder Zellbereichen mit dem Befehl **Schriftstil/Ausrichtung** aus dem Menü **Format**. Wenn Sie im Dialogfeld unter Ausrichtung die Option Standard wählen, werden Zahlwerte rechts- und Textwerte linksbündig ausgerichtet.

Zahlenformate festlegen

Zahlwerte - dazu gehören ja auch die Datums- und Zeitwerte, beispielsweise *Januar* in Zelle C3 - werden von Works automatisch rechtsbündig mit allen Dezimalstellen dargestellt. Da Works zudem die Zahlwerte standardmäßig in größtmöglicher Genauigkeit darstellt, führen Ihre Berechnungen zur Anzeige von Zahlen mit einer unterschiedlichen Anzahl von Nachkommastellen. Wie unübersichtlich Ihre Tabelle dadurch werden kann, zeigt die *Abbildung 4-15*. Abhilfe schaffen hier die Zahlenformate, die einzelnen Feldern oder ganzen Bereichen zugeordnet werden können. Für Ihre Buchführung ist natürlich wesentlich, daß alle Beträge mit zwei Dezimalstellen angezeigt werden:

➡ Markieren Sie den Bereich C7:K41. Rufen Sie im Menü **Format** den Befehl **Dezimalstellen** auf. Im Dialogfeld geben Sie im Feld *Dezimalstellen 2* ein, und klicken Sie auf OK. In dem Bereich C7:K41 werden dann alle Zahlwerte mit zwei Nachkommastellen angezeigt.

Neben dem Befehl **Dezimalstellen** stellt Works Ihnen im Menü **Format** noch eine Reihe anderer Befehle zur Formatierung von Zahlwerten zur Verfügung:

Standard   Die Darstellung der Zahlen erfolgt in der größtmöglichen Genauigkeit.

Dezimalstellen   Die Anzahl der Nachkommastellen wird in einem Dialogfeld festgelegt.

Währung   Die Anzahl der Nachkommastellen wird in einem Dialogfeld festgelegt. Der Zahl wird der Text DM nachgestellt. Dieses Format kann auch über die Symbolleiste eingestellt werden (allerdings ohne die Möglichkeit, die Anzahl der Nachkommastellen festzulegen - Vorgabe sind 2 Stellen).

Tausenderpunkt   Die Anzahl der Nachkommastellen wird in einem Dialogfeld festgelegt. Nach je drei Stellen wird ein Punkt als Trennzeichen eingefügt. Dieses Format kann auch über die Symbolleiste eingestellt werden (allerdings ohne die Möglichkeit, die Anzahl der Nachkommastellen festzulegen - Vorgabe sind 2 Stellen).

Prozent   Die Anzahl der Nachkommastellen wird in einem Dialogfeld festgelegt. Der Zahl wird das Zeichen % nachgestellt. Dieses Format kann auch über die Symbolleiste eingestellt werden (allerdings ohne die Möglichkeit, die Anzahl der Nachkommastellen festzulegen - Vorgabe sind 2 Stellen).

Exponentiell   Die Anzahl der Nachkommastellen wird in einem Dialogfeld festgelegt. Die Zahl wird in Exponentialschreibweise dargestellt.

Führende Nullen   Die Anzahl der Stellen wird in einem Dialogfeld festgelegt. Hat die Zahl weniger Stellen als festgelegt, werden Nullen vorangestellt. Die Darstellung erfolgt ohne Nachkommastellen.

Wahrheitswert   Anzeige des logischen Werts einer Zelle. Dieser ist WAHR, wenn die Zelle eine Zahl ungleich Null enthält, sonst FALSCH.

Uhrzeit/Datum   In einem Dialogfeld kann gewählt werden, in welchem Format Datums- bzw. Zeitwerte angezeigt werden sollen.

Wann immer Sie Zahlenformate einsetzen, sollten Sie sich bewußt machen, daß diese numerischen Formate den zugrundeliegenden Wert ihrer Zelle nicht verändern. Auch Texte werden von einem Zahlenformat nicht beeinflußt. Sie können also einem Bereich, der sowohl Text als auch Zahlen enthält, ohne weiteres ein numerisches Format zuordnen.

Wollen Sie auf die Schnelle eine Formatierung entfernen und den Inhalt einer Zelle oder eines Zellbereichs in den Standardeinstellungen von Works darstellen, dann drücken Sie STRG-TASTE+LEERTASTE. Außerdem legen Sie das Zahlenformat einer Zelle auch fest, indem Sie einen Zelleintrag in einem bestimmten Format vornehmen. Wenn Sie beispielsweise in eine Zelle 1.1.92 eingeben, liegt dieser Zelle ein Datumsformat zugrunde.

Rahmen festlegen

In der Tabelle werden in der Regel die Gitternetzlinien zur Abgrenzung der einzelnen Zellen angezeigt. Diese Anzeige der Gitternetzlinien auf dem Bildschirm bzw. deren Ausdruck können Sie zwar über entsprechende Optionen steuern.

➡ Deaktivieren Sie im Menü **Optionen** den Befehl **Gitternetzlinien anzeigen** (siehe Abschnitt *Works anpassen* zu Beginn dieses Kapitels). Ihre Tabelle präsentiert sich dann so wie in *Abbildung 4-16*.

	BUCH9201.WKS						
	A	B	C	D	E	F	G
1	Skatverein Reizende Herzchen						
2							
3	Buchführung 1992		Januar				
4							
5				Einnahmen			
6	Datum Beschreibung		Bestand	Beiträge	Verl. Spiele	Spenden usv	Sonstiges
7		Übertrag Vormonat	230,37				
8	06.01.1992	Beiträge Januar	550,37	320,00			
9	06.01.1992	Spieltag 1	607,37		57,00		
10	09.01.1992	Mitgliederversammlung	389,87				
11	10.01.1992	Briefmarken	346,37				
12	13.01.1992	Beiträge Januar	386,37	40,00			
13	13.01.1992	Spieltag 2	409,37		23,00		
14	17.01.1992	Spende Meier	559,37			150,00	
15	20.01.1992	Spieltag 3	635,37		76,00		
16	22.01.1992	Blumen Krankenh.	597,87				
17	27.01.1992	Spieltag 3	625,87		28,00		
18	27.01.1992	Intern, Januar	525,87				

Abbildung 4-16: Die Tabelle ohne Gitternetzlinien

In einer fertig berechneten Tabelle sind zwar die Gitternetzlinien meist unerwünscht, stattdessen sind aber gezielt gesetzte Linien erforderlich, um einzelne Tabellenbereiche hervorzuheben oder abzugrenzen. Works kann einzelne Zellen oder Zellbereiche umrahmen und waagerechte oder senkrechte Linien ziehen.

Umrahmen Sie zunächst den Bereich der "Tabelle in der Tabelle":						*Zellbereich*
															umrahmen

➡ Wenn Ihnen die Orientierung in der Tabelle ohne die Gitternetzlinien schwerfällt, können Sie diese zum Formatieren wieder einschalten, dazu aktivieren Sie im Menü **Optionen** den Befehl **Gitternetzlinien** anzeigen.

➡ Markieren Sie den Zellbereich A5:K41, rufen Sie im Menü **Format** den Befehl **Rahmen** auf. Im Dialogfeld können mehrere Optionen ausgewählt werden. Klicken Sie auf Gesamt, dann auf OK.

*Waagerechte
Linien einsetzen*

Setzen Sie waagerechte Linien ein, um die Spaltenüberschriften und Summenzeilen vom Hauptteil zu trennen:

➡ Markieren Sie den Bereich A6:K6, rufen Sie im Menü **Format** den Befehl **Rahmen** auf. Wählen Sie die Option Unten, klicken Sie auf OK.

➡ Verfahren Sie für den Bereich A39:K39 ebenso.

Fügen Sie Trennlinien im Kopf-/Fußbereich ein:

➡ Legen Sie für die Bereiche D5:K5 und D40:K40 ebenfalls Linien am unteren Rand fest.

*Senkrechte
Linien festlegen*

Jetzt trennen Sie noch die einzelnen Spalten durch Linien voneinander:

➡ Markieren Sie den Bereich A5:B39. Rufen Sie im Menü **Format** den Befehl **Rahmen** auf. Wählen Sie die Option Rechts, klicken Sie auf OK. Works fügt daraufhin zwischen den Spalten A und B bzw. den Spalten B und C senkrechte Linien ein.

➡ Markieren Sie nacheinander die Bereiche C5:C41, D6:F40, G5:G41 und H6:J40 und fügen Sie jeweils rechts senkrechte Linien ein. Jetzt sollte Ihre Tabelle bei ausgeschalteter Anzeige der Gitternetzlinien der *Abbildung 4-17* entsprechen.

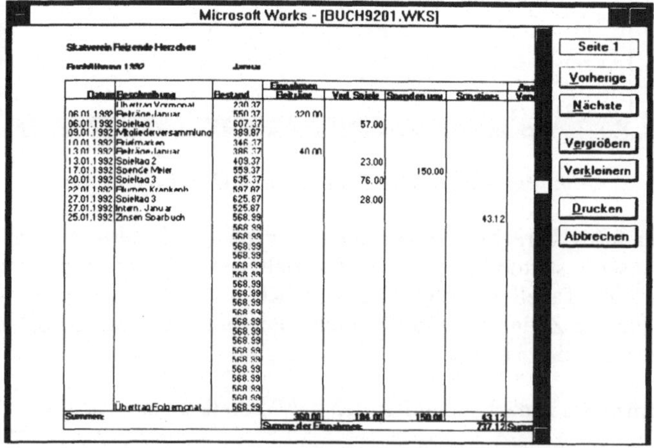

*Abbildung 4-17: Ausschnitt der Tabelle in der Seitenansicht (ohne
Gitternetzlinien)*

*Kopf- und Fuß-
zeile festlegen*

Bei Bedarf können Sie eine Tabelle beim Drucken durch eine Kopf- und/oder Fußzeile vervollständigen. Dabei gehen Sie genauso vor wie in der Textverarbeitung, siehe Abschnitt *Kopf- und Fußzeile festlegen* in Kapitel 3.

➡ Sie sollten die Tabelle wieder einmal sichern, führen Sie im Menü **Datei** den Befehl **Speichern** aus.

Tabelle prüfen, verbessern und drucken

Natürlich können Sie die Tabelle oder Teile davon auf Papier ausgeben und somit Berichte erzeugen oder Formulare drucken. Dazu müssen Sie zunächst wie in der Textverarbeitung die Einstellung Ihres Druckers überprüfen und Layout-Vorgaben machen. Außerdem sollten Sie, ebenso wie in der Textverarbeitung, zuerst in einer Seitenansicht die Tabelle prüfen, um noch vor dem Drucken Änderungen vornehmen zu können.

➡ Schalten Sie in die Seitenansicht, indem Sie auf das entsprechende   *Seitenansicht*
Symbol in der Symbolleiste klicken oder aber im Menü **Datei** den Befehl **Seitenansicht** aufrufen.

➡ Prüfen Sie den Aufbau und die Gestaltung der Tabelle, klicken Sie dann auf Abbrechen.

Querformat festlegen

Die Tabelle ist zu breit, als daß sie im Hochformat auf einem DIN A4-Blatt ausgedruckt werden könnte, der vorgegebenen Druckereinstellung von Works.

➡ Rufen Sie im Menü **Datei** den Befehl **Seite einrichten** auf.

➡ Im Dialogfeld entspricht die vorgegebene Einstellung für die Seitengröße dem DIN A4 Hochformat (29,7 cm x 21 cm). Geben Sie stattdessen als Höhe *21 cm* und als Breite *29,7 cm* ein.

➡ Schalten Sie die Optionen Gitternetzlinien drucken und Zeilen- und Spaltenbeschriftung drucken aus. (Wenn Sie deren Wirkung ausprobieren wollen, schalten Sie sie ein und gehen Sie dann in die Seitenansicht.)

➡ Die anderen Optionen kennen Sie bereits aus der Textverarbeitung. Ändern Sie deren Einstellung nach Bedarf.

Drucker einrichten

Sie müssen auch Ihrem Drucker mitteilen, daß Sie die Tabelle im Querformat ausdrucken wollen:

➡ Rufen Sie im Menü **Datei** den Befehl **Druckereinrichtung** auf. Wählen Sie unter Orientierung die Option Querformat, klicken Sie auf OK.

Nicht jeder Drucker kann im Querformat drucken, daher steht Ihnen diese Option möglicherweise gar nicht zur Verfügung. Wenn Sie die Tabelle nicht auf zwei Seiten ausdrucken wollen, können Sie sie durch die Auswahl einer kleineren Schriftgröße und schmalere Spalten verkleinern. Außerdem haben Sie die Möglichkeit, die Seitenränder zu reduzieren.

Manuellen Seitenwechsel einfügen

Automatischer Seitenwechsel

Wenn sich Tabelle nicht auf eine Druckseite verkleinern läßt, ohne erheblich an Lesbarkeit zu verlieren, bleibt Ihnen nichts anderes übrig, als die Tabelle auf zwei Seiten auszudrucken. Works fügt automatische Seitenwechsel in die Tabelle ein, wenn sie sich nicht auf einer Seite ausdrucken läßt. In der Seitenansicht können Sie erkennen, wie die einzelnen Druckseiten gefüllt werden.

Manueller Seitenwechsel

Wenn Ihnen die Anordnung der Tabellendaten auf den Druckseiten nicht zusagt, können Sie selbst Seitenwechsel einfügen. Dazu markieren Sie zunächst die Zeile oder Spalte, vor der ein Seitenwechsel eingefügt werden soll, und rufen dann im Menü **Bearbeiten** den Befehl **Seitenwechsel einfügen** auf. In einem Dialogfeld geben Sie an, ob Sie einen horizontalen oder vertikalen Seitenwechsel einfügen wollen. In der Tabelle wird die Position eines manuellen Seitenwechsels durch eine unterbrochene Linie zwischen zwei Zeilen bzw. Spalten angezeigt. Zum Löschen eines manuellen Seitenwechsels markieren Sie die Zeile oder Spalte rechts neben oder unterhalb des manuellen Seitenwechsels. Rufen Sie dann im Menü **Bearbeiten** den Befehl **Seitenwechsel löschen** auf, und geben Sie im Dialogfeld an, ob ein horizontaler oder vertikaler Seitenwechsel gelöscht werden soll.

Tabelle sortieren

➡ Prüfen Sie die Tabelle noch einmal in der Seitenansicht.

An der Gestaltung der Tabelle läßt sich nichts mehr aussetzen, Sie entspricht bereits weitgehend der *Abbildung 4-2*, Ihrer Zielvorstellung. Allerdings fällt Ihnen auf, daß Sie die einzelnen Einträge nicht in chronologischer Reihenfolge vorgenommen haben: die zuletzt erfaßte Zinseinnahme vom 25.1.1992 müßte vor den Einträgen vom 27.1.1992 vermerkt werden. Sie könnten zwar die Tabellenzeile verschieben: dazu müßten Sie zunächst eine Leerzeile vor der Zeile 17 einfügen, dann die Zeile mit dem Zinseintrag ausschneiden und in die neue Zeile 17 einfügen. Aber lassen Sie doch Works die Arbeit machen!

➡ Markieren Sie die Zeilen 8 bis 19, rufen Sie im Menü **Auswahl** den Befehl **Zeilen sortieren** auf.

➡ In einem Dialogfeld geben Sie an, nach welchen Kriterien die Zeilen sortiert werden sollen. Works gibt die Spalte *A* vor, das ist in diesem Fall auch korrekt, denn Sie wollen die Zeilen ja aufsteigend nach Datum sortieren. Auch die Option Aufsteigend ist richtig vorgegeben, Sie brauchen also nur auf OK zu klicken, und schon sind die markierten Zeilen korrekt angeordnet, siehe *Abbildung 4-18*:

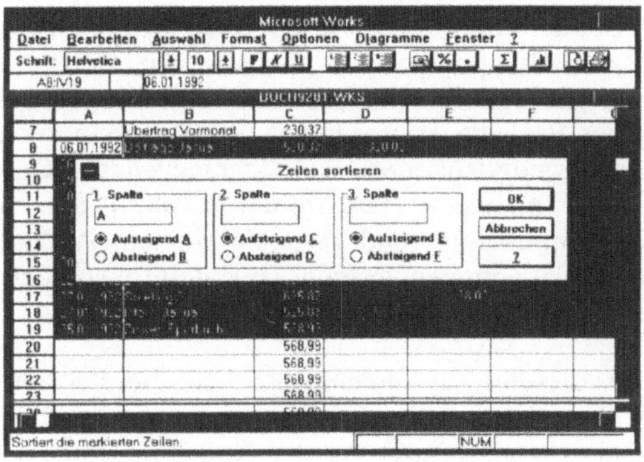

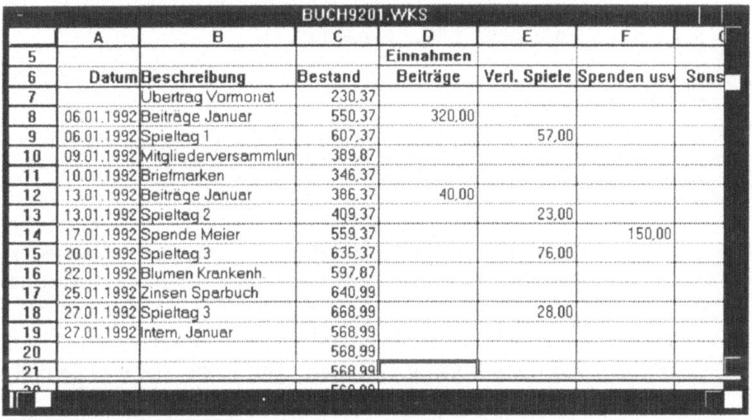

	A	B	C	D	E	F	
5				Einnahmen			
6	Datum	Beschreibung	Bestand	Beiträge	Verl. Spiele	Spenden usv	Sons
7		Übertrag Vormonat	230,37				
8	06.01.1992	Beiträge Januar	550,37	320,00			
9	06.01.1992	Spieltag 1	607,37		57,00		
10	09.01.1992	Mitgliederversammlun	389,87				
11	10.01.1992	Briefmarken	346,37				
12	13.01.1992	Beiträge Januar	386,37	40,00			
13	13.01.1992	Spieltag 2	409,37		23,00		
14	17.01.1992	Spende Meier	559,37			150,00	
15	20.01.1992	Spieltag 3	635,37		76,00		
16	22.01.1992	Blumen Krankenh.	597,87				
17	25.01.1992	Zinsen Sparbuch	640,99				
18	27.01.1992	Spieltag 3	668,99		28,00		
19	27.01.1992	Intern. Januar	568,99				
20			568,99				
21			568,99				

Abbildung 4-18: Sortieren eines Tabellenbereichs

Tabelle drucken

Damit haben Sie einen wesentlichen Teil der Aufgabe geschafft. Belohnen Sie sich mit dem Ausdruck der Tabelle, bevor Sie sich mit den Diagrammen beschäftigen:

➡ Klicken Sie dann in der Seitenansicht auf die Schaltfläche **Drucken**.

➡ Das Dialogfeld **Drucken** wird angezeigt, Sie kennen es bereits aus der Textverarbeitung. Klicken Sie auf **OK**, um den Ausdruck der Tabelle zu veranlassen.

➡ Speichern Sie die Tabelle.

Diagramm erstellen

Diagramme dienen dazu, Werte aus einer Tabelle grafisch umzusetzen. Sie können damit auf dem Bildschirm eine schnelle Datenanalyse durchführen und Berichte durch integrierte Grafiken ansprechender gestalten. Works enthält ein Diagrammpaket, mit dem Sie Tabellendaten sofort sichtbar machen und individuelle Präsentationsgrafiken erstellen. Neben der Erstellung des Basisdiagramms bietet Works eine umfassende Palette von Formatierungsmöglichkeiten zur überzeugenden Gestaltung der Grafiken. In den folgenden Abschnitten erfahren Sie, wie Sie ein einfaches Diagramm erstellen und gestalten können. Außerdem machen wir Sie mit den Druckoptionen vertraut, soweit diese von den bereits dargestellten Techniken abweichen.

Nützlich ist in diesem Zusammenhang auch die Fenstertechnik von Works. Dank der dynamischen Verknüpfung von Tabellenwerten und Diagrammen zeigt Works die Folge der Änderung eines Tabellenwerts unmittelbar im Diagramm an. Wenn Sie also Tabelle und Diagramm in zwei Fenstern gleichzeitig anzeigen, können Sie während der Arbeit die Auswirkungen in der Grafik beobachten.

Diagrammtypen

Bevor Sie mit der praktischen Arbeit beginnen, wollen wir Ihnen die unterschiedlichen Diagrammtypen und deren Haupteinsatzmöglichkeiten vorstellen.

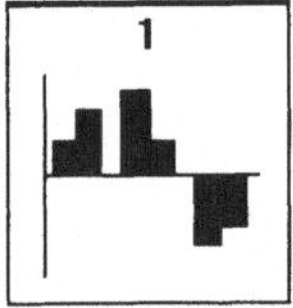

Das Säulendiagramm ist die Standardform in Works, es eignet sich besonders zur Darstellung von Trends über einen bestimmten Zeitraum oder für den Vergleich zwischen Elementen. So können Sie mit gestapelten Säulendiagrammen die Beziehung zwischen zwei oder mehr Datenreihen über einen Zeitraum hinweg erläutern. Die Höhe der gestapelten Säulen vermittelt dabei eine Vorstellung der allgemeinen Tendenz, die gestapelten Teilstücke illustrieren den relativen Beitrag jedes Einzelobjektes zur Gesamtheit.

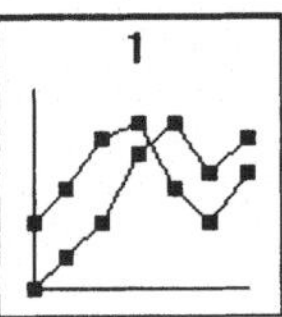

Auch Liniendiagramme illustrieren Tendenzen über einen Zeitraum hinweg. Sie sind jedoch bevorzugt für die Darstellung kontinuierlicher, zusammenhängender Daten einzusetzen, bei denen geringste Abweichungen von Bedeutung sind; Trends lassen sich hervorragend visualisieren. Es hebt den zeitlichen Ablauf und Grad statt des Umfangs der Änderung hervor.

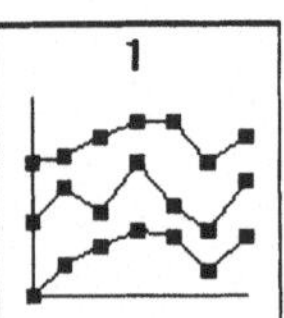

Gestapelte Liniendiagramme stellen die Beziehungen zwischen Werten verschiedener Rubriken und Ihren Gesamtwerten dar. Die Werte werden ähnlich wie beim gestapelten Säulendiagramm als übereinandergestapelte Linien gezeigt, d.h. daß die Werte jeder Linie zu Werten der darunterliegenden Linie dazugezählt werden.

Mit dem Kreisdiagramm illustrieren Sie eindrucksvoll die Beziehungen von Komponenten gegenüber einer Gesamtheit; es eignet sich sehr zur Hervorhebung eines wichtigen Elements. Ein Kreisdiagramm läßt sich nur auf der Grundlage einer einzelnen Datenreihe aufbauen (d.h. einer Tabellenzeile oder -spalte) Vergleiche zwischen mehreren Datenreihen sind also nicht möglich.

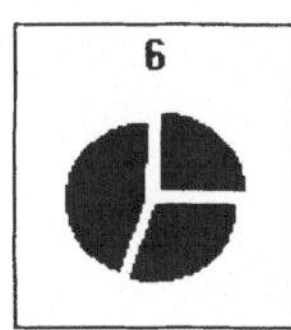

Das Punktdiagramm zeigt Beziehungen zwischen numerischen Werten in verschiedenen Datengruppen. Es ist ein gutes analytisches Instrument zur Untersuchung, welche Trends, Zusammenhänge und Muster in Ihren Daten vorliegen; so können Sie beispielsweise den Zusammenhang zwischen Größen wie Ausbildung und Einkommen oder der Anzahl der verlorenen und gewonnenen Spiele untersuchen.

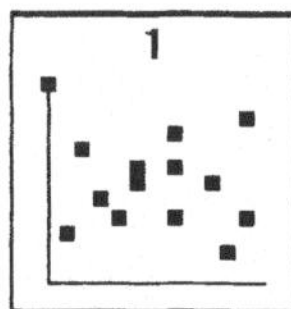

Wenn Sie zusammengehörige Daten, die in verschiedenen Einheiten gemessen werden, darstellen wollen, wählen Sie ein Verbunddiagramm. Beispielsweise können Sie für ein Mitglied Ihres Skatvereins ein Liniendiagramm mit der Entwicklung seines Punktestandes während der Meisterschaft mit einem Säulendiagramm kombinieren, in dem die Anzahl der verlorenen Spiele an einem Spieltag dargestellt werden. Eine Y-Achse hat eine Punkteteilung für den Punktestand (Liniendiagramm), eine zweite Y-Achse eine Teilung für die Anzahl der Spiele (Säulendiagramm). Auf der X-Achse werden die Daten der Spieltage aufgetragen.

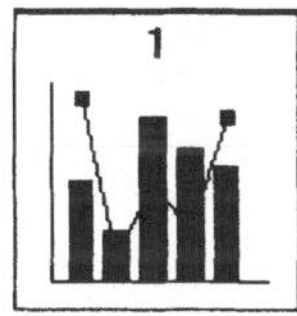

Jede dieser Basisdiagrammarten hat mehrere Formate, so können Sie beim Kreisdiagramm eines oder mehrere Segmente ("Tortenstücken") herausziehen oder eine Prozentbeschriftung für die einzelnen Segmente wählen.

Diagramm erstellen

Nach dieser langen Vorrede endlich die praktische Arbeit! Jedes Diagramm basiert auf Werten aus einer Tabelle. Die Basis für Ihr Diagramm ist die Tabelle BUCH9201.WKS, die sich noch auf dem Bildschirm befinden sollte.

➡ Markieren Sie den Tabellenbereich, dessen Werte Sie grafisch aufbereiten wollen, hier zunächst den Bereich A6:K39. Die darin enthaltenen Texte wird Works - wenn möglich - als Legende interpretieren oder als Beschriftung entlang der X-Achse einfügen.

➡ Klicken Sie auf das Diagrammsymbol, oder rufen Sie im Menü **Diagramme** den Befehl **Neues Diagramm erstellen** auf.

Works erstellt das Diagramm nun automatisch: es überprüft die Form des ausgewählten Datenbereichs und die Art der Angaben, erstellt ein Säulendiagramm und gibt jedem während der Sitzung erzeugten Diagramm einen Standardnamen: Diagramm1, Diagramm2, ..., Diagramm8.

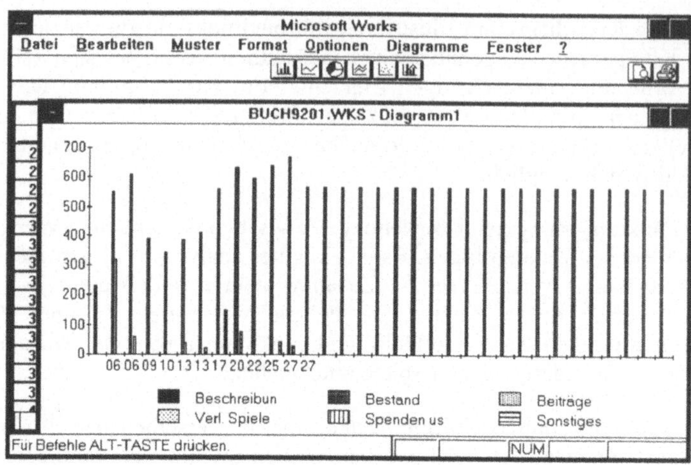

Abbildung 4-19: Works stellt das Diagramm in einem überlagernden Fenster dar

Wie in *Abbildung 4-19* zu sehen, fügt Works einige Datenelemente automatisch ein, beispielsweise die X- und Y-Achse mit der jeweiligen Beschriftung und angemessener Teilung. Zusammengehörige Werte der Tabelle werden dabei zu Datenreihen zusammengefaßt und in der Grafik durch dasselbe Muster bzw. dieselbe Farbe ausgezeichnet.

Works geht davon aus, daß Sie in Ihrem Diagramm mehr Rubriken als Datenreihen wünschen und baut das Diagramm entsprechend auf. Wenn allerdings in einer Y-Datenreihe Datumsangaben enthalten sind (wie auch in Ihrer Markierung, der Bereich A6:A39), erstellt Works die X-Datenreihe immer aufgrund der Position der Datumswerte, unabhängig von der Anzahl der Zeilen und Spalten. Außerdem kann Works in einem Diagramm höchstens sechs Datenreihen darstellen. Wenn Ihre Markierung in der Tabelle mehr Datenreihen umfaßt, werden im Diagramm nur die ersten sechs Datenreihen dargestellt.

Diagrammtyp ändern

Ist ein Diagrammfenster aktiv, ändern sich Symbol- und Menüleiste: die Symbolleiste enthält nur noch Symbole für die sechs unterschiedlichen Diagrammtypen (in der *Abbildung 4-20* v. l. n. r.: Säulendiagramm, Liniendiagramm, Kreisdiagramm, Gestapeltes Liniendiagramm, Punktdiagramm und Verbunddiagramm) sowie die Symbole Seitenansicht und Drucken. In der Menüleiste finden Sie u.a. das Menü **Muster**, über das Sie ebenfalls die verschiedenen Diagrammtypen auswählen können, die wir Ihnen zu Beginn des Kapitels vorgestellt haben.

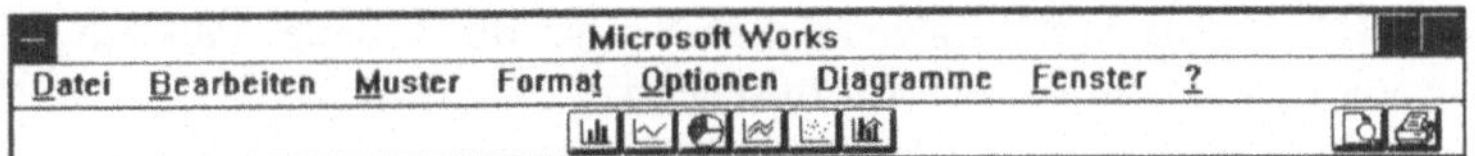

Abbildung 4-20: Die Menü- und Symbolleiste bei aktivem Diagrammfenster

➡ Klicken Sie auf das Symbol Säulendiagramm (oder klappen Sie das Menü **Muster** auf, aktivieren Sie aus der Liste der verfügbaren Diagrammtypen den Befehl **Säulendiagramm).** In einem Dialogfeld bietet Works Ihnen neben der aktiven Form vier weitere Varianten des Säulendiagramms an, wählen Sie die 2. Variante, das gestapelte Säulendiagramm. Daraufhin erscheint ein Diagramm wie in *Abbildung 4-21*.

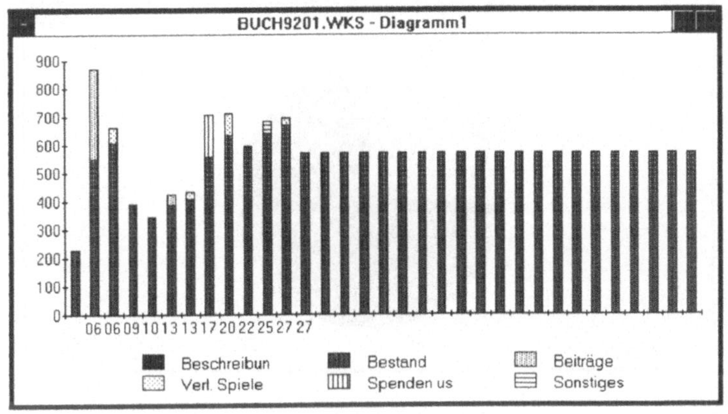

Abbildung 4-21: Gestapeltes Säulendiagramm

Wenn Sie sich einen Überblick über die verschiedenen Diagrammtypen und deren Darstellungsformen verschaffen wollen, klappen Sie wieder das Menü **Muster** auf und aktivieren darin irgendeinen Befehl (oder klicken Sie auf irgendein Diagrammsymbol in der Symbolleiste). Mit den Schaltflächen Vorheriges bzw. Nächstes veranlassen Sie Works, ein Dialogfeld anzuzeigen, in dem Sie die verschiedenen Varianten eines anderen Diagrammtyps anschauen und auswählen können.

Sie werden feststellen, daß sich die markierte Datenmenge in Ihrer Tabelle nicht sinnvoll in einem Diagramm darstellen läßt. Allerdings können Sie die Zusammensetzung der Einnahmen bzw. Ausgaben gut in einem Kreisdiagramm zeigen. Dazu müssen Sie in der Tabelle andere Daten auswählen.

Kreisdiagramm erstellen

➡ Wechseln Sie zum Tabellenfenster: klappen Sie das Menü **Fenster** auf, klicken Sie in der Liste der geöffneten Fenster auf

BUCH9201.WKS (oder klicken Sie auf die Tabelle, falls ein Teil
davon auf dem Bildschirm zu sehen ist).

➡ Markieren Sie in der Tabelle den Zellbereich D40:G40. Klicken Sie
auf das Symbol Diagramm (oder rufen Sie im Menü **Diagramme**
den Befehl **Neues Diagramm erstellen** auf).

➡ Wieder zeigt Works zunächst ein Säulendiagramm an. Klicken Sie
in der Symbolleiste auf das Symbol Kreisdiagramm (oder aktivieren Sie im Menü **Muster** den Befehl **Kreisdiagramm**). Wählen Sie
im Dialogfeld die vierte Variante (darin sind die Segmente beschriftet und mit dem prozentualen Anteil versehen). Klicken Sie auf OK,
daraufhin erscheint das Kreisdiagramm in folgender Form:

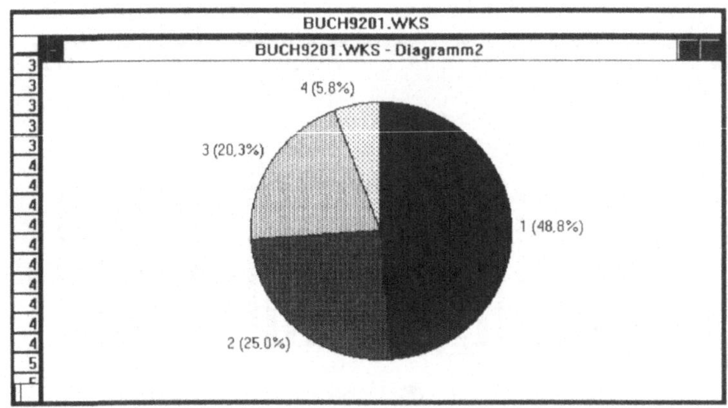

Abbildung 4-22: Eine Variante des Kreisdiagramms

Diagramm gestalten

Dieses Diagramm werden Sie optisch ansprechender gestalten.

Datenbeschriftung ergänzen

Die einzelnen Segmente sind zwar mit dem Wert Ihres prozentualen
Anteils an den Gesamteinnahmen beschriftet, aber es fehlt der Text.
Wenn Sie ein Diagramm erstellen, müssen Sie ja in der Tabelle einen
zusammenhängenden Bereich markieren; enthält der Bereich Text, in-
terpretiert Works,diesen Text als Datenbeschriftung. Beim Erstellen des
Kreisdiagramms haben Sie den erforderlichen Text aber nicht in die
Markierung einschließen können, da er sich im Zellbereich D6:G6 befin-
det. Fügen Sie die Segmentbeschriftungen nachträglich ein:

➡ Rufen Sie im Menü **Bearbeiten** den Befehl **Datenbeschriftung** auf.
Folgendes Dialogfeld erscheint:

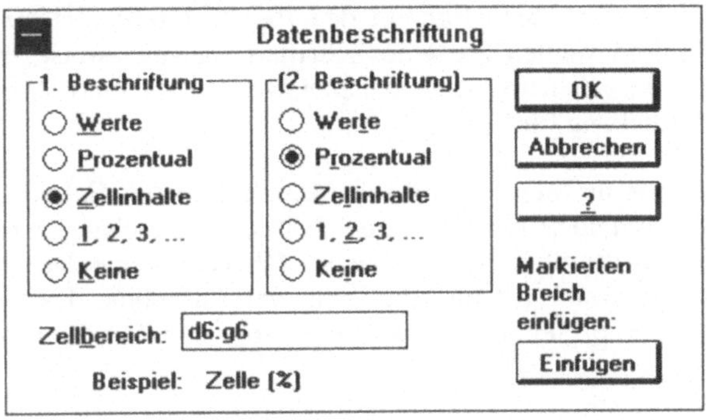

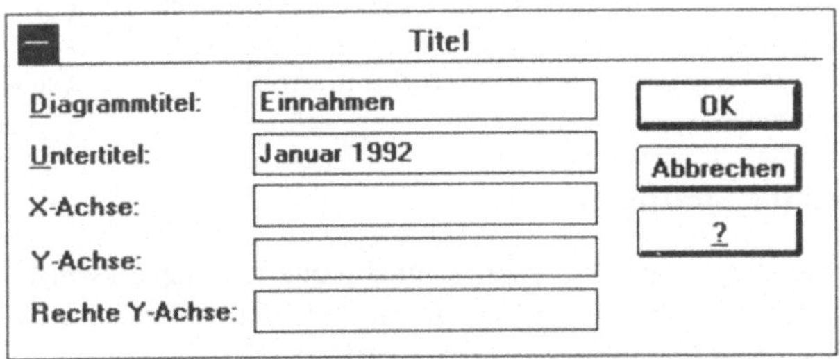

Abbildung 4-23: Dialogfeld Datenbeschriftung für das Kreisdiagramm

➡ Unter 1. Beschriftung ist die Option Zellinhalte bereits gewählt, schreiben Sie in das Feld Zellbereich *d6:g6*, klicken Sie auf OK.

In diesem Dialogfeld haben Sie die Möglichkeit, die Beschriftung der Datenreihe (Segmente) individuell zu gestalten, damit können Sie auch die Einstellungen überschreiben, die Sie mit der Variante im Befehl **Kreisdiagramm** des Menüs **Muster** gewählt haben. Wenn Sie beispielsweise die Option Keine oder eine andere Option wählen, wird die Prozentbeschriftung wieder entfernt.

Diagrammtitel ergänzen

Das Diagramm soll natürlich auch einen Titel bekommen:

➡ Rufen Sie im Menü **Bearbeiten** den Befehl **Titel** auf. Im Dialogfeld schreiben Sie in das Feld Diagrammtitel *Einnahmen* und in das Feld Untertitel *Januar 1992*. Klicken Sie auf OK.

Abbildung 4-24: Ergänzen des Diagrammtitels

Schriftart, -größe und -stil festlegen

Auch im Diagramm können Sie Schriftart, -größe und -stil der Texte festlegen. Dabei können Sie jeweils eine Einstellung für den Titel und die anderen Texte im Diagramm treffen.

➡ Rufen Sie im Menü **Format** den Befehl **Titel-Schriftart** auf. Im Dialogfeld wählen Sie eine Schriftart, beispielsweise *Helvetica*, und eine Schriftgröße, beispielsweise *14*, und kreuzen die Hervorhebung Fett an.

➡ Rufen Sie im Menü **Format** den Befehl **Sonstige Schriftarten** auf. Im Dialogfeld wählen Sie eine Schriftart, beispielsweise *Helvetica*, eine Schriftgröße, beispielsweise *10*, aber keine Hervorhebung. Diese Auswahl gilt für alle Texte mit Ausnahme des Titels. Das Diagramm präsentiert sich jetzt etwa so wie in *Abbildung 4-25*.

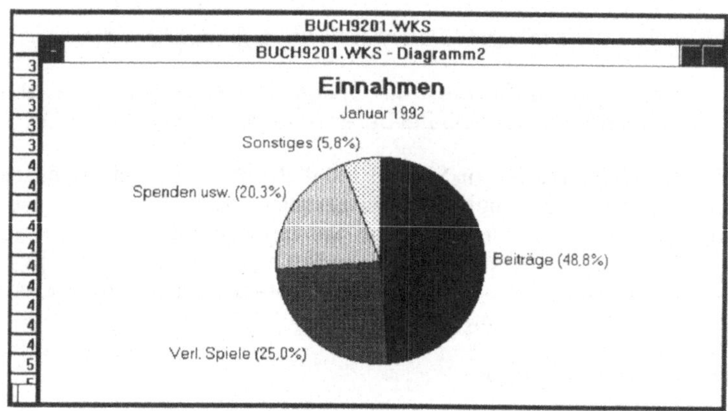

Abbildung 4-25: Nach Änderung der Schriftart und -größe

Denken Sie daran, daß die Schriftarten und -größen, die auf Ihrem Bildschirm im Dialogfeld Titel-Schriftart bzw. Sonstige Schriftarten angezeigt werden, von Ihrem aktivierten Drucker abhängt. Wenn Ihr Drucker die Schrift Helvetica bzw. die Schriftgrößen 14 und 10 Punkt nicht darstellen kann, müssen Sie eine andere Auswahl treffen. Dann wird sich Ihr Diagramm natürlich von den Abbildungen in diesem Buch unterscheiden.

Segment herausrücken

Wollen Sie die Bedeutung einer Einnahmenart, beispielsweise der verlorenen Spiele, herausstellen? In einem Kreisdiagramm können Sie eine beliebige Anzahl von Segmenten herausrücken.

➡ Rufen Sie im Menü **Format** den Befehl **Muster und Farben** auf.

➡ Im Dialogfeld dieses Befehls (siehe auch *Abbildung 4-28*) wählen Sie im Listenfeld Segmente 2 aus, denn das Segment 2 entspricht den verlorenen Spielen. Kreuzen Sie die Option Ausgerücktes Segment an, und klicken Sie zunächst auf Formatieren, dann auf Schließen.

Das Diagramm entspricht jetzt schon fast der *Abbildung 4-3*, Ihr Ziel ist also bald erreicht.

Diagramm prüfen und drucken

Das Ergebnis auf dem Bildschirm ist zufriedenstellend, so daß Sie das Diagramm drucken können.

Auch das Diagramm sollten Sie vor dem Drucken erst einmal in der Seitenansicht betrachten.

Seitenansicht

➡ Klicken Sie auf das Symbol Seitenansicht (oder rufen Sie im Menü **Datei** den Befehl **Seitenansicht** auf).

➡ Wahrscheinlich meldet sich Works mit dem Hinweis, daß die Seitengröße und Ausrichtung des Druckers nicht mit der Seitengröße des Dokuments übereinstimmen - der Drucker erwartet dann noch ein Querformat, wie beim Drucken der Tabelle eingestellt. Klicken Sie auf Druckereinrichtung, wählen Sie im Dialogfeld die Option Hochformat, klicken Sie auf OK. Dann wird die Seitenansicht angezeigt.

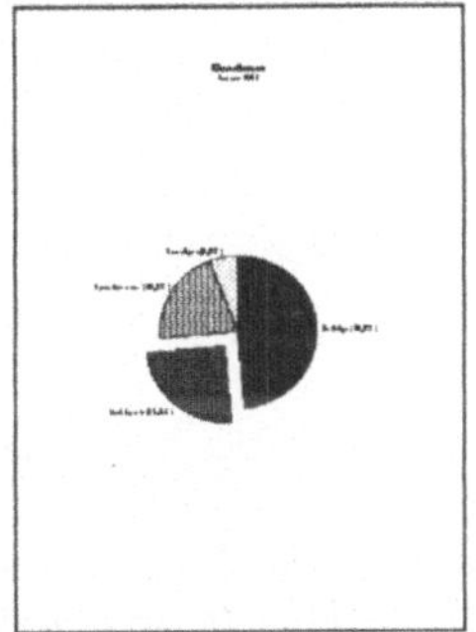

Abbildung 4-26: Seitenansicht des Diagramms
(Option Ganze Seite, gleiche Proportionen)

Seite einrichten

Sind Sie von der Seitenansicht des Diagramms auch etwas enttäuscht? Auf der Seite sind Diagrammtitel und Kreisdiagramm zu weit auseinandergezogen.

➡ Brechen Sie die Seitenansicht ab, rufen Sie im Menü **Datei** den Befehl **Seite einrichten** auf.

Neben den Optionen zum Einstellen des Seitenformats, die Sie bereits aus der Textverarbeitung und Tabellenkalkulation kennen, bietet Works unter Größe drei Optionen an. Bei der Option Bildschirmgröße druckt Works das Diagramm genauso aus, wie es auf dem Bildschirm dargestellt ist. Sie steuern also über die Größenänderung des Diagrammfensters auch die Größe des Ausdrucks. Mit den anderen beiden Optionen haben wir Probleme: in der Works-Version, die uns beim Schreiben dieses Buches zur Verfügung stand, haben die Optionen Ganze Seite, gleiche Proportionen und Ganze Seite jedenfalls nicht die erwartete Wirkung. Bei der vorgegebenen Option Ganze Seite, gleiche Proportionen füllt Works die Druckseite nämlich so gut es geht aus, ohne die Proportionen zu beachten! Das Ergebnis ist in *Abbildung 4-29* zu sehen. Bei der dritten Option Ganze Seite schließlich füllt Works eine Druckseite innerhalb der vorgegebenen Ränder unter Berücksichtigung der Proportionen vollständig aus. Die *Abbildung 4-27* zeigt dasselbe Diagramm wie die *Abbildung 4-26*, allerdings sind die Seiten mit anderen Optionen eingerichtet.

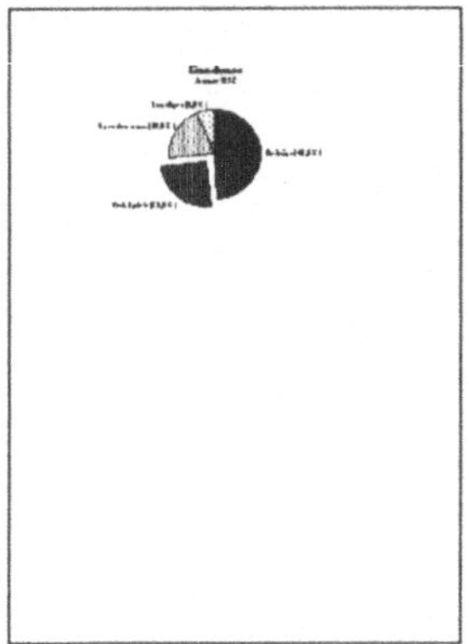
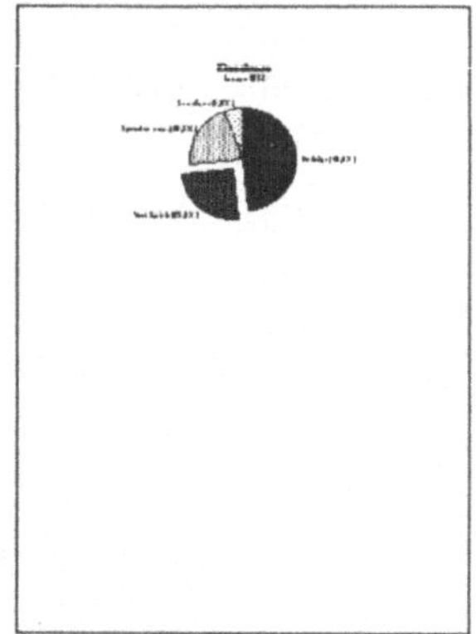

Abbildung 4-27: Seitenansicht des Diagramms - links mit der Option Bildschirmgröße, rechts mit der Option Ganze Seite

➡ Wählen Sie die Option Ganze Seite, klicken Sie auf OK.

Muster und Farben darstellen

Wenn Sie mit einem Farbmonitor arbeiten, aber nicht auf einem Farbdrucker drucken, wandelt Works die Farben des Diagramms automatisch entsprechend dem Drucker in Grautöne und Schwarz-weiß-Muster um. Das kann allerdings dazu führen, daß einzelne Datenreihen bzw. Segmente wie in den *Abbildungen 4-26* und *4-27* zu dunkel dargestellt werden oder sich nicht genügend voneinander unterscheiden. Works bietet Ihnen die Möglichkeit, Farben und Muster des Diagramms zu ändern.

➡ Wenn das Diagramm auf dem Bildschirm so dargestellt werden soll, wie es gedruckt werden wird, aktivieren Sie im Menü **Optionen** den Befehl **Druckbild**.

➡ Rufen Sie im Menü **Format** den Befehl **Muster und Farben** auf.

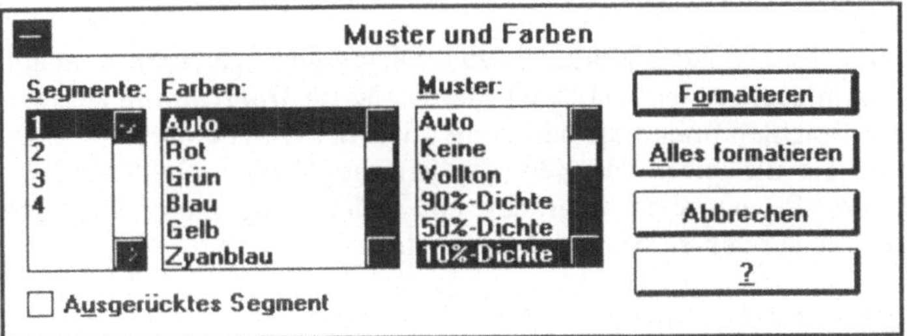

Abbildung 4-28: Das Dialogfeld Muster und Farben

➡ Im Dialogfeld wählen Sie unter Segmente das Kreissegment aus, das Sie ändern wollen.

➡ In den Listenfeldern Farben und Muster wählen Sie *Auto*, wenn Works die entsprechende Einstellung für Sie vornehmen soll, bzw. nehmen Sie selbst eine Auswahl vor.

➡ Mit der Schaltfläche Formatieren übernehmen Sie die Änderung auf die ausgewählte Datenreihe oder das Kreissegment, mit Alles formatieren wenden Sie die Änderungen auf alle Datenreihen oder Kreissegmente im Diagramm an.

➡ Klicken Sie auf Schließen, um den Befehl zu beenden. Wenn Sie (noch) keine Formatierung vorgenommen haben, heißt die entsprechende Schaltfläche Abbrechen - siehe *Abbildung 4-28*.

➡ Experimentieren Sie mit diesem Befehl, um die optimale Darstellung des Diagramms auf dem Bildschirm und beim Druck zu erreichen.

Rahmen erstellen

Jetzt können Sie noch einen Rahmen um Ihr Diagramm zeichnen lassen:

➡ Führen Sie im Menü **Format** den Befehl **Rahmen** aus.

Sie könnten noch eine Kopf- oder Fußzeile für das Diagramm erstellen, dazu rufen Sie den Befehl **Kopf-/Fußzeile** im Menü **Bearbeiten** auf und geben den Text für die Kopf- bzw. Fußzeile in die entsprechenden Felder im Dialogfeld ein.

*Kopf- und Fuß-
zeile erstellen*

Diagramm drucken

➡ Schalten Sie in die Seitenansicht. Wenn Sie mit dem Diagramm zufrieden sind, klicken Sie auf Drucken.

Diagramm verwalten

Mit jeder Tabelle kann Works bis zu 8 Diagramme speichern. Um auf ein Diagramm zuzugreifen, schlagen Sie das Menü **Diagramme** auf. Neben einigen Befehlen finden Sie darin eine Liste der Diagramme, die es zu der aktiven Tabelle gibt, zur Zeit werden die Namen *Diagramm1* und *Diagramm2* angezeigt. Um auf eines der Diagramme zuzugreifen, klicken Sie auf dessen Namen in der Liste.

Diagramm benennen

Allerdings sollten Sie den Standardnamen des Kreisdiagramms *Diagramm2* durch einen aussagefähigeren Namen ersetzen:

➡ Rufen Sie im Menü **Diagramme** den Befehl **Diagramm umbenennen** auf.

➡ Wählen Sie im Listenfeld Diagramme den Eintrag *Diagramm2*, geben Sie in das Feld Name *Einnahmen* ein, und klicken Sie auf Umbenennen.

➡ Diesen Vorgang könnten Sie für andere Diagramme, die Sie umbenennen wollen, wiederholen, bevor Sie auf OK klicken.

Auf dem Bildschirm ändert sich der in der Titelleiste des aktiven Diagrammfensters angezeigte Name.

Diagramm duplizieren

Bisher haben Sie das Kreisdiagramm der Einnahmen erstellt, bleibt noch die grafische Darstellung der Ausgaben. Da das entsprechende Kreisdiagramm ähnlich aufgebaut und gleich formatiert sein soll, nutzen Sie die Möglichkeit des Duplizierens.

➡ Rufen Sie im Menü **Diagramme** den Befehl **Diagramm duplizieren** auf.

➡ Wählen Sie im Listenfeld Diagramme den Eintrag *Einnahmen*, geben Sie in das Textfeld *Ausgaben* ein, den Namen des neuen Diagramms, und klicken Sie auf Duplizieren.

➡ Diesen Vorgang könnten Sie für andere Diagramme, die Sie duplizieren wollen, wiederholen, bevor Sie auf OK klicken.

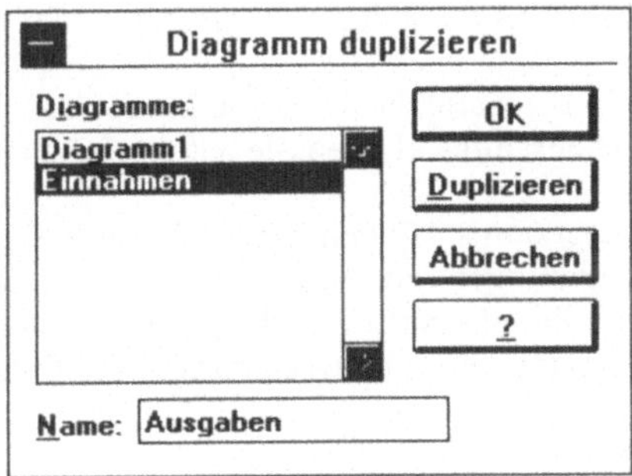

Abbildung 4-29: Dialogfeld des Befehls Diagramme duplizieren

Diagrammkopie bearbeiten

Sie werden die Diagrammkopie bearbeiten, um die Ausgabenwerte der Tabelle in derselben Form wie die Einnahmenwerte darzustellen. Ändern Sie zunächst den Bezug auf die Tabellenwerte, damit auch wirklich ein Diagramm der Ausgaben erzeugt wird.

➡ Aktivieren Sie das Diagramm Ausgaben, indem Sie im Menü **Diagramme** auf den Namen *Ausgaben* klicken.

➡ Rufen Sie im Menü **Bearbeiten** den Befehl **Datenreihen** auf.   *Y-Datenreihe ändern*

➡ Im Dialogfeld ersetzen Sie unter Y-Datenreihen den Bezug *D40:G40* durch *h40:k40*. Klicken Sie auf OK.

Die Größe der Segmente im Kreisdiagramm ändert sich bereits, die Beschriftung muß noch geändert werden: *Daten-beschriftung ändern*

➡ Rufen Sie im Menü **Bearbeiten** den Befehl **Datenbeschriftung** auf. Ersetzen Sie im Feld Zellbereich den Bezug *D6:G6* durch *h6:k6*, klicken Sie auf OK.

Jetzt werden die Segmente auch korrekt beschriftet. Ändern Sie den Titel: *Titel ändern*

➡ Rufen Sie im Menü **Bearbeiten** den Befehl **Diagrammtitel** auf. Ersetzen Sie den Eintrag im Feld Titel durch *Ausgaben*, klicken Sie auf OK.

Das Diagramm ist fast fertig. Da Sie keine der Ausgabenarten betonen wollen, nehmen Sie die Ausrückung des Kreissegments Bewirtung zurück.   *Ausrückung zurücknehmen*

➡ Rufen Sie im Menü **Format** den Befehl **Muster und Farbe** auf.

➡ Wählen Sie in der Liste der Segmente den Eintrag *2* (der dem Segment Bewirtung entspricht), schalten Sie die Option Ausgerücktes Segment aus, und klicken Sie auf OK.

Schon fertig! Das Ergebnis ist in der *Abbildung 4-4* zu sehen.

➡️ Schalten Sie in die Seitenansicht, prüfen Sie das Diagramm. Zum Drucken des Diagramms klicken Sie auf die Schaltfläche Drucken.

Die Kopie eines Diagramms können Sie auch einsetzen, um mit unterschiedlichen Formatierungen zu experimentieren. Oder Sie erstellen mehrere Diagramme, die alle auf denselben Tabellendaten basieren, und stellen in jedem Diagramm einen anderen Aspekt der Daten heraus.

Diagramm löschen

Das Diagramm1 kann gelöscht werden, es enthält das unsinnige Säulendiagramm aller Einnahmen und Ausgaben.

➡️ Rufen Sie im Menü **Diagramme** den Befehl **Diagramm löschen** auf.

➡️ Wählen Sie im Listenfeld Diagramme den Eintrag *Diagramm1*, und klicken Sie auf Löschen.

➡️ Diesen Vorgang könnten Sie für andere Diagramme, die Sie löschen wollen, wiederholen, bevor Sie auf OK klicken.

Sie sollten es sich zur Gewohnheit machen, nicht mehr benötigte Diagramme zu löschen. Zum einen natürlich, weil Sie pro Tabelle höchstens acht Diagramme erstellen können, zum anderen aber auch, um die Dateigröße der Tabellendatei zu reduzieren.

Abschlußarbeiten

Damit haben Sie auch dieses Kapitel erfolgreich abgeschlossen. Bevor Sie weiterarbeiten oder sich eine Pause gönnen, sollten Sie noch folgendes tun:

➡️ Schließen Sie alle Dokumentfenster, speichern Sie dabei alle Änderungen in der Tabelle BUCH9201. Damit sind auch automatisch die Änderungen in den Diagrammen Einnahmen und Ausgaben gespeichert.

➡️ Beenden Sie Works, verlassen Sie Windows und schalten Sie Drucker und PC aus - es sei denn, Sie wollen gleich mit der Datenbank weiterarbeiten!

Zusammenfassung

Markieren

➡ Zelle: auf Zelle klicken oder mit Pfeiltasten oder TAB-TASTE auf Zelle positionieren.

➡ Zellbereich: Mauszeiger bei gedrückter Maustaste über Zellbereich ziehen.

➡ Zeile: auf Zeilennummer klicken.

➡ Spalte: auf Spaltenbuchstaben klicken.

➡ Tabelle: auf Schnittpunkt von Spalte mit Zeilennummer und Zeile mit Spaltenbuchstaben klicken.

Zellinhalt erfassen

➡ Zelle markieren.

➡ Zahlwert, Formel oder Text eingeben

➡ Eingabe bestätigen: EINGABETASTE drücken oder auf Bestätigungssymbol klicken.

➡ Eingabe abbrechen: ESC-TASTE drücken oder auf Abbruchsymbol klicken.

Zellinhalt ändern

➡ Zelle markieren.

➡ Auf Bearbeitungszeile klicken und Inhalt ändern.

➡ Änderung bestätigen: EINGABETASTE drücken oder auf Bestätigungssymbol klicken.

➡ Änderung abbrechen: ESC-TASTE drücken oder auf Abbruchsymbol klicken.

Zellinhalt kopieren

➡ Zelle oder Zellbereich markieren, deren/dessen Inhalt kopiert werden soll.

➡ Im Menü **Bearbeiten** Befehl **Kopieren** ausführen.

➡ Zelle oder Zellbereich markieren, die/der gefüllt werden soll.

➡ Im Menü **Bearbeiten** Befehl **Einfügen** ausführen.

Zellinhalt verschieben

➡ Zelle oder Zellbereich markieren.

➡ Im Menü **Bearbeiten** Befehl **Ausschneiden** ausführen.

➡ Zielbereich markieren.

➡ Im Menü **Bearbeiten** Befehl **Einfügen** ausführen.

Zellinhalt löschen

➡ Zelle: Zelle markieren, ENTF-TASTE,EINGABETASTE oder RÜCK-
   TASTE,EINGABETASTE drücken oder im Menü **Bearbeiten** Befehl
   Inhalte löschen ausführen.

➡ Zellbereich: Zellbereich markieren, im Menü **Bearbeiten** Befehl
   Inhalte löschen ausführen.

Zellbereich ausfüllen

➡ Zellbereich markieren, dabei muß die obere Zelle einer markierten
   Spalte bzw. die erste Zelle einer markierten Zeile den Wert enthalten, der übertragen werden soll.

➡ Im Menü **Bearbeiten** Befehl **Unten ausfüllen** bzw. **Rechts
   ausfüllen** ausführen.

Spalten oder Zeilen einfügen

➡ Spalte(n) bzw. Zeile(n) markieren, vor der/denen eingefügt werden
   soll.

➡ Im Menü **Bearbeiten** Befehl **Zeilen/Spalten einfügen** ausführen.

Spaltenbreite ändern

➡ Mauszeiger neben Spaltenbuchstaben auf Rand der Spalte positionieren, bei gedrückter Maustaste Spalte breiter oder schmaler
   ziehen

oder

➡ Zelle in Spalte markieren, im Menü **Format** Befehl **Spaltenbreite**
   aufrufen und im Dialogfeld Spaltenbreite eingeben.

Schriftart und -größe festlegen

➡ Beliebige Zelle markieren.

➡ Schriftart und -größe über Symbolleiste auswählen oder im Menü
   Format Befehl **Schriftart/-größe** aufrufen und im Dialogfeld
   Auswahl treffen.

Schriftstil und Ausrichtung festlegen

➡ Zelle oder Zellbereich markieren.

➡ Auf Symbol für Schriftstil klicken oder im Menü **Format** Befehl
   Schriftstil/Ausrichtung aufrufen und Option für Schriftstil und
   Ausrichtung wählen.

Zahlenformat festlegen

➡ Zellinhalt im gewünschten Format eingeben

oder

➡ Zelle oder Zellbereich markieren.

➥ Auf Symbol für Zahlenformat klicken oder im Menü **Format** entsprechenden Befehl aufrufen.

Rahmen festlegen

➥ Zelle oder Zellbereich markieren.

➥ Im Menü **Format** Befehl **Rahmen** aufrufen und Option wählen.

Manuellen Seitenwechsel einfügen oder löschen

➥ Zeile oder Spalte markieren, vor der Seitenwechsel eingefügt werden soll

oder

➥ Zeile unterhalb des Seitenwechsels oder Spalte rechts neben dem Seitenwechsel markieren.

➥ Im Menü **Bearbeiten** Befehl **Seitenwechsel einfügen** bzw. **Seitenwechsel löschen** ausführen.

Tabelle sortieren

➥ Zellbereich markieren, der sortiert werden soll.

➥ Im Menü **Auswahl** Befehl **Zeilen sortieren** aufrufen.

➥ Im Dialogfeld Spalte(n) angeben, nach deren Inhalt sortiert werden soll.

Diagramm erstellen

➥ Tabellenbereich mit Werten und Beschriftung markieren.

➥ Auf Symbol Diagramm klicken oder im Menü **Diagramme** Befehl **Neues Diagramm erstellen** ausführen.

Diagrammtyp ändern

➥ Auf Symbol des gewünschten Diagrammtyps klicken oder im Menü **Muster** den gewünschten Diagrammtyp auswählen.

➥ Im Dialogfeld die Variante des Diagrammtyps auswählen.

Datenbeschriftung ergänzen

➥ Im Menü **Bearbeiten** Befehl **Datenbeschriftung** aufrufen.

➥ Im Dialogfeld Bezug auf Zellen eingeben, die die Beschriftung enthalten.

Diagrammtitel ergänzen

➥ Im Menü **Bearbeiten** Befehl **Titel** aufrufen.

➥ Im Dialogfeld Titel und Untertitel sowie Beschriftungen für die Achsen eingeben.

Schriftart, -größe und -stil auswählen

➡ Diagrammtitel: im Menü **Format** Befehl **Titelschriftart** aufrufen.
Im Dialogfeld Auswahl treffen.

➡ Sonstige Texte: im Menü **Format** Befehl **Sonstige Schriftarten**
aufrufen. Im Dialogfeld Auswahl treffen.

Muster und Farben festlegen

➡ Im Menü **Format** Befehl **Muster und Farben** aufrufen.

➡ Im Dialogfeld Datenreihe bzw. Segment markieren und Farben und
Muster auswählen.

➡ Auswahl für markierte(s) Datenreihe bzw. Segment übernehmen:
Schaltfläche Formatieren.

➡ Auswahl für alle Datenreihen bzw. Segmente übernehmen: Schaltfläche Alles formatieren.

Diagrammrahmen erstellen

➡ Im Menü **Format** Befehl **Rahmen** ausführen

Diagramm umbenennen

➡ Im Menü **Diagramme** Befehl **Diagramm umbenennen** aufrufen.

➡ Im Dialogfeld Diagramm markieren, das umbenannt werden soll, in
Feld Name neuen Namen eingeben, auf Umbenennen klicken.

➡ Evtl. weitere Diagramme umbenennen, dann auf OK klicken.

Diagramm duplizieren

➡ Im Menü **Diagramme** Befehl **Diagramm duplizieren** aufrufen.

➡ Im Dialogfeld Diagramm markieren, das dupliziert werden soll, in
Feld Name Namen des neuen Diagramms eingeben, auf Duplizieren klicken.

➡ Evtl. weitere Diagramme duplizieren, dann auf OK klicken.

Diagramm löschen

➡ Im Menü **Diagramme** Befehl **Diagramm löschen** aufrufen.

➡ Im Dialogfeld Diagramm markieren, das gelöscht werden soll, auf
Löschen klicken.

➡ Evtl. weitere Diagramme löschen, dann auf OK klicken.

Kapitel 5: Datenbank

Gut bei allem ist Ordnung. (Homer)

Neben dem Schreiben und Rechnen gehört das Verwalten von Daten zu den Haupteinsatzgebieten von Anwendungsprogrammen auf PCs. Mit Datenbankprogrammen können beliebige Datenbestände verwaltet werden. Die Works-Datenbank kann sich zwar nicht mit Datenbankprodukten wie beispielsweise dBASE messen, ermöglicht aber doch das Verwalten von Sammlungen, Adressen, Büchern usw. Sie können Ihre Datenbank sortieren und abfragen, beispielsweise eine Bücherliste alphabetisch nach Titeln geordnet ausdrucken oder alle Platten von Miles Davis heraussuchen, Informationen aus der Datenbank in Serienbriefen einsetzen und vieles mehr. In diesem Kapitel werden Sie eine einfache Datenbank erstellen und auswerten, die Sie dann im letzten Kapitel ausbauen und in Kombination mit den anderen Works-Teilprogrammen einsetzen werden.

Aufgabe: Mitgliederverwaltung

Die Verwaltung Ihres Skatvereins erfolgte bisher manuell. Das hatte beispielsweise zur Folge, daß Sie regelmäßig neue Adreßlisten von Hand erstellen mußten, da Ihre Vereinskameradinnen recht umzugsfreudig sind, daß schon mal der Geburtstag einer Skatfreundin vergessen wurde und daß Sie lange in alten Protokollen suchen mußten, um festzustellen, wer in welchem Jahr welche Funktion im Verein innehatte.

Diesen Mißständen soll jetzt mit Works abgeholfen werden. Sie werden zunächst eine Datenbank aufbauen, in der Sie die Namen, Anschriften und Geburtstage der Vereinsmitglieder verwalten werden. Außerdem soll die Datenbank Auskunft geben über die Funktionen, die ein Mitglied bisher im Verein hatte. Und so soll Ihre Datenbank aufgebaut sein:

```
        Skatverein Reizende Herzchen
             Mitgliederverwaltung


Nachname: Schmal                   Tel. privat: 02102/34 23 47
                                   Tel. Dienst: 0211/201-45
 Vorname: Ilse
                                   Geburtsdatum
Anschrift: Ulmenweg 14             Tag: 23 Monat:  4 Jahr: 1934

PLZ:  4030 Ort: Ratingen


                                   Funktionen im Verein
Mitgliedsnummer: 2
                                   J 1992:    1. Vorsitzende = 1
Vereinseintritt: 13.06.1982        J 1991:    2. Vorsitzende = 2
                                   J 1990: 1    Kassenwartin = K
Letzter Beitrag: 03.1992           J 1989: K    Schriftwartin = S
(Nur Monat und Jahr eingeben)
```

Abbildung 5-1: Datensatz für ein Mitglied des Vereins

Als eine der ersten Auswertungen wollen Sie eine Liste der Geburtstage erstellen, natürlich in chronologischer Reihenfolge:

Geburtstagsliste				
Geburtstag	**Nachname**	**Vorname**	**Tel. privat**	**Tel. Dienst**
5 3 1966	Neumann	Petra		
21 4 1942	Schultze	Linda		
23 4 1934	Schmal	Ilse	02102/34 23 47	0211/201-45
23 4 1937	Krause-Halke	Ines		
21 5 1942	Varel	Sybille		
5 7 1947	Breitscheidt	Ilse		
25 9 1954	Sander	Karin	02102/81 05 17	
8 10 1954	Halbweg	Gudrun		
19 11 1953	Neumann	Monika		
4 12 1939	Reinhardt	Elisabeth	02102/45 34 33	
26 12 1953	Kabel	Maria		

Abbildung 5-2: Geburtstagsliste, sortiert nach Monat, Tag und Jahr

Vorbereitungen

Ihr PC ist eingeschaltet, Sie haben Windows und anschließend Works aufgerufen? Dann kann es los gehen:

➡ Sollten Sie gerade noch mit Works gearbeitet haben und irgendwelche Dokumentfenster auf Ihrem Bildschirm geöffnet sein, so schließen Sie diese.

Neue Datenbank erstellen

➡ Wenn der Bildschirm Works-Start angezeigt wird, klicken Sie auf das Symbol Datenbank.

➡ Wenn dagegen ein leeres Anwendungsfenster angezeigt wird, rufen Sie im Menü **Datei** den Befehl **Neue Datei erstellen** auf. Im Dialogfeld klicken Sie auf das Symbol Datenbank.

Der Bildschirm in der Datenbank

Wenn Sie das Teilprogramm Datenbank aufrufen, wird ein Dokumentfenster mit der sogenannten Formularansicht der Datenbank angezeigt - vorläufig ist das Formular bei Ihnen auf dem Bildschirm noch leer. In *Abbildung 5-3* sehen Sie den Datensatz einer Literaturdatenbank:

Symbolleiste   Die Symbolleiste enthält neben den bekannten Elementen wie den Feldern für Schriftart und Schriftgröße und den Symbolen für Schriftstil, Ausrichtung, Seitenansicht und Drucken vier neue Symbole: Formularansicht, Listenansicht, Abfrageansicht und Berichtsansicht.

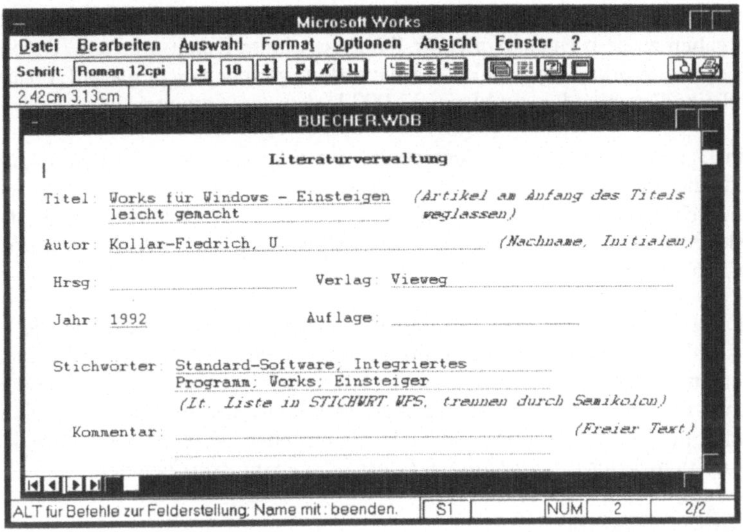

```
─                           Microsoft Works                          □□
 Datei  Bearbeiten  Auswahl  Format  Optionen  Ansicht  Fenster  ?
 Schrift: │Roman 12cpi│  ±│ 10 │±│ F │ K │ U │ ≡│≡│≡│  □│□│□│□│        □│□
 2,42cm 3,13cm │  │
 ─                          BUECHER.WDB                          □□
                        Literaturverwaltung

   Titel   Works für Windows – Einsteigen    (Artikel am Anfang des Titels
           leicht gemacht                     weglassen)

   Autor   Kollar-Fiedrich, U                         (Nachname, Initialen)

   Hrsg                      Verlag  Vieweg

   Jahr   1992               Auflage

   Stichwörter  Standard-Software, Integriertes
                Programm; Works; Einsteiger
                (Lt. Liste in STICHWRT.WPS, trennen durch Semikolon)

   Kommentar                                           (Freier Text)


 │◄│◄│►│►│ ■
 ALT für Befehle zur Felderstellung; Name mit : beenden.  │ S1 │  │NUM│ 2 │ 2/2 │
```

Abbildung 5-3: Formularansicht der Datenbank BUECHER.WDB

In der Bearbeitungszeile geben Sie, ähnlich wie in der Tabellenkalkulation, Feldnamen, Feldeinträge und Beschriftungen ein und korrigieren diese. Links werden die Koordinaten der Einfügemarke angezeigt. Die äußerste Position in der linken oberen Ecke wird dabei durch die für eine Seite definierten Seitenränder festgelegt.

Bearbeitungszeile

In der horizontalen Bildlaufleiste befinden sich links neben dem Bildlauffeld vier Schaltflächen, mit deren Hilfe Sie sich in der Formularansicht bewegen können, siehe Abschnitt *Bewegen zwischen Datensätzen.*

Schaltflächen zum Bewegen in Formularansicht

In der Statuszeile werden u. a. Informationen über die Datenbank angezeigt. In der *Abbildung 5-3* gibt das erste der fünf Felder mit *S1* an, daß augenblicklich die erste Seite des aktuellen Datensatzes angezeigt wird. Das vierte Feld enthält die Nummer des aktuellen Datensatzes, hier ist es der 2. Satz. Im letzten Feld gibt die Zahl nach dem Schrägstrich an, wieviele Sätze die Datenbank insgesamt enthält, und die Zahl vor dem Schrägstrich teilt Ihnen mit, wieviele Sätze in der augenblicklichen Auswahl enthalten sind (siehe Abschnitt *Datenbank abfragen*).

Statuszeile

Die Datenbank ist die Gesamtheit aller Informationen zu einem Gebiet, wie beispielsweise die Daten der Vereinsmitglieder, der Katalog Ihrer privaten Büchersammlung, das Verzeichnis Ihrer Briefmarken oder Schallplatten. Die Informationen in einer Datenbank werden in Datensätze und Felder unterteilt. Die Datenbank entspricht einem Karteikasten in der klassischen Informationsverwaltung. Eine Works-Datenbank wird in einer Datei gespeichert, wie beispielsweise der Datei BUECHER.WDB in *Abbildung 5-3.*

Datenbank

Ein Datensatz enthält die Informationen zu einer Person, einem Produkt oder Ereignis, das Sie in die Datenbank einfügen, beispielsweise einem Vereinsmitglied, einem Buch, einer Briefmarke oder einer Schallplatte. In der klassischen Informationsverwaltung werden diese Daten auf einer

Datensatz

Karteikarte erfaßt. In *Abbildung 5-3* entsprechen die bibliographischen Angaben zu dem Buch *Works für Windows* einem Datensatz. Alle Datensätze der Works-Datenbank sind nach dem gleichen Schema aufgebaut, und eine Datenbank kann bis zu 32.000 Datensätze enthalten.

Feld

Ein Datensatz ist in Felder unterteilt. Ein Feld ist eine Informationseinheit, die Sie für jeden Datensatz erfassen, es entspricht einem Eintrag auf einer Karteikarte. In der *Abbildung 5-3* enthält der Datensatz u. a. die Felder Autor und Titel. In einer Works-Datenbank kann ein Datensatz bis zu 256 verschiedene Felder enthalten.

Feldname,
Feldeintrag

Ein Feld besteht aus dem Feldnamen und den Informationen, die Sie in das Feld eingeben, dem Feldeintrag. Jedes Feld muß einen eindeutigen Namen tragen, damit man es von den anderen Feldern unterscheiden kann, und kann bis zu 256 Zeichen enthalten. In der Formularansicht kann ein Feldeintrag über eine Zeile hinausgehen, beispielsweise hat das Feld Stichwörter in *Abbildung 5-3* eine Länge von 2x40 Zeichen.

Works anpassen

Auch in der Datenbank haben Sie die Möglichkeit, die Benutzeroberfläche an Ihre Bedürfnisse anzupassen:

➡ Aktivieren Sie im Menü **Optionen** den Befehl **Symbolleiste anzeigen**.

➡ Aktivieren Sie im Menü **Optionen** den Befehl **Feldlinien anzeigen**. Damit veranlassen Sie Works, in der Formularansicht durch gepunktete Linien die Position und Länge der Feldeinträge anzuzeigen (siehe auch *Abbildung 5-3*).

➡ Aktivieren Sie im Menü **Optionen** den Befehl **Am Raster ausrichten**. Mit dem Raster erreichen Sie, daß sich die Einfügemarke in gleichmäßigen Abständen im Formular verschieben läßt. Das wird Ihnen das Positionieren der Felder im Formular erleichtern.

Der Befehl **Symbolleiste anzeigen** steht Ihnen auch in den anderen Ansichten der Datenbank zur Verfügung. In der Listenansicht gibt es zusätzlich den Befehl **Gitternetzlinien anzeigen**, er entspricht dem gleichlautenden Befehl in der Tabellenkalkulation, siehe Abschnitt *Works anpassen* in Kapitel 4.

Datenbank aufbauen

Formular entwerfen

Wenn Sie eine neue Datenbank erstellen, wird auf dem Bildschirm ein Works-Dokument mit dem Standardnamen (Daten1, Daten2, Daten3, ...) in der sogenannten Formularansicht angezeigt. Darin erscheinen die Datensätze Ihrer Datenbank einzeln auf dem Bildschirm, so wie beispielsweise auf einer Karteikarte. (Das Formular eines Datensatzes kann übrigens über eine Bildschirmseite hinausgehen. Im Kapitel 7 werden Sie die Mitgliederdatenbank dahingehend erweitern.)

Die Struktur eines Formulars (und damit der Datenbank) beeinflußt wesentlich die Möglichkeiten, die Sie später zum Bearbeiten der Informationen (vom Sortieren bis zum Abfragen) haben. Wenn Sie beispielsweise die Funktionen der Vereinsmitglieder in einem einzigen Feld in der Form *Kassenwartin 1985, Schriftwartin1986 und 1. Vorsitzende 1989* erfassen, können Sie die Datenbank nicht nach Mitgliedern abfragen, die seit 1987 kein Amt inne hatten. Es empfiehlt sich daher, je ein Feld für jede Teilinformation anzulegen, nach der Sie später voraussichtlich sortieren oder abfragen werden.

Für die Mitgliederdatenbank bietet sich zunächst die folgende Struktur an:

```
Nachname: (30)
Vorname: (30)
Anschrift: (30)
PLZ: (4)
Ort: (20)
Tel. privat: (15)
Tel. Dienst: (15)
Geburtsdatum: (10)
Mitgliedsnummer: (4)
Vereinsbeitritt: (10)
Letzter Beitrag: (7)
Lfd. Jahr: (1)
J 1991: (1)
J 1990: (1)
J 1989: (1)
```

Abbildung 5-4: Anfangsstruktur der Mitgliederdatenbank, in Klammern sind die Feldlängen angegeben

Felder erstellen

Bauen Sie nun das Formular auf, und erstellen Sie zunächst das Feld Nachname.

➜ Die Einfügemarke befindet sich wohl noch am linken Rand des Formulars, positionieren Sie sie etwas tiefer (siehe auch *Abbildung 5-5*).

Einfügemarke im Formular bewegen

Die Einfügemarke läßt sich im Formular ähnlich wie in der Textverarbeitung bewegen: Sie können auf jede beliebige Position klicken und mit den Pfeiltasten je eine Zeilenposition nach rechts oder links bzw. eine Zeile nach oben oder unten gelangen.

➜ Geben Sie den Feldnamen gefolgt von einem Doppelpunkt ein. Sie schreiben also *Nachname:* und drücken die EINGABETASTE bzw. klicken auf das Bestätigungssymbol in der Bearbeitungszeile.

➡ Das Dialogfeld **Feldgröße festlegen** erscheint, Works schlägt für die Feldlänge 20 Zeichen und die Feldhöhe 1 Zeile vor. Schreiben Sie *30* in das Feld **Breite**, lassen Sie die Voreinstellung *1* im Feld **Höhe** unverändert, klicken Sie auf OK.

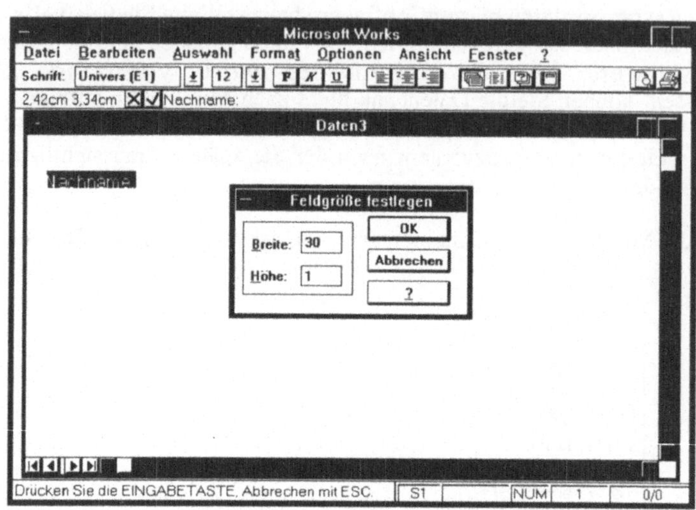

Abbildung 5-5: Erstellen des Feldes Nachname

Im Formular erscheint hinter dem Feldnamen die Feldlinie: Punkte zur Kennzeichnung der Position und Länge des Feldeintrags. Die Einfügemarke befindet sich unterhalb des soeben erstellten Feldes am Anfang der Zeile.

➡ Geben Sie auf diese Weise die in *Abbildung 5-4* aufgeführten Felder untereinander ein. In den Klammern ist die Länge des betreffenden Feldes angeben, alle Felder haben die Höhe von 1 Zeile. Denken Sie daran, nach einem Feldnamen einen Doppelpunkt einzugeben.

Sie könnten sofort nach dem Erstellen eines Feldes einen Feldeintrag erfassen. Es empfiehlt sich jedoch, zunächst das Formular fertigzustellen und dann mit der Eingabe der Datensätze zu beginnen.

Beschriftungen eingeben

Für die Datenbank gilt dasselbe wie für eine Tabelle: Sie sollten reichlich Gebrauch von beschreibenden Texten und Überschriften machen und auch möglichst aussagefähige Feldnamen verwenden. Geben Sie dem Formular einen Titel:

➡ Positionieren Sie die Einfügemarke in die erste Zeile des Formulars (verwenden Sie gegebenenfalls die vertikale Bildlaufleiste). Schreiben Sie *Skatverein Reizende Herzchen* EINGABETASTE.

➡ Positionieren Sie die Einfügemarke unter den ersten Titel, schreiben Sie *Mitgliederversammlung* EINGABETASTE.

➡ Erstellen Sie die Beschriftung *Funktionen im Verein* an einer beliebigen Stelle im Formular.

Vor allem, wenn auch andere Personen als Sie selbst mit der Datenbank arbeiten und Informationen eingeben, sollten Sie Anweisungen, Beschreibungen oder Beispiele einfügen, die das Eingeben korrekter Einträge erleichtern. So könnten Sie beispielsweise erklären, in welcher Form der Feldeintrag des Feldes Letzter Beitrag eingegeben werden sollen:

➡ Positionieren Sie die Einfügemarke neben das Feld *Letzter Beitrag*. Schreiben Sie *(Nur Monat und Jahr eingeben)* EINGABETASTE.

Beschriftungen dürfen normalerweise nicht mit einem Doppelpunkt enden, da Works anhand des Doppelpunktes Felder identifiziert. Mit einem Trick können Sie jedoch auch eine Beschriftung mit einem Doppelpunkt abschließen: Sie schreiben in der Bearbeitungszeile den Text mit dem abschließenden Doppelpunkt, positionieren die Einfügemarke an den Anfang des Textes in der Bearbeitungszeile, geben ein Anführungszeichen ″ ein, um die Eingabe als Text zu kennzeichnen, und klicken erst dann auf das Bestätigungssymbol bzw. drücken die EINGABETASTE.

Formularansicht bearbeiten

Das Formular enthält jetzt alle Felder, in den nächsten Arbeitsschritten werden Sie es überarbeiten und gestalten.

Felder und Beschriftungen positionieren

Sie können Felder jederzeit an jede beliebige Stelle im Formular verschieben. Zur genaueren Positionierung der einzelnen Felder haben Sie im Menü **Optionen** den Befehl **Am Raster ausrichten** aktiviert.

So wie Sie es bereits aus der Textverarbeitung und der Tabellenkalkulation kennen, müssen Sie einen Feldnamen, einen Feldeintrag oder eine Beschriftung erst einmal markieren, bevor Sie das Element bearbeiten können. Das geht wieder am schnellsten mit der Maus.

➡ Markieren Sie die Beschriftung *Skatverein Reizende Herzchen*, indem Sie darauf klicken. Wenn Sie den Mauszeiger auf die Markierung bewegen, verwandelt er sich in eine Hand.

Beschriftung markieren

➡ Ziehen Sie die Beschriftung in der Zeile nach rechts, bis sie im Formular zentriert ist.

Beschriftung positionieren

➡ Zentrieren Sie die darunterliegende Beschriftung ebenso, ziehen Sie sie dabei auch etwas nach unten, um einen größeren Abstand zwischen den beiden Überschriften zu schaffen.

Felder werden beim Positionieren als eine Einheit betrachtet:

Feld markieren und positionieren

➡ Klicken Sie auf den Feldnamen *Tel. privat* und ziehen Sie ihn nach rechts oben, siehe auch *Abbildung 5-6*. Beachten Sie, daß der Feldeintrag zusammen mit dem Feldnamen verschoben wird.

➡ Positionieren Sie alle Felder, orientieren Sie sich dabei an der *Abbildung 5-6*.

```
                    Skatverein Reizende Herzchen
                        Mitgliederverwaltung


   Nachname:  ............................    Tel  privat:  ............
     Vorname:  ............................    Tel  Dienst:  ............
 Anschrift:  ............................
     PLZ:  .......  Ort:  ................    Geburtsdatum:  ...........


   Mitgliedsnummer:  ..........
                                              Lfd  Jahr:  ..
   Vereinseintritt:  ................          J 1991:  ..
   Letzter Beitrag:  ..........               J 1990:  ..
   (Nur Monat und Jahr eingeben)             J 1989:  ..
```

Abbildung 5-6: Formular mit positionierten Feldern

Sie können Felder oder Beschriftungen auch über einen Befehl positionieren. Dazu markieren Sie das Feld oder die Beschriftung und rufen im Menü **Bearbeiten** den Befehl **Feld positionieren** bzw. **Beschriftung positionieren** auf. Dann läßt sich das Feld bzw. die Beschriftung mit den Pfeiltasten präzise im Formular verschieben. Schließen Sie die Aktion durch Drücken der EINGABETASTE ab.

Schriftart, -größe und -stil festlegen

Haben Sie Probleme, die Doppelpunkte am Ende der Feldnamen bündig untereinander zu positionieren? Das mag an der eingestellten Schriftart liegen. Wenn für Ihre Datenbank eine Proportionalschriftart ausgewählt ist, lassen sich die einzelnen Felder möglicherweise nicht besonders gut untereinander anordnen. Aber Sie haben die Möglichkeit, für die Datenbank eine andere Schriftart festzulegen und auch die Schriftgröße einzustellen. Pro Datenbank können Sie drei Schriftarten und drei Schriftgrößen wählen, je eine für die Formular-, Listen- und Berichtsansicht (siehe auch Abschnitte *Listenansicht gestalten* und *Bericht gestalten*).

Schriftart festlegen

➡ Schlagen Sie in der Symbolleiste Feld Schriftart auf, wählen Sie eine Schrift mit fester Schritteilung, beispielsweise *Courier*.

➡ Schlagen Sie das Feld Schriftgröße auf, wählen Sie eine Schriftgröße aus, beispielsweise *10*.

*Schriftgröße
festlegen*

Wie in der Textverarbeitung und Tabellenkalkulation können Sie die
Schriftart und Schriftgröße auch in einem Arbeitsgang über den Befehl
Schriftart/-größe aus dem Menü **Format** festlegen. Es sei auch noch einmal darauf hingewiesen, daß die Schriftarten und -größen, die Sie verwenden können, von dem installierten Drucker abhängen. Deshalb werden Sie Ihre Datenbank möglicherweise nicht genauso formatieren können wie wir es im Buch vorsehen.

Einzelne Textteile im Formular, seien es Feldnamen, Feldeinträge oder
Beschriftungen, können Sie durch einen anderen Schriftstil hervorheben.
Es bietet sich beispielsweise an, die Überschriften fett zu formatieren:

*Schriftstil
festlegen*

➡ Markieren Sie die erste Beschriftung *Skatverein Reizende Herzchen*. Klicken Sie auf das Symbol Fett (oder wählen Sie die Option Fett im Befehl **Schriftstil/Ausrichtung** des Menüs **Format**).

➡ Markieren Sie die Beschriftung *(Nur Monat und Jahr eingeben)*,
klicken Sie auf das Symbol Kursiv.

Feldeinträge ausrichten

Sollen die Feldeinträge eine andere als die Standardausrichtung erhalten?
Zur Erinnerung: Text wird automatisch linksbündig, Zahlwerte werden
rechtsbündig ausgerichtet.

➡ Markieren Sie den Feldeintrag, den Sie ausrichten wollen: klicken
Sie auf die gepunktete Linie rechts neben dem Feld *Mitgliedsnummer*. Klicken Sie in der Symbolleiste auf das Symbol Linksbündig (oder rufen Sie im Menü **Format** den Befehl **Schrift-
stil/Ausrichtung** auf und wählen die Option Links).

Feldformate festlegen

Für einige der Felder sollten Sie auch gleich das Zahlenformat festlegen:

➡ Markieren Sie den Feldeintrag, für den Sie ein Zahlenformat festlegen wollen: klicken Sie auf die gepunktete Linie rechts neben dem
Feld *Letzter Beitrag*.

➡ Klappen Sie das Menü **Format** auf, darin stehen Ihnen eine Reihe
von Zahlenformaten zur Verfügung. Klicken Sie auf
Uhrzeit/Datum. In einem Dialogfeld können Sie das gewünschte
Format aus einer Liste aussuchen. Wählen Sie die Optionen
Monat, Jahr und Kurzform, klicken Sie auf OK.

Im übrigen stehen Ihnen dieselben Zahlenformate zur Verfügung wie
auch in der Tabellenkalkulation, siehe Abschnitt *Zahlenformate festlegen*
in Kapitel 4.

Feldgröße ändern

Ihnen fällt auf, daß die Postleitzahl nur vierstellig definiert ist. Sollen denn nicht die Postleitzahlen in den nächsten Jahren geändert und damit länger werden? Kein Problem in der Works-Datenbank:

➡ Markieren Sie den Feldeintrag neben dem Feldnamen *PLZ*, rufen Sie im Menü **Format** den Befehl **Feldgröße** auf. Im Dialogfeld geben Sie im Feld Breite *6* ein und klicken auf OK.

Wenn es Ihnen nicht so ganz genau auf eine Stelle mehr oder weniger ankommt, ändern Sie die Feldgröße mit der Maus. Beispielsweise scheint Ihnen das Feld *Ort* doch etwas zu kurz geraten zu sein.

➡ Verschieben Sie zunächst das Feld *PLZ* an den linken Rand der Zeile, ziehen Sie dann das Feld *Ort* nach. Markieren Sie den Feldeintrag des Feldes *Ort*.

In der rechten unteren Ecke der Markierung ist ein kleines weißes Quadrat zu sehen. Wenn Sie den Mauszeiger auf das Quadrat bewegen, verwandelt er sich in einen Doppelpfeil. Bei gedrücktem Mauszeiger können Sie den Feldeintrag mit dem Quadrat in die Breite und Höhe ziehen.

➡ Ziehen Sie den Feldeintrag des Feldes *Ort*, bis er bündig mit dem Feld *Anschrift* abschließt, siehe auch *Abbildung 5-7*.

Felder und Beschriftungen hinzufügen, ändern und löschen

Sie können auch jederzeit bestehende Felder in der Datenbank ändern oder löschen und neue Felder und Beschriftungen hinzufügen. Erfassen Sie zunächst zusätzliche Beschriftungen, siehe auch *Abbildung 5-7*.

➡ Oberhalb des Feldes Lfd. Jahr erstellen Sie die Beschriftung *Funktionen im Verein*. Heben Sie sie durch Unterstreichen hervor.

➡ Positionieren Sie die Einfügemarke neben das Feld Lfd. Jahr, Schreiben Sie *1. Vorsitzende = 1* EINGABETASTE. Die Beschriftung ist noch markiert, heben Sie sie kursiv hervor.

➡ In den darunterliegenden Zeilen geben Sie die drei Beschriftungen *2. Vorsitzende = 2*, *Kassenwartin = K* und *Schriftwartin = S* ein und heben diese Texte kursiv hervor.

Feldnamen   ➡ Markieren Sie den Feldnamen *Lfd. Jahr*, klicken Sie die Bearbei-
ändern   tungszeile an. Ersetzen Sie den Text in der Bearbeitungszeile durch *J 1992:*, und bestätigen Sie die Änderungen durch Drücken der EINGABETASTE oder Klicken auf das Bestätigungssymbol.

➡ Positionieren Sie diese Eingaben, wenn nötig, entsprechend der *Abbildung 5-7*.

Das Feld Geburtsdatum ist in der jetzigen Form nicht besonders glücklich gewählt. Beim Sortieren nach dem Geburtsdatum bekämen Sie eine Liste, in der die Mitglieder des Vereins aufsteigend oder absteigend nach ihrem Alter angeordnet wären. Um die Geburtsdaten nach Monat und Tag sortieren zu können, müssen Sie das Geburtsdatum in einer anderen Form, nämlich in drei Feldern erfassen. Löschen Sie zunächst das Feld Geburtsdatum:

➡ Markieren Sie den Feldnamen *Geburtsdatum*. Rufen Sie im Menü **Bearbeiten** den Befehl **Feld löschen** auf. In einem Dialogfeld müssen Sie bestätigen, daß Sie das Feld und alle Einträge des Feldes löschen wollen. Klicken Sie auf OK.

Feld löschen

Wenn Sie in der Formularansicht einen Feldeintrag löschen wollen, gehen Sie ähnlich vor: Sie markieren den Feldeintrag und rufen im Menü **Bearbeiten** den Befehl **Feldinhalt löschen** auf. Daraufhin wird der Feldeintrag gelöscht, die Formatierung bleibt jedoch erhalten.

Wenn Sie in einer Datenbank, die bereits Feldeinträge enthält, ein Feld löschen, gehen in allen Datensätzen die Einträge dieses Feldes verloren!

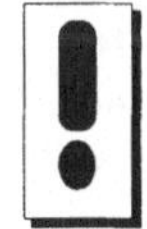

➡ Erstellen Sie unterhalb des Feldes *Tel. Dienst* die Beschriftung *Geburtstag*, formatieren Sie sie unterstrichen.

➡ Erstellen Sie in der darunterliegenden Zeile die Felder *Tag* und *Monat*, jeweils mit einer Feldlänge von 2 Zeichen, sowie das Feld *Jahr* mit einer Länge von 4 Zeichen.

Felder ergänzen

Ihr Formular sollte jetzt der *Abbildung 5-7* entsprechen:

```
          Skatverein Reizende Herzchen

             Mitgliederverwaltung


Nachname:  ............       Tel. privat: ............
                             Tel. Dienst: ............
   Vorname: ............
                             Geburtsdatum
Anschrift: ............       Tag:  ___  Monat: ___  Jahr: ___

PLZ: ___   Ort: ............


                             Funktionen im Verein
Mitgliedsnummer: ___
                             J 1992:  ...   1. Vorsitzende = 1
Vereinseintritt: ............ J 1991:  ...   2. Vorsitzende = 2

Letzter Beitrag: ............ J 1990:  ...      Kassenwartin = K
(Nur Monat und Jahr eingeben) J 1989:  ...      Schriftwartin = S
```

Abbildung 5-7: Das fertige Formular

Datenbank erstmalig speichern

Nachdem Sie das Formular erstellt haben, sollten Sie die Datenbank schon einmal speichern, dabei gehen Sie genauso vor wie in der Textverarbeitung oder Tabellenkalkulation:

➡ Rufen Sie im Menü **Datei** den Befehl **Speichern unter** auf. Im Dialogfeld geben Sie statt des vorgeschlagenen Standardnamens *mitglied* ein, die Erweiterung .WDB wird Works automatisch vergeben. Wechseln Sie gegebenenfalls das Verzeichnis, bevor Sie auf OK klicken.

Text und Zahlen eingeben

Jetzt ist es endlich soweit, Sie können die Daten der Vereinsmitglieder erfassen. Ein Feldeintrag kann aus Text, einer Zahl oder einer Formel bestehen.

➡ Markieren Sie den Feldeintrag des Feldes, in das Sie Informationen eingeben wollen: klicken Sie auf den Feldeintrag des Feldes Nachname.

➡ Schreiben Sie *Sander,* zum Bestätigen der Eingabe drücken Sie die EINGABETASTE oder TAB-TASTE oder klicken auf das Bestätigungssymbol in der Bearbeitungszeile.

Bewegen innerhalb des Datensatzes

In der Formularansicht bewegen Sie sich mit der TAB-TASTE in das nächste Feld, hier das Feld *Tel. privat,* das sich in derselben Zeile befindet wie das Feld *Nachname.* Mit UMSCHALTTASTE+TAB-TASTE gelangen Sie in das vorhergehende Feld, also beispielsweise von *Ort* nach *PLZ.* Wenn Sie in einer anderen Reihenfolge eingeben wollen, beispielsweise *Nachname, Vorname, Anschrift* usw., klicken Sie auf die entsprechenden Felder.

Mit den Pfeiltasten bewegen Sie sich nicht von Feld zu Feld, sondern von Zeile zu Zeile bzw. innerhalb einer Zeile von Zeichenposition zu Zeichenposition!

➡ Geben Sie die Feldeinträge des ersten Datensatzes entsprechend der *Abbildung 5-8* ein.

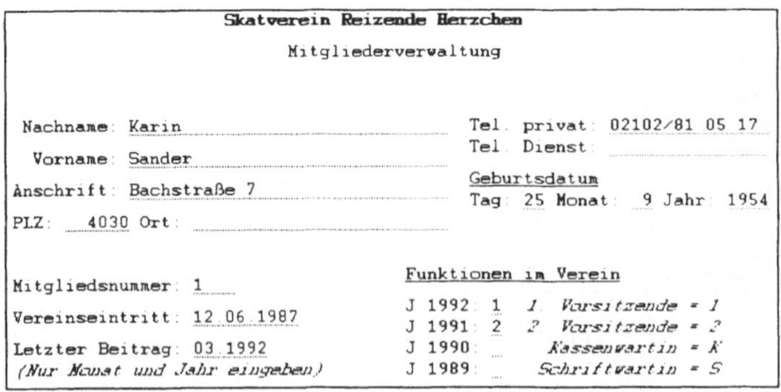

```
              Skatverein Reizende Herzchen

                 Mitgliederverwaltung


Nachname: Karin                          Tel. privat: 02102/81 05 17
                                         Tel. Dienst:
 Vorname: Sander
                                         Geburtsdatum
Anschrift: Bachstraße 7                   Tag: 25 Monat: 9 Jahr: 1954

PLZ:    4030 Ort:


                                         Funktionen im Verein
Mitgliedsnummer: 1
                                         J 1992: 1    1. Vorsitzende = 1
Vereinseintritt: 12.06.1987              J 1991: 2    2. Vorsitzende = 2
Letzter Beitrag: 03.1992                 J 1990:       Kassenwartin = K
(Nur Monat und Jahr eingeben.)           J 1989:       Schriftwartin = S
```

Abbildung 5-8: Der erste Datensatz in Formularansicht

Formel eingeben

Beim Ausfüllen des ersten Formulars fällt Ihnen auf, daß fast alle Ver-   *Zahlwert*
einsmitglieder in Ratingen wohnen und somit dieselbe Postleitzahl und   *vorgeben*
derselbe Ort sehr häufig erfaßt werden müssen. Durch die Eingabe einer
Formel in ein Datenbankfeld ersparen Sie sich diese Arbeit und schließen
Fehlerquellen bei der Erfassung aus:

➡ Markieren Sie den Feldeintrag des Feldes *PLZ*. Klicken Sie auf die
  Bearbeitungszeile, damit sind Sie im Bearbeitungsmodus (in der
  Statuszeile wird *BEARB* angezeigt). Geben Sie *=4030* ein, bestäti-
  gen Sie die Eingabe.

In der Bearbeitungszeile wird weiterhin die Formel *=4030* angezeigt,
während im Formular der Feldeintrag *4030* zu sehen ist. Die Formel wird
in jeden neuen Datensatz übernommen, auf diese Weise haben Sie bereits
die Postleitzahl für die meisten Ihrer Vereinskameradinnen erfaßt. Sollten
Sie eine Anschrift mit einer anderen Postleitzahl erfassen müssen,
überschreiben Sie in diesem Datensatz die Formel *=4030* mit der
korrekten Postleitzahl, beispielsweise *4000*.

Ebenso können Sie Texteinträge vorgeben, die in sich in den meisten   *Textwert*
Datensätzen wiederholen. Dazu geben Sie vor dem eigentlichen Text ein   *vorgeben*
Gleichheitszeichen gefolgt von einem Anführungszeichen ein.

➡ Markieren Sie den Feldeintrag des Feldes *Ort*, aktivieren Sie die
  Bearbeitungszeile. Geben Sie *="Ratingen* ein.

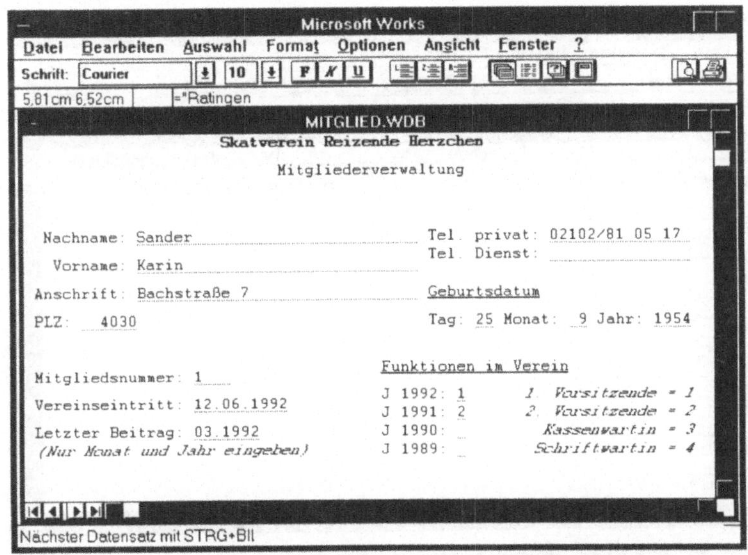

Abbildung 5-9: Formel in einem Datenbankfeld

Wenn Sie später in einem Datensatz einen anderen Ort eingeben wollen,
überschreiben Sie die Vorgabe *Ratingen*.

In Kapitel 7 werden Sie in Felder Formeln eingeben, um einen Feldeintrag aus den Werten anderer Felder des Datensatzes zu errechnen.

Listenansicht bearbeiten

Bisher haben Sie nur in der Formularansicht der Datenbank gearbeitet, aber es gibt einige Aktionen, die sich in der sogenannten Listenansicht einfacher und rationeller durchführen lassen. (In späteren Abschnitten behandeln wir auch noch die Abfrage- und Berichtsansicht der Datenbank.)

Ansicht wechseln Um von einer Datenbankansicht in die andere zu wechseln, verwenden Sie die Symbole in der Symbolleiste (oder führen im Menü **Ansicht** einen entsprechenden Befehl aus).

Abbildung 5-10: Symbole für die Datenbankansichten:
Formularansicht, Listenansicht, Abfrageansicht, Berichtsansicht
(v.l.n.r.)

➥ Klicken Sie auf das Symbol Listenansicht (oder führen Sie im Menü **Ansicht** den Befehl **Liste** aus.) Daraufhin wird die Datenbank in der Form einer Tabelle dargestellt, siehe *Abbildung 5-11*.

	Nachnam	Vorname	Anschrift	PLZ	Ort	Mitgliedsr	Vereinsei	Letzter B
1	Sander	Karin	Bachstraße	4030	Ratingen	1	12.06.1987	03.199
2								
3								
4								
5								
6								
7								
8								
9								
10								
11								
12								
13								
14								
15								
16								
17								

Abbildung 5-11: Die Datenbank in der Listenansicht

In der Listenansicht wird jeder Datensatz in einer Tabellenzeile und jedes Feld in einer Tabellenspalte dargestellt. Die Zeilennummer ist gleichzei-

tig die Nummer des Datensatzes, statt der Ihnen aus der Tabellenkalkulation bekannten Spaltenbuchstaben werden in der Kopfzeile der
Tabelle die Feldnamen angezeigt.

Die Listenansicht hat den Vorteil, daß Sie mehrere Datensätze auf einer
Bildschirmseite ansehen können, und den Nachteil, daß pro Datensatz
weniger Informationen angezeigt werden. Eine Reihe von Arbeitsschritten läßt sich jedoch in der Listenansicht effektiver durchführen.

Da die Datenbank in der Listenansicht wie eine Tabelle aufgebaut ist,
bewegen Sie sich in der Datenbank auch genauso wie in einer Tabelle. Sie
klicken ein beliebiges Feld in einem beliebigen Datensatz direkt an,
gelangen mit den Pfeiltasten oder der TAB-TASTE von einem Feld zum
benachbarten Feld und führen einen horizontalen bzw. vertikalen Bildlauf
aus, um weitere Felder der Datensätze bzw. mehr Datensätze anzuzeigen.

Bewegen in Listenansicht

Listenansicht gestalten

Zum Gestalten der Listenansicht einer Datenbank nach Ihren eigenen
Vorstellungen und Bedürfnissen stehen Ihnen wieder die Symbole der
Symbolleiste und eine Reihe von Befehlen zur Verfügung. Einige Merkmale (Ausrichtung, Schriftstil und Zahlenformate) sind in der Formular-
und Listenansicht gleich, d.h. eine Änderung des Merkmals in einer der
beiden Ansichten verändert auch die jeweils andere Ansicht. Andere
Merkmale legen Sie für jede Ansicht separat fest, dazu gehören zum
Beispiel die Schriftart und -größe. So können Sie für die Listenansicht
der Datenbank eine andere Schriftart festlegen als für die Formularansicht, dabei gehen Sie auch genauso vor (siehe Abschnitt *Schriftart, -
größe und -stil festlegen*).

Spalten verschieben

Auch die Positionen der einzelnen Felder sind in der Formular- und Listenansicht vollkommen unabhängig voneinander. Sie können also die
Reihenfolge der Spalten in der Listenansicht ändern, ohne befürchten zu
müssen, dadurch Ihr mühsam erstelltes Formular zu zerstören - und umge-
kehrt. In der Listenansicht sind die Felder zunächst in der Reihenfolge
angeordnet, in der Sie sie angelegt haben. Sie können aber ohne weiteres
ein für Sie wichtiges Feld wie die Mitgliedsnummer als erstes Feld
anzeigen lassen:

➡ Markieren Sie in der Listenansicht die Spalte, die Sie verschieben
wollen: klicken Sie auf den Feldnamen *Mitgliedsnummer*. Führen
Sie im Menü **Bearbeiten** den Befehl **Ausschneiden** aus.

➡ Markieren Sie die Spalte, vor der das Feld Mitgliedsnummer angeordnet werden soll (also *Nachname*), führen Sie im Menü
Bearbeiten den Befehl **Einfügen** aus.

Ihre Datenbank sollte jetzt der *Abbildung 5-12* entsprechen.

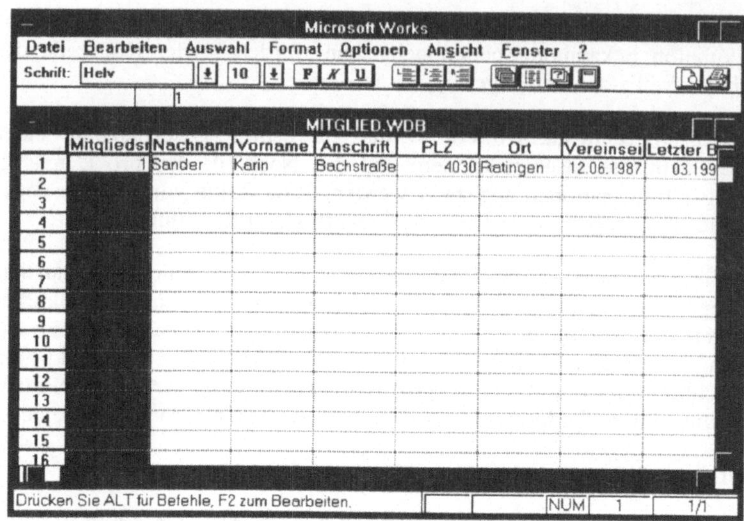

*Abbildung 5-12: In der Listenansicht wurde Anordnung der Felder
geändert*

Spaltenbreite ändern

Damit in der Listenansicht die wesentlichen Informationen eines Datensatzes vollständig angezeigt werden, ändern Sie die Spaltenbreiten einzelner Felder. Jedes Feld wird zunächst, vollkommen unabhängig von der
für das Feld definierten Größe, in der Standardbreite von 10 Zeichen
angezeigt. Wie in der Tabellenkalkulation können Sie die Breite der
Spalten mit der Maus oder über einen Befehl ändern:

➡ Verdoppeln Sie die Breite der Spalte *Nachname*, indem Sie den
Mauszeiger neben den Feldnamen *Nachname* auf den rechten
Spaltenrand positionieren. Sobald sich der Mauszeiger in ein Kreuz
verwandelt, ziehen Sie die Spalte *Nachname* nach rechts in die
Breite.

➡ Das Feld *PLZ* ändern Sie folgendermaßen: markieren Sie den
Feldnamen in der Kopfzeile, rufen Sie im Menü **Format** den Befehl
Feldbreite auf. Im Dialogfeld geben Sie *6* ein.

➡ Reduzieren Sie die Breite des Feldes *Mitgliedsnummer* auf 4 Zeichen.

*Spalten
verbergen*

Auf dieselbe Weise können Sie in der Listenansicht Spalten verbergen,
deren Anzeige für Sie nicht so wichtig ist:

➡ Markieren Sie einen Eintrag im Feld *Anschrift*, rufen Sie im Menü
Format den Befehl **Feldbreite** auf. Im Dialogfeld geben Sie die
Feldbreite mit *0* an. (Sie können die Spaltenbreite auch mit der
Maus auf 0 Zeichen reduzieren.)

Die Spalte wird daraufhin in der Listenansicht nicht mehr angezeigt. Wollen Sie später wieder auf diese Spalte zugreifen, rufen Sie im Menü **Auswahl** den Befehl **Gehe zu** auf. In einem Dialogfeld geben Sie den Namen des Feldes ein, das Sie anzeigen möchten, oder wählen den Namen in einem Listenfeld aus. Anschließend rufen Sie im Menü **Format** den Befehl **Feldbreite** auf und geben im Dialogfeld einen Wert ein, der größer als Null ist. Das Feld wird dann wieder angezeigt.

Verborgene
Spalte anzeigen

	Mitd	Nachname	Vorname	PLZ	Ort	Vereinsei	Letzter	Tel. priva	Te
						MITGLIED.WDB			
1	1	Karin	Sander	4030	Ratingen	12.06.1987	03.1992	02102/81 05 17	
2									
3									
4									
5									

Abbildung 5-13: Die Breite einiger Spalten ist verändert, das Feld Anschrift verborgen worden

Felder ausfüllen

Feldeinträge können Sie in der Listenansicht ebenso erfassen und ändern wie in der Formularansicht. Dabei gehen Sie so vor wie in einer Tabelle: Sie markieren ein Feld in einem Datensatz, aktivieren die Bearbeitungszeile und nehmen die Eingabe/Änderung vor.

Feldeinträge
eingeben

Die Listenansicht ist besonders vorteilhaft, wenn Sie in mehrere Datensätze gleiche Informationen eintragen wollen (ohne Formeln zu verwenden, siehe Abschnitt *Formel eingeben*). Dann setzen Sie den Befehl **Unten ausfüllen** (oder in Einzelfällen auch **Rechts ausfüllen**) aus dem Menü **Bearbeiten** ein, den Sie schon aus der Tabellenkalkulation kennen.

Eine weitere Möglichkeit besteht darin, Datenreihen automatisch zu erzeugen. Dabei kann es sich um Datums- oder Zahlwerte handeln, die von Datensatz zu Datensatz mit konstanter Schrittweite an- oder absteigen. Wenn Ihnen beispielsweise die bisherige Kartei der Vereinsmitglieder vorliegt, in der die Karteikarten aufsteigend nach Mitgliedsnummern sortiert sind, liegt es nahe, die Mitgliedsnummer in den Datensätzen automatisch zu erzeugen:

➥ Im ersten Datensatz haben Sie bereits das Mitglied Sander mit der Mitgliedsnummer 1 erfaßt. Markieren Sie jetzt in den Datensätzen 1 bis 12 das Feld *Mitgliedsnummer* (dabei gehen Sie genauso vor wie in einer Tabelle).

➥ Rufen Sie im Menü **Bearbeiten** den Befehl **Datenreihen ausfüllen** auf. Im Dialogfeld ist unter Einheiten die Option Zahl bereits eingestellt, die Schrittweite ist im Feld Inkrement mit *1* ebenfalls korrekt vorgeschlagen, klicken Sie also auf OK.

Works füllt die Datensätze 2 bis 12 im Feld *Mitgliedsnummer* mit den Zahlen 2 bis 12 auf. Außerdem werden in den neuen Datensätzen auch sofort die Felder PLZ und Ort entsprechend der Formel in diesen Feldern gefüllt, siehe *Abbildung 5-14*.

	Mitd	Nachname	Vorname	PLZ	Ort	Vereinsei	Letzter
1	1	Sander	Karin	4030	Ratingen	12.06.1987	03.19
2	2			4030	Ratingen		
3	3			4030	Ratingen		
4	4			4030	Ratingen		
5	5			4030	Ratingen		
6	6			4030	Ratingen		
7	7			4030	Ratingen		
8	8			4030	Ratingen		
9	9			4030	Ratingen		
10	10			4030	Ratingen		
11	11			4030	Ratingen		
12	12			4030	Ratingen		
13							
14							
15							
16							

Abbildung 5-14: Die automatisch erstellte Mitgliedsnummer

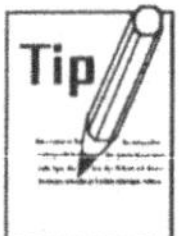

Der Befehl **Datenreihen ausfüllen** aus dem Menü **Bearbeiten** steht Ihnen auch in der Tabellenkalkulation zur Verfügung. Er läßt sich vielseitig einsetzen und reduziert die Erfassungsarbeit (und die Fehlerquellen). Im Kapitel 7 werden Sie mit Hilfe dieses Befehls eine Reihe von Datumswerten in einer Tabelle erzeugen.

Datenbank verwalten

Sie haben jetzt 11 weitere Datensätze erzeugt, die Felder Mitgliedsnummer, PLZ und Ort sind bereits gefüllt. Geben Sie die restlichen Daten der Mitglieder ein.

➡ Schalten Sie in die Formularansicht zurück, indem Sie auf das Symbol Formularansicht in der Symbolleiste klicken.

Bewegen zwischen Datensätzen

Listenansicht

Sie wissen bereits, daß Sie sich in der Listenansicht ganz einfach zwischen verschiedenen Datensätzen bewegen können - Sie brauchen nur auf ein Feld in einer anderen Tabellenzeile (=Datensatz) zu klicken. Über einen vertikalen Bildlauf erreichen Sie auch die Datensätze, die momentan nicht auf dem Bildschirm angezeigt werden.

Formularansicht

Da in der Formularansicht immer nur ein Datensatz auf dem Bildschirm angezeigt wird, müssen Sie anders vorgehen, um zu einem anderen Datensatz zu gelangen. Anhand der Anzeige in der Statuszeile können Sie auch in der Formularansicht erkennen, in welchem Datensatz Sie sich befinden. Um zu einem anderen Datensatz zu gelangen, setzen Sie die Schaltflächen ein, die sich in der linken Ecke der horizontalen Bildlaufleiste befinden, siehe *Abbildung 5-15*. Mit ersten Schaltfläche (nach links gerichteter Pfeil mit senkrechtem Strich) gelangen Sie zum ersten Satz der Datenbank. Wenn Sie auf eine der beiden nächsten Schaltflächen klicken, wird der vorherige bzw. nächste Datensatz angezeigt. Durch Klicken auf die vierte Schaltfläche schließlich veranlassen Sie Works, hinter dem bisher letzten Datensatz der Datenbank einen leeren Datensatz anzufügen und diesen anzuzeigen.

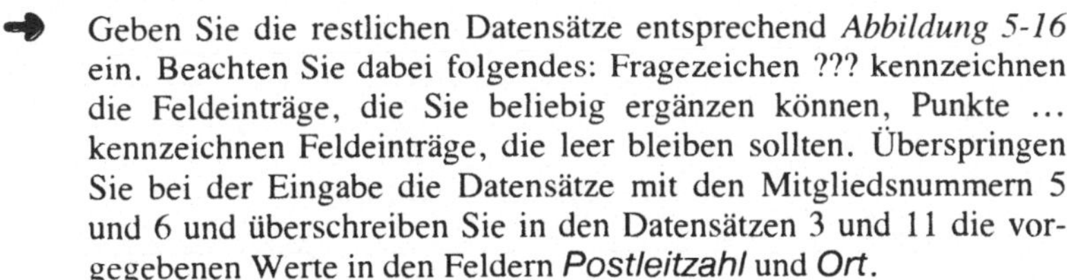

Abbildung 5-15: Die Schaltflächen zum Bewegen zwischen Datensätzen

Wenn Sie zu einem bestimmten Datensatz gelangen wollen, rufen Sie im Menü **Auswahl** den Befehl **Gehe zu** auf. Im Dialogfeld geben Sie die Nummer des Datensatzes in das Feld Gehe zu ein. Alternativ markieren Sie im Listenfeld einen Feldnamen (beispielsweise *Mitgliedsnummer*) und geben in das Feld Gehe zu den Wert des Feldes ein, der den gesuchten Datensatz identifiziert (beispielsweise *4)*.

Geben Sie die restlichen Datensätze entsprechend *Abbildung 5-16* ein. Beachten Sie dabei folgendes: Fragezeichen ??? kennzeichnen die Feldeinträge, die Sie beliebig ergänzen können, Punkte ... kennzeichnen Feldeinträge, die leer bleiben sollten. Überspringen Sie bei der Eingabe die Datensätze mit den Mitgliedsnummern 5 und 6 und überschreiben Sie in den Datensätzen 3 und 11 die vorgegebenen Werte in den Feldern *Postleitzahl* und *Ort*.

Wenn Sie es vorziehen, erfassen Sie die Feldeinträge in der Listenansicht. Dabei gehen Sie ebenso vor wie in der Tabellenkalkulation.

Nachname	Tel. privat	Mitgliedsnummer	J 1992
Vorname	Tel. Dienst	Vereinseintritt	J 1991
Anschrift	Tag Monat Jahr	Letzter Beitrag	J 1990
PLZ Ort			J 1989
Schmal	*02102/34 23 47*	*2*	*...*
Ilse	*0211/201-45*	*13.6.1982*	*...*
Ulmenweg 14	*23 4 1934*	*3.1992*	*1*
4030 Ratingen			*K*
Breitscheidt	*???*	*3*	*...*
Ilse	*???*	*2.10.1985*	*1*
???	*5 7 1947*	*3.1992*	*...*
4300 Essen 16			*2*
Krause-Halke	*???*	*4*	*2*
Ines	*???*	*14.8.1985*	*...*
???	*23 4 1934*	*3.1992*	*...*
4030 Ratingen			*S*
Halbweg	*???*	*7*	*...*
Gudrun	*???*	*19.11.1987*	*...*
???	*8 10 1954*	*2.1992*	*K*
4030 Ratingen			*...*

Abbildung 5-16, 1. Teil: Die Datensätze 2 bis 7

Nachname Vorname Anschrift PLZ Ort	Tel. privat Tel. Dienst Tag Monat Jahr	Mitgliedsnummer Vereinseintritt Letzter Beitrag	J 1992 J 1991 J 1990 J 1989
Neumann Petra ??? 4030 Ratingen	??? ??? 5 3 1966	8 2.12.1990 11.1991	… … … …
Kabel Maria ??? 4030 Ratingen	??? ??? 26 12 1953	9 3.9.1986 2.1992	S S … 1
Schultze Linda ??? 4030 Ratingen	??? ??? 21 4 1942	10 2.9.1986 1.1992	K … S …
Neumann Monika ??? 4000 Düsseldorf	??? ??? 19 11 1953	11 2.1.1987 3.1992	… K … …
Varel Sybille ??? 4030 Ratingen	??? ??? 21 5 42	12 5.3.1987 3.1992	… … 2 …

Abbildung 5-16, 2. Teil: Die Datensätze 8 bis 12

Datenbank erneut speichern
➡ Nach dem Eingeben sichern Sie die Datenbank, indem Sie im Menü **Datei** den Befehl **Speichern** ausführen.

Datensätze löschen

Beim Erfassen der Daten haben Sie die Datensätze mit den Mitgliedsnummern 5 und 6 ausgelassen, die Mitglieder mit diesen Nummern sind aus dem Verein ausgetreten. Die Datensätze müssen Sie aus der Datenbank löschen. Das können Sie sowohl in der Formular- als auch in der Listenansicht tun; die Listenansicht ist zumindest dann vorzuziehen, wenn Sie mehrere Datensätze gleichzeitig löschen wollen.

Listenansicht
➡ Schalten Sie in die Listenansicht. Markieren Sie die Datensätze 5 und 6, indem Sie wie in einer Tabelle den Mauszeiger über die Zeilennummern ziehen. Führen Sie im Menü **Bearbeiten** den Befehl **Datensatz/Datenfeld löschen** aus.

Formularansicht
In der Formularansicht zeigen Sie zunächst den zu löschenden Datensatz an und rufen dann im Menü **Bearbeiten** den Befehl **Datensatz löschen** auf.

Datensätze anfügen

Sie können die Datenbank jederzeit durch neue Datensätze erweitern. In   *Listenansicht*
der Listenansicht positionieren Sie die Einfügemarke auf den ersten freien
Datensatz und geben wie in einer Tabelle die Feldeinträge ein. In der
Formularansicht arbeiten Sie ähnlich:

➡ Wechseln Sie in die Formularansicht. Klicken Sie auf die vierte der   *Formularansicht*
   Schaltflächen zum Bewegen zwischen Datensätzen (nach rechts
   gerichteter Pfeil mit senkrechtem Strich). Works zeigt ein leeres
   Formular an, in dem Sie die Feldeinträge wie in *Abbildung 5-17*
   erfassen:

```
                    Skatverein Reizende Herzchen
                       Mitgliederverwaltung


  Nachname:  Reinhardt                      Tel. privat: 02102/45 34 33
                                            Tel. Dienst:
   Vorname:  Elisabeth
                                            Geburtsdatum
 Anschrift:  Gartenstraße 11                Tag:  4 Monat: 12 Jahr: 1939

 PLZ:    4030 Ort: Ratingen


                                            Funktionen im Verein
 Mitgliedsnummer: 13
                                            J 1992:      1. Vorsitzende = 1
 Vereinseintritt: 06.04.1987                J 1991:      2. Vorsitzende = 2
                                            J 1990:        Kassenwartin = K
 Letzter Beitrag: 03.1992                   J 1989:        Schriftwartin = S
 (Nur Monat und Jahr eingeben)
```

Abbildung 5-17: Dieser Datensatz wird an die Datenbank angehängt

Works bietet Ihnen die Möglichkeit, neue Datensätze nicht nur am Ende
der Datenbank anzuhängen, sondern auch zwischen bestehende Datensätze einzufügen. Wir halten es jedoch für sinnvoller, neue Sätze zunächst
nur anzufügen und dann bei Bedarf die Datenbank zu sortieren.

Datensätze sortieren

Zur Zeit sind die Datensätze in der Reihenfolge angeordnet, in der Sie sie
erstellt haben, d. h. aufsteigend nach Mitgliedsnummern. Aber vielleicht
wollen Sie sie lieber alphabetisch nach dem Namen der Mitglieder
sortieren?

➡ Rufen Sie in der Listenansicht im Menü **Auswahl** den Befehl **Datensätze sortieren** auf.

➡ Im Dialogfeld können Sie bis zu drei Felder angeben, nach denen
   sortiert werden soll. Geben Sie im Textfeld unter 1. Feld
   Nachname ein, die Option für die Reihenfolge ist mit
   Aufsteigend bereits richtig vorgegeben. Als zweites
   Sortierkriterium geben Sie unter 2. Feld *Vorname* ein, wieder mit
   der Option Aufsteigend. Klicken Sie auf OK.

In Windeseile ordnet Works Ihre Datensätze neu an, siehe *Abbildung 5-18*. Beachten Sie, daß die Datensätze 5 und 6, beide mit demselben Nachnamen, alphabetisch nach dem Vornamen sortiert sind.

	Mitglie	Nachname	Vorname	PLZ	Ort	Tag	Monat	Jahr	Vereinsei	Le
1	1	Sander	Karin	4030	Ratingen	25	9	1954	12.06.1987	
2	2	Schmal	Ilse	4030	Ratingen	23	4	1934	13.06.1982	
3	3	Breitscheidt	Ilse	4300	Essen 16	5	7	1947	02.10.1985	
4	4	Krause-Halke	Ines	4030	Ratingen	23	4	1934	14.08.1985	
5	7	Halbweg	Gudrun	4030	Ratingen	8	10	1954	19.11.1987	
6	8	Neumann	Petra	4030	Ratingen	5	3	1966	02.12.1990	
7	9	Kabel	Maria	4030	Ratingen	26	12	1953	03.09.1986	
8	10	Schultze	Linda	4030	Ratingen	21	4	1942	02.09.1986	
9	11	Neumann	Monika	4000	Düsseldorf	19	11	1953	02.01.1987	
10	12	Varel	Sybille	4030	Ratingen	21	5	1942	05.03.1987	
11	13	Reinhardt	Elisabeth	4030	Ratingen	4	12	1939	06.04.1987	
12										

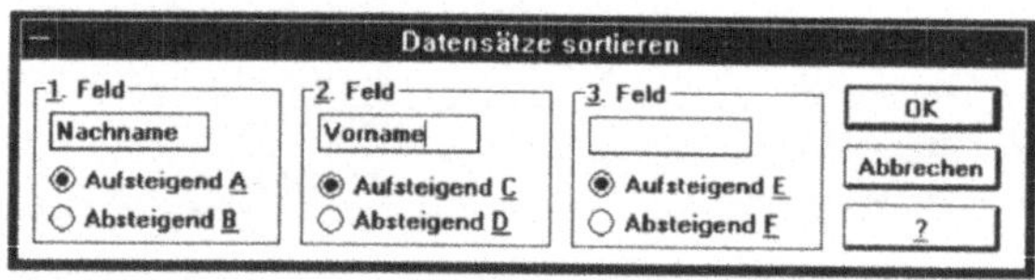

	Mitglie	Nachname	Vorname	PLZ	Ort	Tag	Monat	Jahr	Vereinsei	Le
1	3	Breitscheidt	Ilse	4300	Essen 16	5	7	1947	02.10.1985	
2	7	Halbweg	Gudrun	4030	Ratingen	8	10	1954	19.11.1987	
3	9	Kabel	Maria	4030	Ratingen	26	12	1953	03.09.1986	
4	4	Krause-Halke	Ines	4030	Ratingen	23	4	1934	14.08.1985	
5	11	Neumann	Monika	4000	Düsseldorf	19	11	1953	02.01.1987	
6	8	Neumann	Petra	4030	Ratingen	5	3	1966	02.12.1990	
7	13	Reinhardt	Elisabeth	4030	Ratingen	4	12	1939	06.04.1987	
8	1	Sander	Karin	4030	Ratingen	25	9	1954	12.06.1987	
9	2	Schmal	Ilse	4030	Ratingen	23	4	1934	13.06.1982	
10	10	Schultze	Linda	4030	Ratingen	21	4	1942	02.09.1986	
11	12	Varel	Sybille	4030	Ratingen	21	5	1942	05.03.1987	
12										

Abbildung 5-18: Die Datenbank wird nach Nachname und Vorname sortiert

Sie haben auch die Möglichkeit, einzelne Datensätze von Hand zu verschieben. Wie auch schon beim Erstellen neuer Datensätze gesagt, halten wir es aber für sinnvoller, das Sortieren der Datenbank Works zu überlassen. Voraussetzung ist natürlich, daß Sie in Ihren Datenbanken Felder definieren, die sich als Sortierkriterien einsetzen lassen!

Datenbank abfragen

Die Datenbank ist vollständig, jetzt können Sie von den Eingaben profitieren und Abfragen erstellen. Neben der einfachen Suche nach einer Zeichenfolge in irgendeinem Feld haben Sie die Möglichkeit, über die Abfrageansicht gezielt Datensätze herauszusuchen, die eine der folgenden Bedingungen erfüllen:

-	ein bestimmter Feldeintrag stimmt mit einem Vergleichswert überein

- ein bestimmter Feldeintrag ist größer oder kleiner als ein Vergleichswert (oder liegt zwischen zwei Vergleichswerten)
- ein bestimmter Feldeintrag stimmt nicht mit einem Vergleichswert überein
- ein Datensatz entspricht jeder von mehreren Bedingungen (UND-Verknüpfung) oder ein Datensatz entspricht wenigstens einer von mehreren Bedingungen (ODER-Verknüpfung).

Suche

Wenn Sie nach Datensätzen suchen, die in irgendeinem Feld eine bestimmte Zeichenkette enthalten, rufen Sie im Menü **Auswahl** den Befehl **Suchen** auf und geben in einem Dialogfeld den Wert ein, nach dem Sie suchen. Works sucht in der Datenbank nach dem nächsten bzw. allen Datensätzen (je nach Option im Dialogfeld), die irgendeinen Feldeintrag haben, der mit dem Suchbegriff übereinstimmt. Wenn Sie allerdings nach Datensätzen suchen, die in einem bestimmten Feld einen bestimmten Inhalt haben, werden Sie eher eines der Suchverfahren einsetzen, die wir in den nächsten Abschnitten behandeln.

Genaue Übereinstimmung in einem Feldeintrag

Beispielsweise wollen Sie wissen, wer im Jahre 1990 Kassenwartin war.

➡ Wechseln Sie in die Abfrageansicht, indem Sie auf das entsprechende Symbol in der Symbolleiste (siehe *Abbildung 5-10*) klicken bzw. im Menü **Ansicht** den Befehl **Abfrage** aufrufen. Daraufhin erscheint auf dem Bildschirm ein leeres Formular Ihrer Datenbank. In der Statuszeile weist die Anzeige von *ABFRA* daraufhin, daß Sie sich in der Abfrageansicht befinden.   *Abfrageansicht*

	Mitglie	Nachname	Vorname	J 1992	J 1991	J 1990	J 1989	
2	7	Halbweg	Gudrun			K		
12								
13								
14								

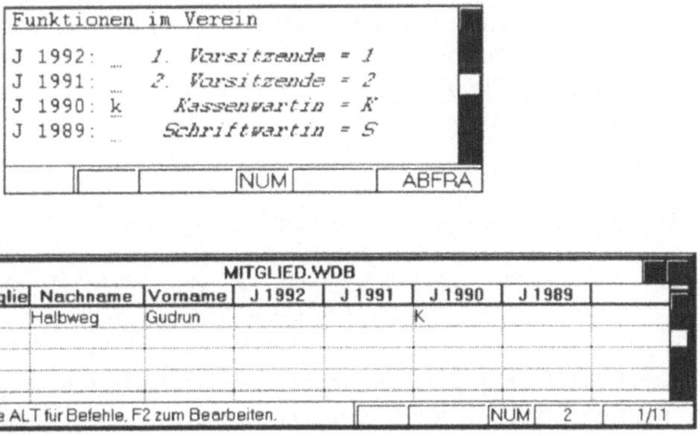

Abbildung 5-19: Suche der Kassenwartin von 1990

➡ Geben Sie eine Bedingung ein: schreiben Sie *K* (oder *k*) in das Feld J 1990.

➡ Schalten Sie in die Listenansicht. Darin wird die Datenbank wie in *Abbildung 5-19* dargestellt (in der Abbildung sind einige Felder verborgen).

Works hat in der Datenbank nach Datensätzen gesucht, deren Feldeintrag des Feldes J 1990 *K* lautet. Wenn Sie die Daten nach unseren Vorgaben erfaßt haben, kann Works nur einen Datensatz finden, nämlich den des Mitglieds Halbweg.

➡ Schalten Sie in die Formularansicht. Auch hier wird der Datensatz des Mitglieds Halbweg angezeigt.

Sie werden feststellen, daß Sie nicht zwischen verschiedenen Datensätzen blättern können. Die Abfrage, die Sie in der Abfrageansicht eingegeben haben, wirkt wie ein Filter, durch den Sie jetzt die Datenbank sehen. Die Anzeige von *1/11* in der Statuszeile weist Sie darauf hin, daß zur Zeit nur einer von 11 Datensätzen ausgewählt ist. Um wieder die vollständige Datenbank sehen zu können, müssen Sie die Abfrage löschen:

Abfrage löschen ➡ Schalten Sie in die Abfrageansicht, löschen Sie den Inhalt des Feldes J 1990 (oder führen Sie im Menü **Bearbeiten** den Befehl **Abfrage löschen** aus)

➡ Schalten Sie zurück in die Listenansicht, jetzt werden wieder alle Datensätze angezeigt, und Sie könnten auch in der Formularansicht zwischen den Datensätzen wechseln.

Verknüpfte Bedingungen

UND-
Verknüpfung Wollen Sie sich die Datensätze aller Mitglieder anzeigen lassen, die nach dem 31.12.1989 in den Verein eingetreten sind und im laufenden Jahr noch keine Beiträge gezahlt haben? Dann geben Sie in den beiden Feldern Vereinseintritt und Letzter Beitrag eine Abfrage ein, und Works sucht in der Datenbank nach Datensätzen, für die beide Bedingungen zutreffen. Datumsangaben in Abfragen werden von Works wie numerische Werte behandelt, allerdings müssen sie in Hochkommata ' eingeschlossen werden.

➡ Wechseln Sie in die Abfrageansicht.

➡ Geben Sie ›*'31.12.1989'* in das Feld *Vereinseintritt* und ‹*'1.1.1992'* in das Feld *Letzter Beitrag* ein.

Works durchsucht die Datenbank nach Datensätzen, in denen beide Bedingungen erfüllt sind. In der Listenansicht (oder Formularansicht) können Sie das Ergebnis der Suche überprüfen: nur auf einen Datensatz treffen beide Bedingungen zu, den des Mitglieds Petra Neumann.

Vergleichs-
operatoren Sie haben soeben nach Datensätzen gesucht, bei denen ein Feldeintrag größer bzw. kleiner als ein Vergleichswert ist. Neben den Vergleichsoperatoren ‹ (kleiner) und › (größer) können Sie auch noch die Operatoren ‹= (kleiner oder gleich) ›= (größer oder gleich) und ‹› (ungleich) einsetzen.

Die eben gestellte Abfrage stellt eine sogenannte UND-Verknüpfung dar: Sie haben Datensätze gesucht, die die Bedingungen *Vereinseintritt nach dem 31.12.1989* UND *Letzter Beitrag vor dem 1.1.1992* erfüllen. Wenn Sie in zwei oder mehreren Feldern eine Bedingung eintragen, geht Works davon aus, daß all diese Bedingungen erfüllt werden müssen. Eine UND-Verknüpfung können Sie mit dem Operator UND (&) aber auch folgendermaßen in irgendein Feld der Abfrageansicht eingeben:

$$=Vereinseintritt\rangle'31.12.1989'\&Letzter\ Beitrag\langle'1.1.1992'$$

Wenn Sie nach Textwerten suchen, müssen Sie vor dem Text ein Anführungszeichen eingeben. Beispielsweise werden mit der folgenden Abfrage

$$=Ort="Ratingen"\&Jahr\langle1940$$

alle Vereinsmitglieder gefunden, die in Ratingen wohnen und vor 1940 geboren sind.

Sie können aber auch nach Datensätzen suchen, in denen die eine oder die andere Bedingung erfüllt ist. Dazu geben Sie eine Formel der Form

$$=Bedingung1\ |\ Bedingung2$$

in irgendein Feld ein. Der Operator | ist auf Ihrer Tastatur wahrscheinlich über die Tastenkombination ALT-GR-TASTE+<-TASTE zu erreichen.

ODER-
Verknüpfung

```
┌─ ─────────────────── MITGLIED.WDB ─────────────────── ─┐
           Skatverein Reizende Herzchen

                  Mitgliederverwaltung


  Nachname:  ______________     Tel. privat: ______________
  Vorname:  ______________      Tel. Dienst: ______________

  Anschrift:  =J 1990="S"|J 1989="S"   Geburtsdatum
                                       Tag: ___ Monat: ___ Jahr: ___
  PLZ: ___   Ort: ______________
├───────────────────────────────────────────────────────┤
│ Geht zu einem Feld, um eine Abfrage durchzuführen.  │   │   │NUM│   │ABFRA│
└───────────────────────────────────────────────────────┘
```

	Mitglie	Nachname	Vorname	Jahr	J 1992	J 1991	J 1990	J 1989	
4	4	Krause-Halke	Ines	1934	2			S	
10	10	Schultze	Linda	1942	K		S		
12									
13									
14									
15									
16									
17									
18									
19									

Drücken Sie ALT für Befehle, F2 zum Bearbeiten.　　NUM　4　2/11

Abbildung 5-20: Abfrage mit einer ODER-Verknüpfung und das Ergebnis

Beispielsweise können Sie die Datensätze der Mitglieder anzeigen lassen, die in den Jahre 1989 und 1990 Schriftwartin gewesen sind:

➡ Geben Sie *=J 1990="S"¦J 1989="S"* in das Feld *Nachname* ein.

Daraufhin sucht Works in der Datenbank nach Datensätzen, die in den Feldern J 1990 ODER J 1989 einen Wert aufweisen, der gleich *S* (oder *s*) ist. Wichtig ist, daß Sie die korrekte Schreibweise der Feldnamen beachten, sonst erkennt Works das Feld nicht. *Abbildung 5-20* stellt das Ergebnis der Abfrage dar.

Verborgene Datensätze anzeigen

Wir haben bereits erwähnt, daß eine in der Abfrageansicht eingegebene Abfrage wie ein Filter auf die Datenbank wirkt: solange Sie die Abfrage nicht ändern oder löschen, können Sie in Formular-, Listen- und Berichtsansicht (siehe nächster Abschnitt) nur auf eine eingeschränkte Menge von Datensätzen zugreifen. Allerdings haben Sie auch die Möglichkeiten, alle Datensätze anzeigen zu lassen, die den Suchkriterien in der Abfrage *nicht* entsprechen.

➡ Führen Sie in der Listenansicht im Menü **Auswahl** den Befehl **Verborgene Datensätze anzeigen** aus.

Daraufhin werden alle Datensätze angezeigt, die den Kriterien in der Abfrageansicht nicht entsprechen, siehe *Abbildung 5-21*. Mit einer Abfrage teilen Sie also die Menge aller Datensätze in zwei Teilmengen: die erste Teilmenge enthält die Datensätze, die den Bedingungen der Abfrage entsprechen, die andere die Datensätze, die die Bedingungen nicht erfüllen. Mit den Befehlen **Verborgene Datensätze anzeigen** und **Abfrage ausführen** aus dem Menü **Auswahl** können Sie mal die eine, mal die andere Teilmenge anzeigen lassen.

	Mitglie	Nachname	Vorname	Jahr	J 1992	J 1991	J 1990	J 1989	
									MITGLIED.WDB
1	3	Breitscheidt	Ilse	1947		1		2	
2	7	Halbweg	Gudrun	1954			K		
3	9	Kabel	Maria	1953	S	S		1	
5	11	Neumann	Monika	1953		K			
6	8	Neumann	Petra	1966					
7	13	Reinhardt	Elisabeth	1939					
8	1	Sander	Karin	1954	1	2			
9	2	Schmal	Ilse	1934			1	K	
11	12	Varel	Sybille	1942			2		
12									

Drücken Sie ALT für Befehle, F2 zum Bearbeiten. | | | NUM | 7 | 9/11

Abbildung 5-21: Die Datensätze, die die Bedingung in Abbildung 5-20 nicht erfüllen

➡ Damit wieder alle Datensätze angezeigt werden, wechseln Sie zunächst in die Abfrageansicht und führen dann im Menü **Bearbeiten** den Befehl **Abfrage löschen** aus. Damit wird der Filter ausgeschaltet, Sie können wieder auf alle Datensätze gleichzeitig zugreifen.

Datenbank drucken

Natürlich können Sie den Inhalt der Datenbank (oder Teile daraus, wenn eine Abfrage aktiv ist) ausdrucken, und zwar sowohl die Formular-, als

auch die Listenansicht. Als Beispiel erstellen Sie einen Ausdruck der
Listenansicht, in der alle Datensätze, aber nicht alle Felder enthalten sind,
und zwar alphabetisch nach dem Nachnamen sortiert.

Listenansicht aufbereiten

➡ Schalten Sie zunächst in die Listenansicht.

➡ Sortieren Sie die Datenbank nach Nachname und Vorname.

➡ Verbergen Sie alle Felder bis auf Mitgliedsnummer, Nachname,
Vorname und Vereinseintritt.

➡ Ändern Sie die Spaltenbreiten, so daß alle Feldnamen und Feldeinträge vollständig angezeigt werden.

Seitengestaltung überprüfen

Auch beim Drucken der Datenbank empfiehlt es sich, vor dem Drucken
die Seitenansicht zu aktivieren und das Druckbild zu prüfen. Die Seitenansicht arbeitet genauso wie in den Teilprogrammen Textverarbeitung
und Tabellenkalkulation.

➡ Wechseln Sie in die Seitenansicht, prüfen Sie das Druckbild, brechen Sie die Seitenansicht ab.

➡ Rufen Sie im Menü **Datei** den Befehl **Seite einrichten** auf. Schalten   *Seite einrichten*
Sie die Optionen Gitternetzlinien drucken und Datensatz- und
Feldbeschriftung drucken ein, stellen Sie die Seitenränder nach
Ihren Vorstellungen ein.

Ergänzen Sie nach Belieben eine Kopf- oder Fußzeile, beispielsweise   *Kopf- und*
eine Kopfzeile mit dem Inhalt *Mitgliederliste des Skatvereins Reizende*   *Fußzeile*
Herzchen. Zum Erfassen der Kopf-/Fußzeile rufen Sie im Menü **Bearbei-**
ten den Befehl **Kopf-/Fußzeile** auf.

Drucken

➡ Sie könnten jetzt direkt drucken (klicken Sie auf das Symbol
Drucken), aber prüfen Sie das Dokument vorher noch einmal in der
Seitenansicht. Wenn es Ihren Vorstellungen entspricht, klicken Sie
in der Seitenansicht auf die Schaltfläche Drucken.

Im Dialogfeld Drucken steuern Sie wie gewohnt die Ausgabe, bevor Sie
durch Klicken auf OK den Druck veranlassen.

Bericht erstellen

Im vorigen Abschnitt haben Sie erfahren, wie Sie die Datenbank ausdrucken und dazu sowohl die Formular- als auch die Listenansicht verwenden können. Zusätzlich enthält Works eine Berichtsfunktion. Damit
lassen sich Daten in Gruppen zusammenfassen und nach Ihren Vorstellungen optisch ansprechend präsentieren. Dabei haben Sie mehr Gestal-

tungsmöglichkeiten als beim normalen Drucken der Datenbank. Außerdem können Sie eine Auswahl der Datenbankfelder ausdrucken und statistische Operationen verwenden, beispielsweise Summen für bestimmte Felder bilden usw. Die Berichte verwaltet und speichert Works mit der Datenbank. Sie können für jede Datenbank bis zu 8 benannte Berichte erstellen, die Ihnen dann jederzeit zur Verfügung stehen.

In dieser Aufgabe werden Sie eine Geburtstagsliste erstellen, weitere Möglichkeiten, wie bespielsweise den erwähnten Einsatz statistischer Funktionen, lernen Sie in Kapitel 7 kennen.

Neuen Bericht erstellen

➡ Klicken Sie in der Symbolleiste auf das Symbol Berichtsansicht, oder rufen Sie im Menü **Ansicht** den Befehl **Neuen Bericht erstellen** auf.

➡ Geben Sie im Dialogfeld zunächst einen Titel ein, schreiben Sie in das Feld Berichtstitel *Geburtstagsliste*.

➡ Anschließend wählen Sie aus dem linken Listenfeld die Felder aus, die im Bericht gedruckt werden sollen, und drücken jeweils auf Hinzufügen. Wählen Sie (in dieser Reihenfolge!) die Felder *Tag*, *Monat*, *Jahr*, *Nachname*, *Vorname*, *Tel. privat* und *Tel. Dienst* (siehe auch *Abbildung 5-22*). Diese Felder werden in das Listenfeld Felder im Bericht übernommen.

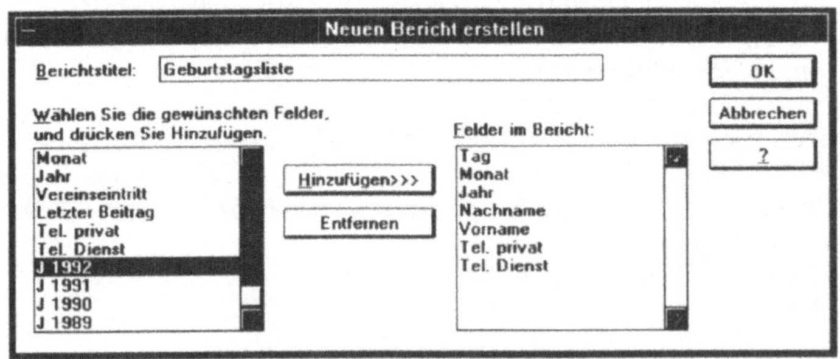

Abbildung 5-22: Erstellen eines Berichts

➡ Wenn Sie sich geirrt und ein falsches Feld übertragen haben, klicken Sie auf den entsprechenden Eintrag im Listenfeld Felder im Bericht und anschließend auf Entfernen.

➡ Wenn das Dialogfeld auf Ihrem Bildschirm der *Abbildung 5-22* entspricht, klicken Sie auf OK.

Berichtsstatistik ➡ Daraufhin erscheint das Dialogfeld Berichtsstatistik, in dem Sie Angaben zum Einsatz von Statistikfunktionen machen können. Da Sie in der Geburtstagsliste keine der Funktionen sinnvoll einsetzen können, klicken Sie sofort auf OK, ohne eine Eingabe gemacht zu haben. Works weist Sie in einem weiteren Dialogfeld an, den Bericht in der Seitenansicht zu begutachten. Klicken Sie auf OK.

Berichtsansicht

MITGLIED.WDB	A	B	C	D	E	F	
Berichtstitel					Geburtstagsliste		
Berichtstitel							
Spaltenname	**Tag**	**Monat**	**Jahr**	**Nachname**	**Vorname**	**Tel. privat**	**Tel.**
Spaltenname							
Datensatz	=Tag	=Monat	=Jahr	=Nachname	=Vorname	=Tel. privat	=Tel
Zus. Bericht							

Drucken Sie ALT für Befehle, F2 zum Bearbeiten.   NUM   BERI

Abbildung 5-23: Berichtsansicht

Works erstellt automatisch einen Berichtsentwurf und zeigt diesen in der Berichtsansicht an, siehe *Abbildung 5-23*. Die Berichtsdefinition ist ähnlich wie die Listenansicht der Datenbank in Spalten und Zeilen angeordnet. Statt der numerierten Datensätze gibt es in der Berichtsansicht jedoch beschriftete Zeilen, die auf den Zeilentyp hinweisen; jeder Zeilentyp dient einem bestimmten Zweck:

Zeilen des Typs Berichtstitel enthalten beliebigen Text, der nur auf der ersten Seite eines Berichts erscheint, beispielsweise den Berichtsnamen, den Namen Ihres Vereins, Datum usw. Works hat hier bereits den Titel übernommen, den Sie im Dialogfeld Neuen Bericht erstellen eingegeben haben.   *Berichtstitel*

Zeilen des Typs Spaltenname enthalten die Spaltenüberschriften (normalerweise die Feldnamen) oder anderen Text, der oben auf jeder Seite erscheint. Sie können so viele Zeilen einfügen, wie Sie für die Spaltennamen oder andere Informationen benötigen. Diese Zeilen werden auf der ersten Seite des Berichts direkt unter den Zeilen des Typs Berichtstitel und auf den anderen Seiten direkt am Anfang gedruckt.   *Spaltenname*

In der Zeile Datensatz wird festgelegt, welche Felder im Bericht erscheinen. Die Anweisung =*Tag* teilt Works beispielsweise mit, daß in dieser Spalte das Feld Tag des Datensatzes ausgedruckt werden soll. Zunächst hat Works alle Felder in diese Zeile aufgenommen, die Sie im Dialogfeld Neuen Bericht erstellen ausgewählt haben. Den Inhalt jedes Feldes druckt Works in einer eigenen Spalte. Sie könnten jederzeit weitere Felder einfügen bzw. Felder entfernen, vorläufig lassen Sie diese Zeilen unverändert.   *Datensatz*

Die Zeilen, die notwendig sind, um den von Ihnen erstellten Bericht zu drucken, hat Works als Vorgabe bereits eingefügt. Zusätzlich können Sie beliebig viele Zeilen jeden Typs einfügen und nicht benötigte Zeilen löschen. Aber dazu kommen wir erst in Kapitel 7.

Bericht gestalten

Auch den Bericht können Sie wie die Formular- oder Listenansicht ansprechend gestalten, dazu stehen Ihnen die Funktionen zur Verfügung, die Sie aus den anderen Datenbankansichten und den anderen Teilprogrammen kennen. So lassen sich Schriftart und -größe, Ausrichtung, Schriftstil und die Zahlenformate festlegen.

➡ Begutachten Sie zunächst die Voreinstellung von Works in der Seitenansicht. Gehen Sie zurück in die Berichtsansicht, um diese Voreinstellung zu ändern.

Spaltenbreite ändern

Works hat für alle Spalten die Breite des entsprechenden Feldes in der Listenansicht zugrundegelegt, ändern Sie diese Vorgabe:

➡ Markieren Sie die Spalten A und B, rufen Sie im Menü **Format** den Befehl **Spaltenbreite** auf. Geben Sie im Dialogfeld *3* ein.

➡ Ändern Sie die Breite der Spalte C auf 5 Zeichen und die der Spalten D bis G auf 15 Zeichen.

Spaltennamen ändern

Auch die Spaltennamen lassen sich ändern:

➡ Ändern Sie den Text in Spalte A der ersten Spaltennamenzeile: markieren Sie die Zelle, klicken Sie die Bearbeitungszeile an, ersetzen Sie den Text *Tag* durch *Geburtstag*.

➡ Löschen Sie die Texte in den Spalten B und C derselben Zeile.

➡ Kontrollieren Sie den Zwischenstand in der Seitenansicht, wechseln Sie wieder in die Berichtsansicht.

Spaltennamen ausrichten

➡ Markieren Sie die erste Spaltennamenzeile, klicken Sie auf das Symbol Linksbündig.

Datensätze auswählen und sortieren

Wenn ein Bericht nicht alle Sätze der Datenbank umfassen soll, wählen Sie die zu druckende Teilmenge über eine geeignete Abfrage aus (siehe Abschnitt *Datenbank abfragen*). Die Geburtstagsliste soll alle Vereinsmitglieder aufführen, deshalb erübrigt sich dieser Schritt. Allerdings ist die Datenbank momentan noch alphabetisch nach Nachnamen sortiert.

➡ Rufen Sie im Menü **Auswahl** den Befehl **Datensätze sortieren** auf. Im Dialogfeld geben Sie unter 1. Feld *Monat*, unter 2. Feld *Tag* und unter 3. Feld *Jahr* ein, jeweils mit der Option Aufsteigend. Klicken Sie auf OK.

➡ Vergewissern Sie sich in der Seitenansicht, daß der Bericht korrekt sortiert ist.

Die Sortieranweisung speichert Works als Teil des Berichts. Wann immer Sie jetzt diesen Bericht anzeigen, sortiert Works zunächst die Datensätze in der angegebenen Reihenfolge, ohne daß Sie das Sortieren noch einmal veranlassen müssen.

Bericht drucken

→ Wenn der Bericht jetzt Ihren Vorstellungen entspricht, klicken Sie in der Seitenansicht auf Drucken.

→ Andernfalls haben Sie wie immer die Möglichkeit, Seitenränder zu ändern und Kopf- und Fußzeile zu ergänzen.

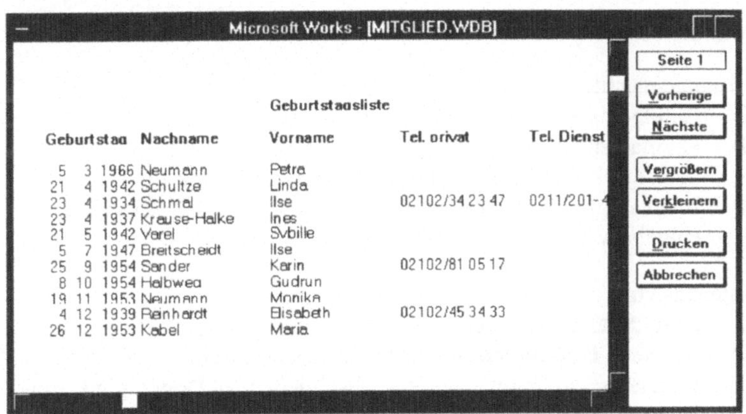

Abbildung 5-24: Ausschnitt des Berichts in der Seitenansicht

Bericht verwalten

Ihr Bericht sollte jetzt der *Abbildung 5-24* entsprechen, Sie haben also die Aufgabe dieses Kapitels gelöst. Bevor Sie die Arbeit beenden, sollten Sie den Bericht jedoch noch umbenennen.

Zunächst vergibt Works für jeden neuen Bericht einen Standardnamen: *Bericht benennen* Bericht1, Bericht2,.... Sie sollten diese Standardnamen aber durch aussagefähigere Bezeichnungen ersetzen. Ein Berichtsname kann bis zu 15 Zeichen lang sein.

→ In der Berichtsansicht rufen Sie im Menü **Ansicht** den Befehl **Bericht umbenennen** auf.

→ Im Dialogfeld dieses Befehls wählen Sie im Listenfeld Berichte *Bericht1* aus und geben im Feld Name *Geburtstage* ein. Klicken Sie erst auf Umbenennen, dann auf OK.

Mit jeder Datenbank kann Works bis zu 8 Berichte verwalten, diese werden mit der Datenbank gespeichert (wie auch die Diagramme mit den Tabellen). Sie verwalten die Berichte auch ähnlich wie die Diagramme, Sie sie nicht nur umbenennen, sondern auch duplizieren und löschen.

➡ Speichern Sie die Datenbank, bevor Sie Works beenden.

Zusammenfassung

Ansicht der Datenbank wechseln

➡ Auf Symbol Formularansicht, Listenansicht, Abfrageansicht oder Berichtsansicht klicken

oder

➡ im Menü **Ansicht** Befehl **Formular**, **Liste**, **Abfrage** oder **Neuen Bericht erstellen** aufrufen (oder Namen eines bestehenden Berichts auswählen.

Feld erstellen

Formularansicht:

➡ Einfügemarke im Formular positionieren.

➡ Feldnamen gefolgt von Doppelpunkt eingeben, mit EINGABETASTE oder Klicken auf Bestätigungssymbol Eingabe abschließen.

➡ Im Dialogfeld **Feldgröße festlegen** Breite und Höhe des Feldes eingeben.

Listenansicht:

➡ Leere Spalte markieren.

➡ Im Menü **Bearbeiten** Befehl **Feldname** aufrufen.

➡ Im Dialogfeld Feldnamen ohne abschließenden Doppelpunkt eingeben.

Beschriftungen eingeben

➡ In Formularansicht Einfügemarke positionieren.

➡ Text ohne abschließenden Doppelpunkt eingeben, Eingabe mit EINGABETASTE oder Klicken auf Bestätigungssymbol beenden.

Feld oder Beschriftung markieren

➡ Formularansicht: Einfügemarke auf Feldnamen, Feldeintrag oder Beschriftung positionieren und klicken.

➡ Listenansicht: auf Feld klicken.

Felder und Beschriftungen positionieren

➡ Im Formular Feld oder Beschriftung markieren.

➡ Feld oder Beschriftung bei gedrückter Maustaste ziehen.

Feldeinträge eingeben

➡ Formularansicht: Feldeintrag markieren.

➡ Listenansicht: Feld markieren.

➡️ Text, Zahlwert oder Formel eingeben, mit EINGABETASTE, TAB-
TASTE oder Klicken auf Bestätigungssymbol Eingabe beenden.

In der Datenbank bewegen

Formularansicht:
➡️ Einfügemarke beliebig positionieren: auf Position klicken oder mit
Pfeiltasten zeichen- oder zeilenweise im Formular bewegen.
➡️ Zwischen Feldern: mit TAB-TASTE zum nächsten Feld, mit UM-
SCHALTTASTE+TAB-TASTE zum vorherigen Feld. Bildlauf durch-
führen, um andere Teile des Formulars anzuzeigen.
➡️ Zwischen Datensätzen: auf Schaltfläche zum Bewegen klicken
(v.l.n.r.: zum ersten Satz, zum vorherigen Satz, zum nächsten Satz,
zum ersten freien Satz am Ende der Datenbank).

Listenansicht:
➡️ Zwischen Feldern eines Satzes: NACH-RECHTS, NACH-LINKS oder
TAB-TASTE. Mit horizontalem Bildlauf weitere Felder anzeigen.
➡️ Zwischen Datensätzen: NACH-UNTEN, NACH OBEN. Mit vertikalem
Bildlauf weitere Datensätze anzeigen.

Zu einem bestimmten Datensatz:
➡️ Im Menü **Auswahl** den Befehl **Gehe zu** aufrufen. Im Dialogfeld
Nummer des Datensatzes eingeben oder im Listenfeld einen Feldnamen markieren und im Feld Gehe zu den Wert dieses Feldes im
gesuchten Datensatz angeben.

Schriftart und -größe festlegen

➡️ Im Feld Schriftart bzw. Schriftgröße in Symbolleiste Auswahl
treffen
oder
➡️ im Menü **Format** Befehl **Schriftart/-größe aufrufen** und im
Dialogfeld Auswahl treffen.

Schriftstil und Ausrichtung festlegen

➡️ Formularansicht: Feldname, Feldeintrag oder Beschriftung markie-
ren.
➡️ Listenansicht: Spalte markieren.
➡️ Berichtsansicht: Zeile, Spalte oder einzelnes Feld auswählen.
➡️ Auf Symbol für Schriftstil oder Ausrichtung klicken oder im Menü
Format Befehl **Schriftstil/Ausrichtung** aufrufen und Auswahl
treffen.

Feldformat festlegen

➡️ Formularansicht: Feldeintrag markieren.
➡️ Listenansicht: Spalte markieren.
➡️ Berichtsansicht: Zeile, Spalte oder einzelnes Feld markieren.

➡ Auf Symbol in Symbolleiste klicken oder im Menü **Format**
entsprechenden Befehl auswählen.

Feldgröße ändern

➡ Im Formular Feld markieren
➡ Im Menü **Format** Befehl **Feldgröße** aufrufen, im Dialogfeld Breite
und Höhe eingeben.

Spalten verschieben

➡ Spalte markieren, die verschoben werden soll.
➡ Im Menü **Bearbeiten** Befehl **Ausschneiden** ausführen.
➡ Spalte markieren, vor der die ausgeschnittene Spalte eingefügt
werden soll.
➡ Im Menü **Bearbeiten** Befehl **Einfügen** ausführen.

Spaltenbreite ändern

➡ Mauszeiger neben den Feldnamen auf rechten Spaltenrand positionieren und nach rechts zum Vergrößern bzw. nach links zum
Verkleinern der Spalte ziehen.
oder
➡ Spalte(n) markieren, im Menü **Format** Befehl **Feldbreite** aufrufen
und Anzahl der Zeichen eingeben.

Felder ausfüllen

➡ In Listenansicht Felder markieren, erstes Feld muß den Basiswert
enthalten.
➡ Einen Wert in alle Felder übernehmen: im Menü **Bearbeiten** Befehl
Unten ausfüllen ausführen.
➡ Datenreihe erzeugen: im Menü **Bearbeiten** Befehl **Datenreihen
ausfüllen** aufrufen, im Dialogfeld Art der Datenreihe und Schrittweite eingeben.

Datensätze löschen

➡ In Listenansicht Datensätze markieren, im Menü **Bearbeiten** Befehl **Datensatz/Datenfeld löschen** ausführen.
➡ In Formularansicht Datensatz anzeigen, der gelöscht werden soll,
im Menü **Bearbeiten** Befehl **Datensatz löschen** ausführen.

Datensätze anfügen

➡ In Listenansicht zum ersten leeren Datensatz bewegen, Feldeinträge
eingeben.
➡ In Formularansicht auf Schaltfläche zum Bewegen an das Daten-
bankende klicken (erste von rechts), im leeren Formular Feldeinträge eingeben.

Datensätze sortieren

➡ Im Menü **Auswahl** Befehl **Datensätze sortieren** aufrufen.
➡ Im Dialogfeld Felder angeben, nach denen sortiert werden soll, Option Aufsteigend oder Absteigend auswählen.

Datenbank abfragen

➡ Wert in einem beliebigen Feld suchen: im Menü **Auswahl** Befehl **Suchen** aufrufen, im Dialogfeld Wert eingeben, nach dem gesucht werden soll.
➡ Wert in einem bestimmten Feld suchen: in Abfrageansicht in ein oder mehrere Felder Abfrage eingeben (UND-Verknüpfung) oder in ein Feld mehrere Abfragen eingeben (UND- oder ODER-Verknüpfungen).
➡ Alle Datensätze anzeigen: in Abfrageansicht im Menü **Bearbeiten** Befehl **Abfrage löschen** ausführen.
➡ Verborgene Datensätze anzeigen: im Menü **Auswahl** Befehl **Verborgene Datensätze anzeigen** ausführen.
➡ Abfrage wieder aktivieren: im Menü **Auswahl Befehl Abfrage ausführen** ausführen.

Bericht erstellen

➡ Auf Symbol Berichtsansicht klicken oder im Menü **Ansicht** Befehl **Neuen Bericht erstellen** aufrufen.
➡ Im Dialogfeld Namen des Berichts eingeben und Datenbankfelder auswählen.
➡ Im Dialogfeld Berichtsstatistik Datenbankfelder auswählen und angeben, welche Auswertung für das Feld gemacht werden soll.

Bericht sortieren

➡ In der Berichtsansicht im Menü **Auswahl** Befehl **Datensätze sortieren** aufrufen.
➡ Im Dialogfeld Felder angeben, nach denen sortiert werden soll.

Bericht benennen

➡ Im Menü **Ansicht** Befehl **Bericht umbenennen** aufrufen.
➡ Im Dialogfeld Bericht auswählen, der umbenannt werden soll, und neuen Namen eingeben. Auf Umbenennen klicken.
➡ Evtl. weitere Berichte umbenennen, dann auf OK klicken.

Bericht löschen

➡ Im Menü **Ansicht** Befehl **Bericht löschen** aufrufen.
➡ Im Dialogfeld Bericht auswählen, der gelöscht werden soll. Auf Löschen klicken.
➡ Evtl. weitere Berichte löschen, dann auf OK klicken.

Bericht duplizieren

→ Im Menü **Ansicht** Befehl **Bericht duplizieren** aufrufen.
→ Im Dialogfeld Bericht auswählen, der dupliziert werden soll. Auf Duplizieren klicken.
→ Evtl. weitere Berichte duplizieren, dann auf OK klicken.

Kapitel 6: Zeichnen

Was im Leben uns verdrießt, man im Bilde gern genießt. (Goethe)

Protokolle, Berichte - diese Dokumente können ganz schön trocken sein und vertragen oft eine kleine Auflockerung. Gerade bei längeren Texten sind grafische Elemente hilfreich, sie lenken die Aufmerksamkeit auf wichtige Passagen. Manche Sachverhalte lassen sich auch in einer Skizze viel leichter erklären als mit vielen Worten. Nun können Sie zwar Tabellendaten in Diagramme umsetzen, aber was ist mit anderen Fakten, die sich nicht in der Form von Tabellendaten und anschließend in Diagrammform ausdrücken lassen? Für derartige Probleme hält Works Microsoft Draw bereit, ein vielseitiges Zeichenprogramm für zweidimensionale Grafiken. Sie können schon nach kurzer Einarbeitung Zeichnungen erstellen und damit Ihre Texte optisch ansprechender gestalten. Draw ist eigentlich ein separates Anwendungsprogramm, mit dem Sie aber - dank dessen sogenannter Einbettung (embedding) - innerhalb von Works ein Objekt erstellen können, statt Works verlassen und die Anwendung Draw starten zu müssen.

Zusätzlich zu Draw enthält Ihr Works-Paket eine Sammlung fertiger Zeichnungen, der sogenannten ClipArts. Diese können Sie so wie selbst erstellte Zeichnungen in Ihre Dokumente einfügen, außerdem haben Sie die Möglichkeit, die ClipArt-Objekte mit Draw zu bearbeiten.

Aufgabe: Vereinsemblem entwerfen

Auf einer der letzten Mitgliederversammlungen Ihres Vereins wurde über ein Vereinsemblems diskutiert, mit dem sich der Verein sowohl in der Öffentlichkeit als auch intern präsentieren sollte. Eine der Voraussetzungen für den Einsatz eines solchen Emblems war, daß man es problemlos für die internen Schriftstücke einsetzen kann.

Abbildung 6-1: Entwurf für ein Vereinsemblem

Da Zeichnungen, die mit Draw erstellt worden sind, diese Bedingung erfüllen, haben Sie den Auftrag, Entwürfe mit dem Works-Zeichenprogramm anzufertigen. In *Abbildung 6-1* ist Ihr erster Versuch zu sehen.

Vorarbeiten

Draw wird von der Textverarbeitung aus aufgerufen, deshalb müssen Sie zunächst ein Textverarbeitungsdokument erstellen (oder ein vorhandenes öffnen), bevor Sie mit dem Zeichnen beginnen können.

➡ Schalten Sie, wenn nötig, Ihren PC und Drucker ein, rufen Sie Windows und Works auf.

➡ Wenn Sie ohnehin schon mit Works gearbeitet haben, sollten Sie alle Dokumentfenster schließen, die sich eventuell noch auf Ihrem Bildschirm befinden.

➡ Erstellen Sie ein neues Textverarbeitungsdokument.

Normalerweise müßten Sie die Einfügemarke an die Stelle positionieren, an der die Zeichnung eingefügt werden soll. Da das Textdokument leer ist und nur eine Sammlung von Zeichnungen aufnehmen soll, brauchen Sie die Position der Einfügemarke vorläufig noch nicht zu ändern.

➡ Rufen Sie im Menü **Einfügen** den Befehl **Zeichnung** auf.

Works ruft Draw auf, das Draw-Fenster erscheint auf dem Bildschirm, siehe *Abbildung 6-2*.

Draw anpassen

Auch in Draw können Sie die Oberfläche durch einige Optionen an Ihre Bedürfnisse anpassen.

➡ Aktivieren Sie im Menü **Zeichnen** den Befehl **Am Raster ausrichten**.

Raster

Ähnlich wie Works in der Formularansicht der Datenbank verwendet jetzt auch Draw ein unsichtbares Raster, das Ihnen beim Positionieren der Objekte im Zeichenbereich helfen wird.

➡ Aktivieren Sie im Menü **Farbpalette** den Befehl **Anzeigen**.

Farbpalette

Vor allem wenn Sie mit einem Farbmonitor arbeiten und die Farben der Linien und Flächen in Ihrer Zeichnung jederzeit nach Belieben festlegen und ändern wollen, ist die Anzeige der Farbpalette auf dem Bildschirm nützlich.

Daneben gibt es noch eine Reihe von Standardeinstellungen zum Zeichnen, die in den Menüs durch ein Karo gekennzeichnet sind. Draw zeichnet ein neues Objekt in diesen Standardeinstellungen, die Sie jederzeit ändern können.

Standardeinstellung

➡ Vergewissern Sie sich, daß kein Objekt im Zeichenbereich markiert ist (nur für den Fall, daß Sie schon ein wenig gezeichnet haben... - im Abschnitt *Abgerundetes Rechteck gestalten* erfahren Sie, wie Sie eine eventuelle Markierung wieder aufheben können).

➡ Schlagen Sie das Menü **Zeichnen** auf, die Befehle **Umrahmt** und **Ausgefüllt** sollten durch Karos als Standardeinstellung gekennzeichnet sein. Wenn das nicht der Fall sein sollte, aktivieren Sie die beiden Befehle, eine Erläuterung finden Sie im Abschnitt *Abgerundetes Rechteck gestalten*.

➡ In der Farbpalette sollte schwarz für die Linien und weiß für den Füllbereich die Standardeinstellung sein.

Der Draw-Bildschirm

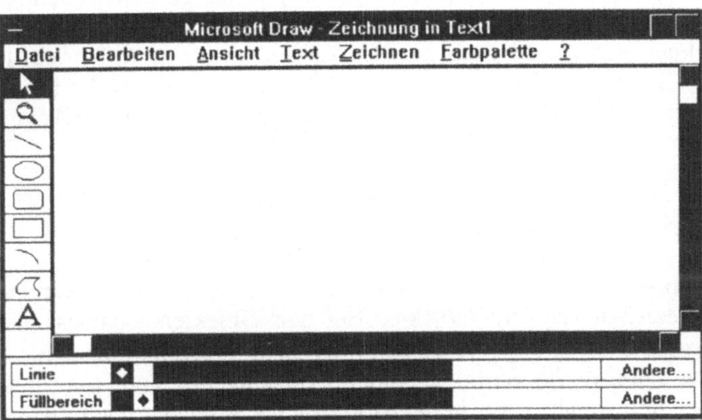

Abbildung 6-2: Der Draw-Bildschirm

Auf Ihrem Bildschirm ist das Draw-Fenster geöffnet. Neben den bekannten Bildschirmelementen enthält das Fenster einige Draw-spezifische Elemente.

Im Zeichenbereich, der eine Größe von 56x56 cm hat, erstellen Sie neue Zeichnungen, importieren ClipArt und Zeichnungen aus anderen Anwendungen (beispielsweise Microsoft Paintbrush) und bearbeiten all diese Zeichnungen. Der Zeichenbereich wird nicht vollständig im Fenster angezeigt, mit einem vertikalen und/oder horizontalen Bildlauf zeigen Sie andere Ausschnitte des Zeichenbereichs an.

Zeichenbereich

Farbpalette

Wenn die entsprechende Option eingeschaltet ist (siehe Abschnitt *Draw anpassen*), wird am unteren Rand des Zeichenbereichs eine Farbpalette angezeigt. Darin wählen Sie Farben für Linien (Voreinstellung: schwarz) und Füllbereiche (Voreinstellung: weiß) aus.

Utensilienspalte

Die Utensilienspalte am linken Rand des Draw-Fensters enthält eine Reihe von Zeichenwerkzeugen. Sie aktivieren ein Werkzeug, indem Sie darauf klicken; es bleibt solange aktiv, bis Sie ein anderes auswählen. Neun Utensilien stehen Ihnen zur Verfügung:

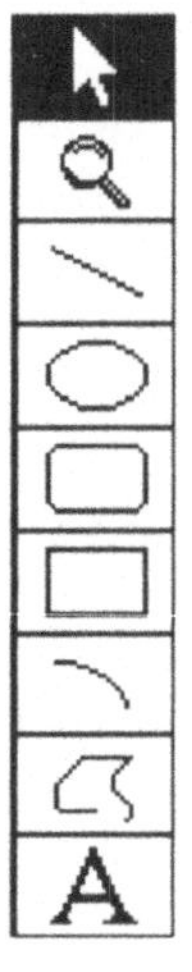

Der **Pfeil** dient zum Bearbeiten von Objekten. Wenn Sie auf den Pfeil klicken, wird die vorherige Auswahl eines Utensils deaktiviert. Mit der **Lupe** ändern Sie den Vergrößerungsgrad einer Zeichnung (analog zum Menü **Ansicht**). Es folgen 7 Utensilien, mit denen Sie Objekte zeichnen können. Mit dem Utensil **Linie** zeichnen Sie gerade Linien. Mit dem Utensil **Ellipse** zeichnen Sie Ellipsen oder Kreise (die Spezialform einer Ellipse). Mit dem Utensil **Abgerundetes Rechteck** zeichnen Sie Rechtecke mit abgerundeten Ecken oder deren Spezialform, Quadrate mit abgerundeten Ecken. Mit dem Utensil **Rechteck** zeichnen Sie Rechtecke und Quadrate. Mit dem Utensil **Bogen** zeichnen Sie Bögen, die einem 90-Grad-Segment (Quadranten) von Ellipsen oder Kreisen entsprechen. Mit dem Utensil **Freihand** zeichnen Sie offene und geschlossene Figuren. Diese können eine beliebige Form haben (also wirklich freihändig gezeichnet werden) oder aus geraden Linien bestehen. Außerdem lassen sich beliebige Formen und gerade Linien in einer Freihandfigur kombinieren. Mit dem Utensil **Text** schließlich fügen Sie ein Textobjekt (eine einzelne Textzeile) in Ihre Zeichnung ein.

Zeichnung erstellen

Objekt

Der kleinste Teil einer Zeichnung ist das Objekt, alle Operationen in Draw beziehen sich auf Objekte. Bei den Objekten kann es sich um Rechtecke, Kreise, einzelne Linien oder auch Textzeilen handeln. Diese Objekte können Sie farbig ausfüllen, verschieben, kopieren, löschen, stauchen und strecken. Sie können Objekte übereinander legen, wobei Sie die Wahl haben, welches Objekt oben und welches unten liegt. Einzelne Objekte können zu größeren kombiniert, d.h. gruppiert werden, die sich danach wie ein einzelnes Objekt verhalten. Diese Kombination kann natürlich auch wieder auseinandergebrochen werden.

Es ist im Rahmen dieses Kapitels nicht möglich, das Zeichnen und Manipulieren aller Objekte im Detail zu beschreiben. Außerdem ähneln sich die Arbeitsschritte bei bestimmten Objekten, beispielsweise sind Rechteck/ Quadrat, abgerundetes Rechteck/Quadrat und Ellipse/Kreis ähnlich zu erstellen und zu ändern. Deshalb beschränken wir uns darauf, Ihnen am abgerundeten Rechteck und am Freihandobjekt exemplarisch die Grundfunktionen von Draw vorzustellen. In der Zusammenfassung dieses Kapitels wird das Erstellen und Bearbeiten aller Objekte kurz beschrieben. Außerdem sei an dieser Stelle auf die integrierte Hilfefunktion von Draw verwiesen, die Sie genauso aufrufen und bedienen wie die Works-Hilfe (siehe Abschnitt *Integrierte Hilfsprogramme* in Kapitel 2).

Abgerundetes Rechteck zeichnen

Ein abgerundetes Rechteck wird durch seinen Anfangs- und Endpunkt definiert, dazu kommen Attribute wie Umrahmung, Füllmuster und Farbe. Wenn Sie die Standardeinstellung noch nicht verändert bzw. die unter *Draw anpassen* genannten Einstellungen vorgenommen haben, zeichnet Draw die Objekte mit einer dünnen schwarzen Linie, ohne Füllmuster und ausgefüllt, d.h. übereinanderliegende Objekte verdecken sich (siehe auch *Abbildung 6-6*).

➥ Klicken Sie auf das Utensil **Abgerundetes Rechteck**.

➥ Positionieren Sie den Mauszeiger auf einen der gewünschten Eckpunkte des abgerundeten Rechtecks, und ziehen Sie den Mauszeiger bei gedrückter Maustaste zum entgegengesetzten Eckpunkt des abgerundeten Rechtecks. Lassen Sie die Maustaste los.

Beim Ziehen erscheint bereits ein Rechteck auf dem Bildschirm, so daß Sie die Größe des Objekts kontrollieren können. Wenn Sie die Maustaste loslassen, ist das Objekt an den Eckpunkten durch schwarze Quadrate gekennzeichnet, den Ziehpunkten zur Größenänderung (siehe Abschnitt *Abgerundetes Rechteck gestalten*).

Um ein weiteres abgerundetes Rechteck zu zeichnen, brauchen Sie das Werkzeug **Abgerundetes Rechteck** nicht noch einmal auszuwählen: Sie erkennen am invers darstellten Utensil in der Utensilienspalte, daß es noch immer aktiv ist.

➥ Erstellen Sie einige abgerundete Rechtecke wie in *Abbildung 6-3*.

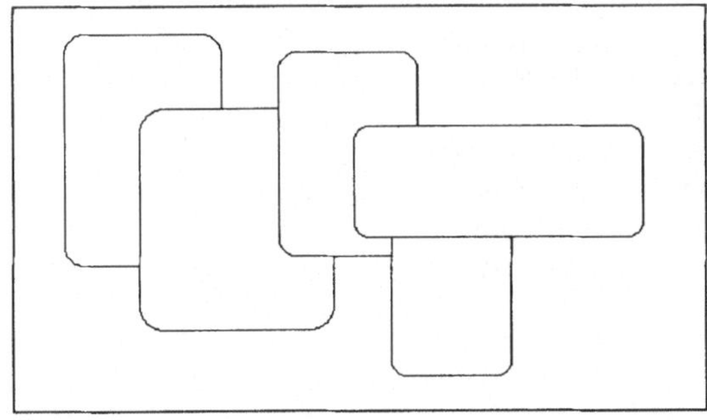

Abbildung 6-3: Erste abgerundete Rechtecke

Mit diesen Arbeitsschritten erstellen Sie auch die Objekte Rechteck, Ellipse und Linie. Quadrat, Kreis und Linie im nächsten 45°-Winkel (also 45°, 90°, 135°, usw.) sind deren Spezialformen, die Sie durch zusätzliches Drücken der UMSCHALTTASTE zeichnen. Um beispielsweise einen Kreis zu erstellen, aktivieren Sie das Utensil Ellipse und halten die UMSCHALTTASTE gedrückt, während Sie mit dem Mauszeiger das Objekt zeichnen. Wenn Sie beim Zeichnen eines der genannten Objekte zusätzlich die STRG-TASTE drücken, wird das Objekt nicht von einem Endpunkt, sondern vom Mittelpunkt ausgehend gezeichnet.

Abgerundetes Rechteck gestalten

Neben Größe und Position bestimmen auch Rahmen, Muster und Farben ein Objekt. Ein neues Objekt wird mit den Standardeinstellungen gezeichnet, Sie können aber jederzeit einzelne Aspekte eines Objekts ändern. Wie auch in den Works-Teilprogrammen müssen Sie ein Objekt erst markieren, bevor Sie es bearbeiten können.

Objekt markieren ➡ Aktivieren Sie das Utensil Pfeil. Markieren Sie ein beliebiges der abgerundeten Rechtecke in Ihrem Zeichenbereich, indem Sie mit dem Mauszeiger auf einen Punkt innerhalb des Rechtecks oder auf dessen Rand zeigen und klicken. An den Eckpunkten des Objekts erscheinen schwarze Quadrate, die Ziehpunkte zur Größenänderung.

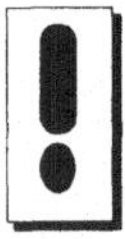

Wenn Sie ein offenes Objekt (Linie, offenes Freihandobjekt) oder ein geschlossenes Objekt, das nicht ausgefüllt ist (siehe auch *Abbildung 6-6*) markieren wollen, müssen Sie auf die Linie selbst bzw. auf den Rahmen klicken, um das Objekt zu markieren.

Markierung aufheben Um die Markierung eines Objektes wieder aufzuheben, klicken Sie auf das Utensil Pfeil oder einen freien Punkt im Zeichenbereich.

Rahmen festlegen Für jedes Objekt legen Sie fest, mit welcher Linienart es gezeichnet werden soll und welche Farbe diese Linie haben soll. Bei geschlossenen Formen (Rechteck/Quadrat, Abgerundetes Rechteck/Quadrat, Ellipse/Kreis, Bogen, geschlossenes Freihand-Objekt) hat es allerdings nur dann Sinn, eine Linienart festzulegen, wenn der Befehl **Umrahmt** im Menü **Zeichnen** aktiviert ist (siehe *Draw anpassen*). In *Abbildung 6-4* sind unterschiedliche Linienarten zu sehen, in *Abbildung 6-6* haben wir die Wirkung der Befehle **Umrahmt** und **Ausgefüllt** dargestellt.

➡ Wählen Sie im Menü **Zeichnen** den Befehl **Linienart**. In einem Untermenü wählen Sie eine Linienart aus, z. B. *2-Punkt*.

Jeder geschlossenen Linie können Sie eine beliebige Breite zuordnen, indem Sie im Untermenü des Befehls **Linienart** auf **Andere** klicken und in einem Dialogfeld die Breite der Linie in Punkten angeben. Wenn Sie feststellen möchten, welche Breite eine gegebene Linie hat, markieren Sie diese und wählen **Andere** im Untermenü des Befehls **Linienart**. Im Dialogfeld zeigt Draw die Breite der ausgewählten Linie an.

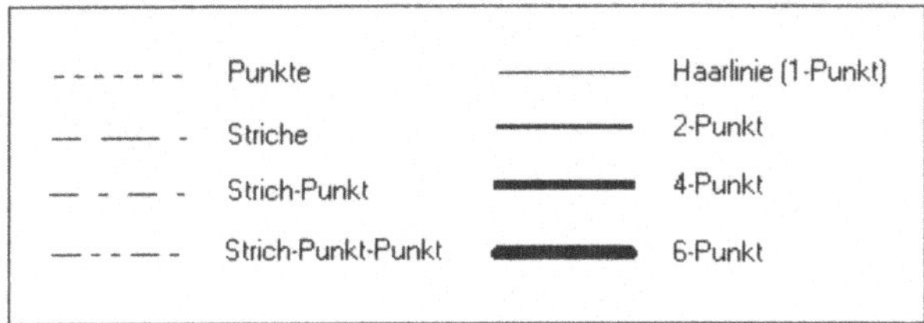

Abbildung 6-4: Linienarten

Einem Objekt mit einer geschlossenen Form - Rechteck/Quadrat, Abge-   *Muster festlegen*
rundetes Rechteck/Quadrat, Ellipse/Kreis, Bogen, geschlossenes Freihand-Objekt - können Sie ein Muster und eine Farbe für die Fläche zuordnen. Voraussetzung ist allerdings, daß Sie für das Objekt im Menü
Zeichnen den Befehl **Ausgefüllt** aktiviert haben (unsere Standardeinstellung, siehe *Draw anpassen*). *Abbildung 6-5* zeigt die verfügbaren Muster,
in *Abbildung 6-6* ist die Wirkung der Befehle **Umrahmt** und **Ausgefüllt**
dargestellt.

➡ Markieren Sie das Rechteck, falls es nicht ohnehin noch markiert
ist.

➡ Wählen Sie im Menü **Zeichnen** den Befehl **Muster**. In einem Untermenü wählen Sie eines der Muster aus, beispielsweise das
schrägstehende Karo.

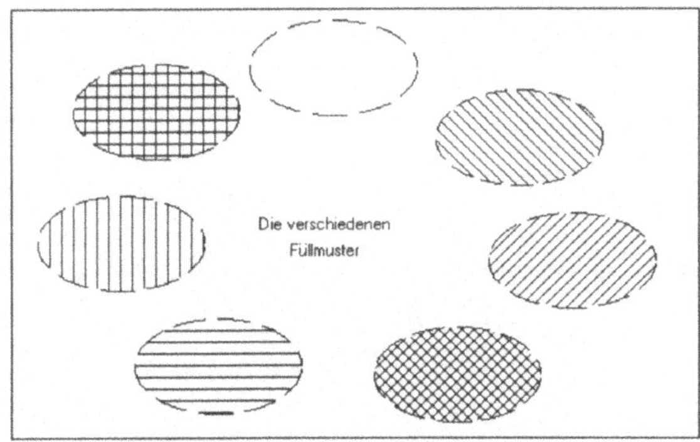

Abbildung 6-5: Verfügbare Muster

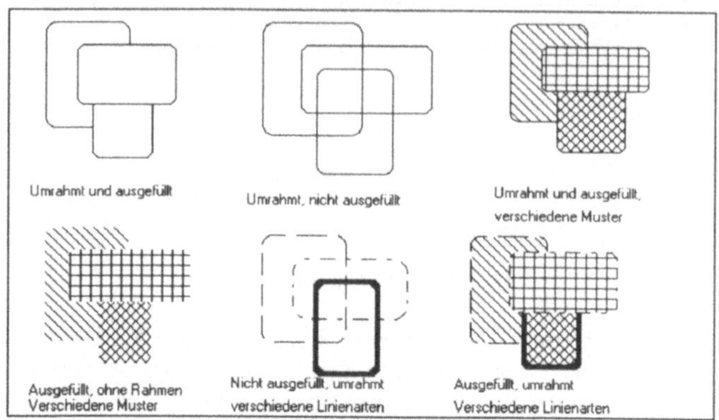

Abbildung 6-6: Die Wirkung der Befehle Umrahmt und Ausgefüllt

Farbe festlegen   In der Standardeinstellung zeichnet Draw schwarze Linien und füllt Flächen weiß aus. Wenn Sie nicht mit einem Farbdrucker arbeiten und Ihre Zeichnungen ausdrucken wollen, sollten Sie diese Einstellung beibehalten.

Zum Ändern der Farbe markieren Sie das Rechteck und rufen im Menü **Farbpalette** den Befehl **Anzeigen** auf - falls die Farbpalette nicht ohnehin schon im Zeichenbereich angezeigt wird. In der oberen Leiste der Farbpalette wählen Sie eine Farbe für den Rahmen und in der unteren Leiste eine Farbe für die Fläche des Rechtecks aus. Sagt Ihnen keine der angebotenen Farben zu, klicken Sie in der Farbpalette auf Andere. In einem Dialogfeld können Sie sich Ihre Wunschfarbe selbst zusammenmischen.

Ihre Zeichnung könnte jetzt der *Abbildung 6-7* entsprechen.

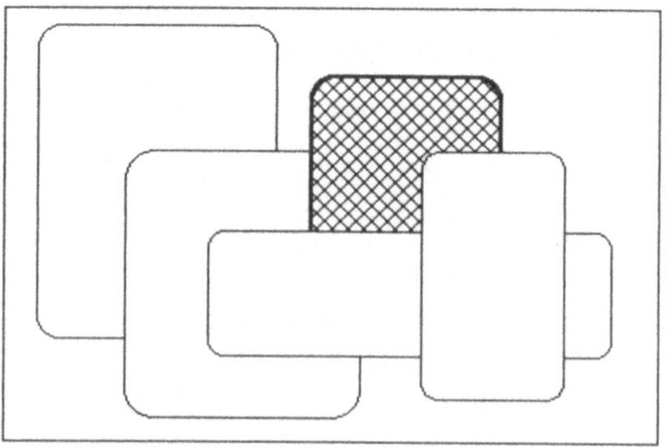

Abbildung 6-7: Zeichnung mit einem gestalteten Objekt

Abgerundetes Rechteck verschieben

Ein Objekt läßt sich beliebig im Zeichenbereich verschieben:

➡ Das gestaltete Rechteck sollte noch markiert sein. Zeigen Sie auf einen beliebigen Punkt innerhalb des Rechtecks. Ziehen Sie das Rechteck bei gedrückter Maustaste auf eine freie Stelle im Zeichenbereich, so daß es sich nicht mit anderen Objekten überlagert.

Wenn Sie ein nicht ausgefülltes Objekt verschieben wollen, müssen Sie auf seinen Rand zeigen, um es ziehen zu können.

Abgerundetes Rechteck löschen

Sie werden jetzt mit dem herausgezogenen Rechteck weiterarbeiten und können deshalb die anderen Objekte im Zeichenbereich löschen. Beginnen Sie mit dem Löschen eines einzelnen Rechtecks.

➡ Markieren Sie ein beliebiges abgerundetes Rechteck (natürlich mit Ausnahme des fertig formatierten!).

Einzelnes Objekt löschen

➡ Drücken Sie die ENTF-TASTE oder die RÜCKTASTE oder führen Sie im Menü **Bearbeiten** den Befehl **Löschen** aus.

Wenn Sie mehrere Objekte auf einmal löschen wollen, verwenden Sie den Auswahlrahmen:

➡ Aktivieren Sie das Utensil **Pfeil**. Klicken Sie auf einen Punkt des Zeichenbereichs, der sich links oberhalb der sich überlagernden Rechtecke befindet.

Mehrfachauswahl

➡ Ziehen Sie den Mauszeiger nach rechts unten. Beim Ziehen folgt der Auswahlrahmen, ein Rechteck mit einem durchbrochenen Rahmen, Ihren Bewegungen. Lassen Sie die Maustaste los, sobald der Auswahlrahmen alle zu löschenden Rechtecke einschließt.

Wenn Sie mehrere Objekte mit einem Auswahlrahmen umschließen, bilden sie eine sogenannte Mehrfachauswahl. Sie können alle in einer Mehrfachauswahl eingeschlossenen Objekte auf einmal formatieren oder verschieben, löschen, vergrößern usw.

➡ Drücken Sie die ENTF-TASTE, oder die RÜCKTASTE, oder führen Sie im Menü **Bearbeiten** den Befehl **Löschen** aus.

Wenn Sie alle Zeichnungen des Zeichenbereichs löschen wollen, wählen Sie im Menü **Bearbeiten** den Befehl **Alles auswählen**. Anschließend führen Sie im Menü **Bearbeiten** den Befehl **Löschen** aus.

Alles löschen

Abgerundetes Rechteck vergrößern/verkleinern

In Ihrem Zeichenbereich befindet sich jetzt nur noch ein abgerundetes Rechteck, die Grundform für Ihr Vereinsemblem. Zunächst sollten Sie es in eine geeignete Größe bringen, etwa 4 x 3 cm.

Führungslinie   Zum Positionieren und Skalieren eines Objekts bietet Draw zwei Hilfsmittel: ein unsichtbare Raster und Führungslinien. Das Ausrichten am
Raster haben Sie zu Beginn dieser Aufgabe bereits aktiviert, lassen Sie
jetzt die Führungslinien anzeigen:

➡️ Aktivieren Sie im Menü **Zeichnen** den Befehl **Führungslinien einblenden.**

Wenn dieser Befehl aktiviert wird, zeigt Draw eine horizontale und eine
vertikale Führungslinie an, die sich in der Mitte des aktuellen Ausschnitts
kreuzen. Diese Führungslinien dienen zum einen der präzisen
Ausrichtung und Positionierung eines Objekts (wenn Sie ein Objekt in die
Nähe einer Führungslinie bewegen, wird es automatisch an der Führungslinie ausgerichtet), zum anderen der exakten Skalierung. Wenn Sie
eine Führungslinie ziehen, wird ein Wert eingeblendet, der die Entfernung der Führungslinie vom Rand des Zeichenbereichs angibt. Sie können aber auch die Entfernung von einem beliebigen Startpunkt anzeigen
lassen; diese Funktion nutzen Sie, um die Größe des Rechtecks genau zu
bestimmen.

➡️ Ziehen Sie die waagerechte Führungslinie an den oberen Rand des
Rechtecks. Halten Sie die STRG-TASTE gedrückt, ziehen Sie die
Führungslinie nach unten, bis der Wert *4,000* eingeblendet wird.

➡️ Positionieren Sie die senkrechte Führungslinie 3 cm rechts vom
linken Rand des Rechtecks (siehe *Abbildung 6-8*).

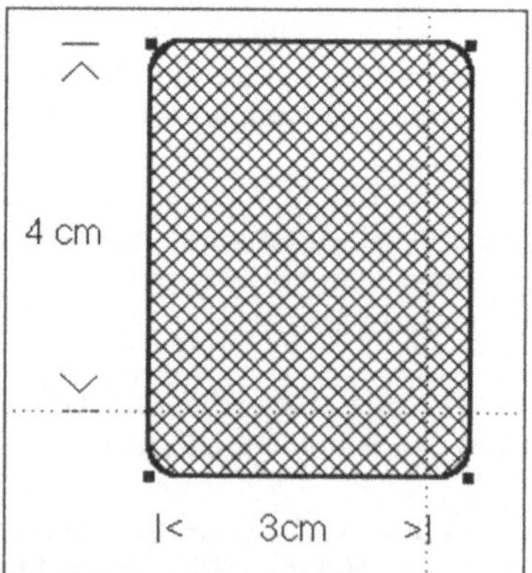

Abbildung 6-8-: Exaktes Positionieren und Skalieren mit den
Führungslinien

➡️ Markieren Sie das Rechteck. Ziehen Sie an dem rechten unteren
Ziehpunkt zur Größenänderung, bis die rechte und untere Seite des
Rechtecks an die Führungslinien stoßen.

Natürlich können Sie die Größe eines Objekts auch nach Augenmaß verändern - lassen Sie die Führungslinien einfach weg! Wenn Sie ein Objekt bei gleichbleibenden Proportionen vergrößern oder verkleinern wollen, drücken Sie die UMSCHALTTASTE, während Sie an einem der Ziehpunkte diagonal ziehen. Wenn Sie die UMSCHALTTASTE drücken und horizontal oder vertikal ziehen, verändern Sie das Objekt nur in der Breite bei gleichbleibender Höhe bzw. in der Höhe bei gleichbleibender Breite.

Wenn Sie mit größeren Zeichnungen oder mehreren Objekte arbeiten und häufiger einen Bildlauf durchführen, werden die einmal eingeblendeten Führungslinien nicht immer im Draw-Fenster zu sehen sein. Um dieses Hilfsmittel schnell zur Hand zu haben, deaktivieren Sie den Befehl **Führungslinien einblenden** und aktivieren ihn wieder. Daraufhin werden die Führungslinien wieder in der Mitte des Draw-Fensters angezeigt.

Abgerundetes Rechteck kopieren

Das Rechteck soll jetzt für das Emblem mehrmals kopiert werden.

➡ Markieren Sie das Rechteck, führen Sie im Menü **Bearbeiten** den Befehl **Kopieren** aus. Führen Sie im Menü **Bearbeiten** viermal hintereinander den Befehl **Einfügen** aus.

Draw fügt vier Kopien des Rechtecks in die Zeichnung ein, die das Original überlagern.

➡ Ändern Sie die Position der einzelnen Rechtecke und das Muster (und evtl. die Füllfarbe) des obersten Rechtecks, so daß Ihre Zeichnung der *Abbildung 6-9* entspricht.

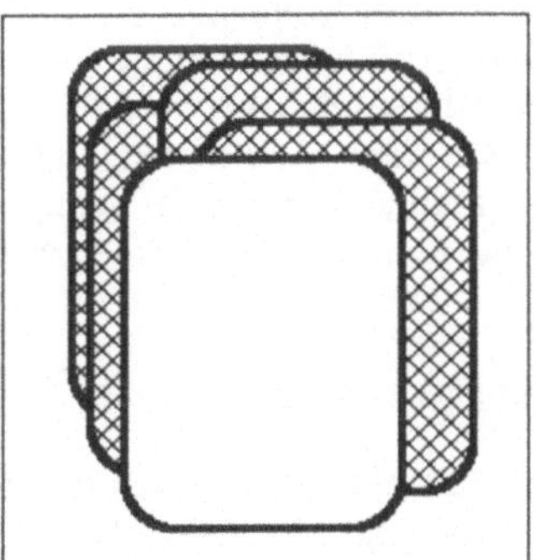

Abbildung 6-9: Ein Rechteck, kopiert und positioniert

Textobjekt erstellen

Ergänzen Sie Ihre Zeichnungen durch einen Text. In Draw besteht ein Textobjekt aus einer einzelnen Textzeile.

➡ Aktivieren Sie das Utensil Text. Daraufhin verwandelt sich der Mauszeiger in eine Einfügemarke.

➡ Zum Positionieren der Einfügemarke klicken Sie unterhalb der Rechtecke. Schreiben Sie *Reizende Herzchen*, bestätigen Sie die Eingabe mit der EINGABETASTE.

Das Textobjekt ist daraufhin markiert, Sie können es wie jedes andere Objekt auch verschieben. Das Textobjekt ist in den Standardeinstellungen erstellt worden, Sie können seine Erscheinung aber ändern. In der Farbpalette legen Sie die Textfarbe fest (in der Zeile Linie), im Menü **Text** stehen Ihnen Befehle zum Ändern von Schriftart, -größe, -stil und Ausrichtung zur Verfügung.

➡ Führen Sie im Menü **Text** den Befehl **Fett** aus.

➡ Legen Sie Schriftart und -größe über die entsprechenden Befehle im Menü **Text** fest, wählen Sie beispielsweise die Schriftart *Helvetica* und die Schriftgröße *8*.

 Wenn Sie sich verschrieben haben oder sonstige Änderungen am Text vornehmen wollen, rufen Sie im Menü **Bearbeiten** den Befehl **Bearbeiten Text** auf (dieser Befehl ist nur dann verfügbar, wenn ein Textobjekt markiert ist). Daraufhin können Sie das Textobjekt verändern, dabei gehen Sie ähnlich vor wie in den Works-Teilprogrammen.

Freihändig zeichnen

Neben den Werkzeugen zum Zeichnen von Standardformen bietet Draw in der Utensilienspalte auch das Werkzeug Freihand an. Die Wahl dieses Werkzeugs erlaubt Ihnen, auch freihändig zu zeichnen, indem Sie den Zeiger wie einen Bleistift führen. Leider sehen solche freihändig entworfenen Objekte meist ziemlich verwackelt aus, da die Maus nicht präzise zu führen ist. Man kann sich helfen, indem man zuerst relativ groß zeichnet und die Freihandzeichnung dann hinterher verkleinert, wobei die Unregelmäßigkeiten dann im gleichen Maß verkleinert werden und dadurch weniger auffallen.

Machen Sie zunächst ein paar Übungen:

Freihändig   ➡ Führen Sie einen Bildlauf aus, um einen freien Ausschnitt des Zeichenbereichs zur Verfügung zu haben.

➡ Deaktivieren Sie im Menü **Zeichnen** den Befehl **Am Raster ausrichten**.

➡ Wählen Sie im Menü **Ansicht** den Befehl **400%**.

➡ Wählen Sie das Werkzeug Freihand aus der Utensilienspalte.

➡ Positionieren Sie den Mauszeiger auf den Anfangspunkt der Freihandzeichnung und drücken Sie die linke Maustaste. Der Maus-

zeiger verwandelt sich daraufhin in einen Bleistift. Bewegen Sie
den Zeiger bei gedrückter Maustaste so, wie Sie mit einem Stift
zeichnen würden: er hinterläßt seine Spuren im Zeichenbereich in
Form einer dünnen Linie. Doppelklicken Sie am Endpunkt der
Zeichnung. Die Linie wird daraufhin stärker gezeichnet, denn Sie
befinden sich in der Ansicht 400%.

Sie können auch die EINGABETASTE oder die ESC-TASTE drücken oder auf
eine beliebige Stelle außerhalb des Zeichenbereiches klicken, um eine
Freihandzeichnung zu beenden. Wenn Sie eine geschlossene Freihandfigur zeichnen wollen, klicken Sie auf eine Stelle am Anfang der Figur.
Draw zeichnet dann eine gerade Linie vom letzten Punkt in der Figur zum
ersten Punkt.

Führen Sie im Menü **Ansicht** den Befehl **Originalgröße** aus.

Zum Ändern der Darstellungsgröße im Draw-Fenster können Sie auch das
Utensil Lupe aktivieren. Positionieren Sie den Mauszeiger, der dann die
Form einer Lupe hat, auf die Stelle der Zeichnung, die nach der Ver-
größerung/Verkleinerung in der Mitte des Fensters liegen soll. Jedes
Klicken der Maustaste vergrößert die Ansicht um eine Stufe, wenn Sie
beim Klicken die UMSCHALTTASTE gedrückt halten, verkleinern Sie die
Ansicht um eine Stufe.

Zum Glück gibt es die Möglichkeit, auch mit dem Utensil Freihand ge-   *Gerade Linien*
rade Linien zu zeichnen:

Aktivieren Sie das Utensil Freihand, klicken Sie auf die Stelle, an
der die Figur beginnen soll.

Klicken Sie auf die Stelle, an der das erste Liniensegment enden
soll, klicken Sie auf den Endpunkt des zweiten Segments, usw.

Zum Beenden der Figur doppelklicken Sie auf deren Endpunkt
(oder klicken Sie auf eine Stelle am Anfang der ersten Linie, um
eine geschlossene Figur zu erstellen).

Wenn Sie Figuren erstellen wollen, die sowohl aus geraden Linien als
auch aus beliebigen Formen bestehen, wechseln Sie zwischen Ziehen und
Klicken.

Machen Sie einige Zeichenübungen, löschen Sie dann diese Objekte.

Wechseln Sie in eine vergrößerte Ansicht, zeichnen Sie ein Herz
(ich habe mit Liniensegmenten die besseren Ergebnisse erzielt).

Wechseln Sie zur Originalgröße.

 Wenn Ihre Figur sehr viel höher oder kleiner ist als 1 cm, sollten Sie sie skalieren (siehe Abschnitt *Abgerundetes Rechteck vergrößern/verkleinern*). Wenn Ihr Herz aus mehreren unverbundenen Linien besteht, müssen Sie alle Teile in eine Mehrfachauswahl einschließen, bevor Sie seine Größe ändern können.

Abbildung 6-10: Freihandobjekt aus geraden Linien

➡ Markieren Sie das Herz, wählen Sie ein Farbe für die Fläche aus (sofern es sich um eine geschlossene Figur handelt und Sie über einen geeigneten Drucker verfügen).

➡ Erstellen Sie vier Kopien der Figur, verschieben Sie diese in das oberste der fünf abgerundeten Rechtecke.

Objekte gruppieren

Damit Sie die einzelnen Rechtecke und Herzen und das Textobjekt gemeinsam bearbeiten können, gruppieren Sie diese. Eine Gruppierung ist im Gegensatz zu einer Mehrfachauswahl dauerhaft.

➡ Aktivieren Sie das Utensil **Pfeil**. Ziehen Sie einen Auswahlrahmen, der sowohl die Rechtecke als auch das Textobjekt umfaßt.

➡ Führen Sie im Menü **Zeichnen** den Befehl **Gruppieren** aus.

Die Objektgruppe ist markiert, erkennbar an den Ziehpunkten an den Eckpunkten der Gruppe. Diese Gruppe können Sie genauso manipulieren wie ein Einzelobjekt.

➡ Ziehen Sie die Objektgruppe in die linke obere Ecke des Zeichenbereichs.

Gruppierung aufheben

Eine Gruppierung ist zwar dauerhafter als eine Mehrfachauswahl, läßt sich aber auch ganz einfach wieder aufheben. Markieren Sie zunächst die Gruppe, indem Sie auf ein beliebiges Element der Gruppe klicken. Dann führen Sie im Menü **Zeichnen** den Befehl **Gruppierung aufheben** aus. Ziehpunkt an den Eckpunkten aller Einzelobjekte zeigen Ihnen an, daß der Befehl ausgeführt wurde. Klicken Sie auf eine beliebige Stelle außerhalb der Gruppe, um die Mehrfachmarkierung aufzuheben.

➡️ Korrigieren Sie die Größe des Gesamtobjekts, es sollte etwa 3 x 3 cm groß sein. Gehen Sie dabei so vor wie im Abschnitt *Abgerundetes Rechtecke vergrößern/verkleinern* beschrieben.

Das Textobjekt können Sie nicht skalieren. Wenn ein Textobjekt zu groß oder zu klein geraten ist, ändern Sie seine Ausmaße über die Schriftgröße, siehe Abschnitt *Textobjekt erstellen*.

Zeichnung in Text übernehmen

Damit ist Ihr erster Entwurf fertig - siehe auch *Abbildung 6-1*.

➡️ Ihr Zeichenbereich sollte nur diese Zeichnung enthalten, löschen Sie alle anderen Versuche.

➡️ Führen Sie im Menü **Datei** den Befehl **Beenden und zurückkehren** aus.

Damit wird Ihre Zeichnung in das Textverarbeitungsdokument übernommen und an der Position der Einfügemarke eingefügt.

➡️ Speichern Sie das Textdokument unter dem Namen ENTWURF.WPS.

Weitere Zeichnungen erstellen

Wenn Sie noch weitere Entwürfe erstellen wollen, positionieren Sie die Einfügemarke im Textdokument an die Stelle, an der die nächste Zeichnung eingefügt werden soll. Rufen Sie im Menü **Einfügen** den Befehl **Zeichnung** auf und gehen Sie so vor, wie in den vorangegangenen Abschnitten beschrieben. Auf diese Weise können Sie in dem Textdokument Ihren eigenen Katalog mit Zeichnungen zusammenstellen.

Bestehende Zeichnung bearbeiten

Wenn Sie eine vorhandene Zeichnung bearbeiten wollen, öffnen Sie zunächst das Textdokument, das die Zeichnung enthält. Doppelklicken Sie im Textdokument auf die Zeichnung, dann ruft Works automatisch Draw auf, und Sie können die Zeichnung ändern. Wenn Sie Ihre Änderungen speichern wollen, führen Sie im Draw-Menü **Datei** den Befehl **Beenden und zurückkehren** aus.

Die Works-Disketten enthalten eine Vielzahl fertiger Zeichnungen, die Sie unverändert in Ihre Texte einfügen oder auch bearbeiten können. Bei der Installation von Works ist die mitgeliefert ClipArt im Verzeichnis CLIPART unterhalb des Installationsverzeichnisses von Works installiert worden, also in C:\MSWORKS\CLIPART, wenn Sie eine vollständige Installation gewählt und das Works-Verzeichnis nachträglich nicht geändert haben (siehe Abschnitt *Installation* in Kapitel 2). Um ClipArt einzufügen oder eine Zeichnung aus einem anderen Anwendungsprogramm zu importieren, rufen Sie im Draw-Fenster im Menü **Datei** den Befehl **Grafik importieren** auf. Im Dialogfeld geben Sie den Namen der ClipArt bzw. der Zeichnung an, die Sie importieren wollen.

➡ Schließen Sie das Textdokument, beenden Sie Works und Windows.

➡ Gönnen Sie sich eine Pause, bevor Sie das letzte Kapitel bearbeiten!

Zusammenfassung

Draw aufrufen

➡ Neues Textverarbeitungsdokument erstellen oder vorhandenes Dokument öffnen.

➡ Einfügemarke auf die Stelle positionieren, an der Zeichnung eingefügt werden soll.

➡ Im Menü **Einfügen** Befehl **Zeichnung** ausführen.

Bestehende Zeichnung in Textverarbeitungsdokument ändern

➡ Auf Zeichnung im Textverarbeitungsdokument doppelklicken.

➡ In Draw Zeichnung bearbeiten.

➡ Im Draw-Menü **Datei** Befehl **Beenden und zurückkehren** ausführen.

Objekt erstellen

➡ Auf entsprechendes Utensil klicken.

➡ Grundform (Linie, Rechteck, abgerundetes Rechteck, Ellipse, Bogen): Mauszeiger auf Anfangspunkt positionieren und bei gedrückter Maustaste zum Endpunkt ziehen.

➡ Grundform ab Mittelpunkt: Mauszeiger auf Mittelpunkt positionieren, STRG-TASTE drücken und Mauszeiger bei gedrückter Maustaste zum Endpunkt ziehen.

➡ Spezialform (Linie im nächsten 45°-Winkel, Quadrat, abgerundetes Quadrat, Kreis, Kreisbogen): : Mauszeiger auf Anfangspunkt positionieren, UMSCHALTTASTE drücken und Mauszeiger bei gedrückter Maustaste zum Endpunkt ziehen.

➡ Spezialform ab Mittelpunkt: Mauszeiger auf Mittelpunkt positionieren, STRG-TASTE+UMSCHALTTASTE drücken und Mauszeiger bei gedrückter Maustaste zum Endpunkt ziehen.

Textobjekt erstellen

➡ Auf Utensil Text klicken.

➡ Auf Anfangspunkt des Textes klicken.

➡ Text schreiben, mit EINGABETASTE beenden.

Freihandobjekt erstellen

➡ Auf Utensil Freihand klicken.

➡ Beliebige Form: Mauszeiger auf Anfangspunkt positionieren und
   bei gedrückter Maustaste über Zeichenbereich führen.
➡ Gerade Linien: auf Anfangspunkt klicken, auf Endpunkt des ersten
   Liniensegments klicken, auf Endpunkt des zweiten Liniensegments
   klicken usw.
➡ Kombinierte Formen: abwechselnd ziehen und klicken.
➡ Geschlossene Form beenden: auf Anfang der Figur klicken.
➡ Offene Form beenden: doppelklicken.

Objekt markieren

➡ Utensil Pfeil aktivieren.
➡ Geschlossenes, ausgefülltes Objekt: auf Punkt innerhalb des Ob-
   jekts oder auf Rahmen bzw. Linie klicken.
➡ Nicht ausgefülltes oder offenes Objekt: auf Rahmen bzw. Linie
   klicken.
➡ Mehrere Objekte: Auswahlrahmen um Objekte ziehen.
➡ Objektgruppe: auf irgendein Objekt der Gruppe klicken.
➡ Alles markieren: im Menü **Bearbeiten** Befehl **Alles auswählen** aus-
   führen.

Objekte gruppieren

➡ Auswahlrahmen um Objekte ziehen.
➡ Im Menü **Zeichnen** Befehl **Gruppieren** ausführen.

Gruppierung aufheben

➡ Objektgruppe markieren.
➡ Im Menü **Zeichnen** Befehl **Gruppierung aufheben** ausführen.

Standardeinstellung ändern

➡ Utensil Pfeil aktivieren (oder auf freie Stelle im Zeichenbereich
   klicken).
➡ Einstellung ändern (Standardeinstellung durch Karo gekennzeichnet).

Linienart festlegen

➡ Objekt markieren.
➡ Im Menü **Zeichnen** Befehl **Linienart** aufrufen.
➡ Im Untermenü Linienart auswählen.

Muster festlegen

➡ Objekt markieren.
➡ Im Menü **Zeichnen** Befehl **Muster** aufrufen.
➡ Im Untermenü Muster auswählen.

Farbe festlegen

➡ Objekt markieren.

➡ Evtl. im Menü **Farbpalette** Befehl **Farbpalette anzeigen** ausführen.

➡ In Farbpalette auf Farbe für Linie und Farbe für Füllbereich oder auf Andere klicken und Farbe in einem Dialogfeld zusammenstellen.

Textobjekt bearbeiten

➡ Linienart: im Menü **Zeichnen** Befehl **Linienart** aufrufen, Linienart auswählen.

➡ Farbe: Farbe für Linie in Farbpalette auswählen.

➡ Schriftart, -größe, -stil, Ausrichtung: Menü **Text**

➡ Text ändern: im Menü **Bearbeiten** Befehl **Bearbeiten Text** .

Objekt verschieben

➡ Objekt markieren.

➡ Evtl. Führungslinien einblenden.

➡ Evtl. im Menü **Zeichnen** Befehl **Am Raster ausrichten** aktivieren.

➡ Objekt bei gedrückter Maustaste ziehen.

Objekt löschen

➡ Objekt markieren.

➡ ENTF-TASTE oder RÜCKTASTE drücken oder im Menü **Bearbeiten** Befehl **Löschen** ausführen.

Objekt kopieren

➡ Objekt markieren.

➡ Im Menü **Bearbeiten** Befehl **Kopieren** ausführen.

➡ Im Menü **Bearbeiten** Befehl **Einfügen** ausführen.

Objekt vergrößern oder verkleinern

➡ Objekt markieren.

➡ Evtl. Führungslinien einblenden.

➡ Evtl. im Menü **Zeichnen** Befehl **Am Raster ausrichten** aktivieren.

➡ An einem der Ziehpunkt in die gewünschte Richtung ziehen.

➡ Höhe beibehalten: UMSCHALTTASTE drücken und horizontal ziehen.

➡ Breite beibehalten: UMSCHALTTASTE drücken und vertikal ziehen.

➡ Proportionen beibehalten: UMSCHALTTASTE drücken und diagonal ziehen.

ClipArt einfügen oder Zeichnung importieren

➥ Im Draw-Menü **Datei** Befehl **Grafik importieren** aufrufen.
➥ Im Dialogfeld Namen der ClipArt bzw. Zeichnung eingeben oder
auswählen.
➥ Zeichnung bearbeiten.
➥ Im Draw-Menü **Datei** Befehl **Beenden und zurückkehren**
ausführen.

Kapitel 7: Integration

L'union fait la force - Vereinigung macht stark. (Inschrift des belgischen Leopoldordens, 1932)

Ein wesentliches Argument für den Einsatz eines integrierten Programmpakets ist sicher die Möglichkeit, Daten aus einem Teilprogramm problemlos in ein anderes übernehmen zu können. Diese Stärke von Works wollen wir Ihnen in diesem letzten Kapitel vorführen, dabei lernen Sie auch gleich noch einige weitere Funktionen der Teilprogramme kennen.

Aufgabe: Einladung zur Mitgliederversammlung schreiben

Die Hauptaufgabe dieses Kapitels besteht darin, eine Einladung zu der nächsten Mitgliederversammlung zu schreiben. Jedes Mitglied soll einen persönlich adressierten Brief bekommen, in dem neben den Daten der nächsten Sitzung folgende Informationen enthalten sind: ein Diagramm über die Entwicklung der Einnahmen und Ausgaben in den ersten Monaten des Jahres, der eigene Spielstand in der aktuellen Meisterschaftsserie sowie die Rangliste mit dem Spielstand aller Mitglieder, sortiert nach Punktestand. Außerdem soll im Briefkopf das Vereinsemblem erscheinen. Auf den nächsten beiden Seiten ist der Brief an das Mitglied Ilse Schmal abgebildet.

Vorarbeiten

➡ Schalten Sie, falls noch nicht getan, Ihren Drucker und PC ein, rufen Sie Windows und dann Works auf.

Tabellen für die nächsten Monate erstellen

Beginnen Sie mit der Buchführung. Bisher haben Sie in Kapitel 4 eine Tabelle mit den Einnahmen und Ausgaben für den Monat Januar erstellt. Bevor Sie eine kumulierende Tabelle erstellen können, in der die Entwicklung der Einnahmen und Ausgaben während des ganzen Jahres erfaßt wird, müssen Sie zunächst die Tabellen für die Monate Februar, März usw. erstellen. Aber keine Angst, das geht wesentlich schneller als beim ersten Mal! Sie können nämlich auf die bestehende Tabelle zurückgreifen.

Reizende Herzchen - Baumweg 4 - D-4030 Ratingen

Frau
Ilse Schmal
Ulmenweg 14

4030 Ratingen

Ratingen, 13. April 1992

Liebe Ilse,

hiermit möchten wir Dich zu der nächsten Mitgliederversammlung einladen.

> **Ordentliche Mitgliederversammlung**
> **17. Juli 1992**
> **20 Uhr**
> **Ratskrug zu Ratingen**

Die folgende Tagesordnung ist vorgesehen:

1. Begrüßung
2. Tagesordnung
3. Protokoll der letzten Sitzung
4. Bericht der Kassenwartin
5. Jubliläumsfeier
6. Verschiedenes

Zu Punkt 4 der vorgeschlagenen Tagesordnung:

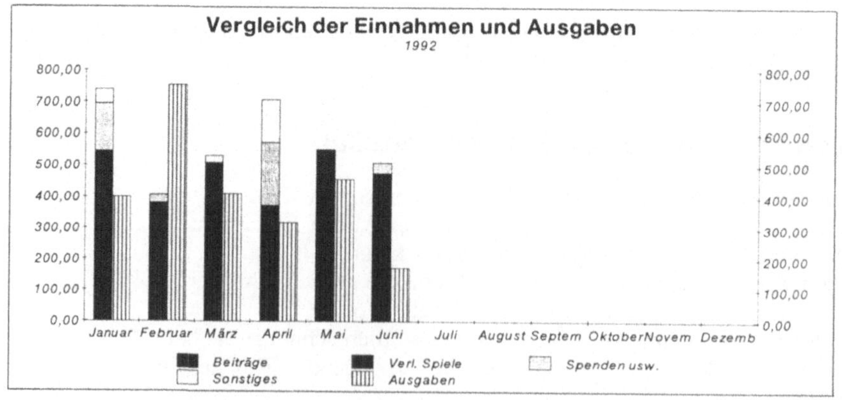

Gegenüberstellung der Einnahmen und Ausgaben

Abbildung 4-1: Die erste Seite der Einladung

Die Kassenwartin Linda Schultze hat eine Übersicht der bisherigen
Einnahmen und Ausgaben erstellt, aus der hervorgeht, daß unsere
Einnahmen die Ausgaben bei weitem übersteigen. Unter Berücksichtung
der Preisgelder, die wir für den Ratinger Preisskat aussetzen, können wir
mit einem Jahresüberschuß von DM 1000,- rechnen. Wir sollten über den
Verwendungszweck dieses Geldes diskutieren.

Zu Punkt 6 der Tagesordnung:

Seit die Mitgliederverwaltung mit dem Programm Works erfolgt, können wir
zu jedem Spieltag den aktuellen Punktestand der einzelnen Mitglieder
sowie deren Rangfolge mitteilen. Augenblicklich hast Du 24.412 Punkte,
Deinen Meisterschaftsplatz kannst Du der nachfolgenden Aufstellung
entnehmen.

<h3 style="text-align:center">Rangliste</h3>

Mitglied		**Anw.**	**Gew.**	**Verl.**	**Punkte**	**Durchschnitt**
1	Sander	22	214	23	32.415	1.473
7	Halbweg	23	194	35	32.076	1.395
8	Neumann	25	224	37	30.966	1.239
11	Neumann	23	234	63	27.231	1.184
13	Reinhardt	23	186	54	26.317	1.144
2	Schmal	17	154	24	24.412	1.436
10	Schultze	17	153	26	21.311	1.254
12	Varel	18	158	37	21.103	1.172
4	Krause-Halke	16	112	20	20.259	1.266
9	Kabel	12	98	15	16.366	1.364
3	Breitscheidt	9	89	24	12.612	1.401

Anzahl Mitgliedsnummer:	11
Summe Punkte:	265.068
Mittelwert Punkte:	24.097
Summe gewonnener Spiele:	1816
Mittelwert gewonnener Spiele:	165

Wir bitten Dich, pünktlich zu der Versammlung zu erscheinen.

Mit lieben Grüßen

Karin Sander   Maria Kabel
1. Vorsitzende   Schriftwartin

Abbildung 4-2: Die zweite Seite der Einladung

Tabellenvorlage erstellen

Datei kopieren Zunächst erstellen Sie ein Kopie der Januartabelle:

➡ Öffnen Sie die Tabelle BUCH9201. Dazu rufen Sie im Menü **Datei** den Befehl **Vorhandene Datei öffnen** auf und wählen im Dialogfeld die Datei aus der Dateiliste aus. Wechseln Sie bei Bedarf das Verzeichnis.

➡ Speichern Sie die Datei sofort wieder unter einem anderen Namen: führen Sie im Menü **Datei** den Befehl **Speichern unter** aus, geben Sie im Dialogfeld im Feld Dateiname *buch-vor* ein.

Zellinhalt löschen Sie haben jetzt zwei identische Dateien, im Arbeitsspeicher befindet sich die Datei BUCH-VOR.WKS. Löschen Sie zunächst die konstanten Zahlwerte, die ja nur den Monat Januar betreffen. Den Inhalt einzelner Zellen können Sie schnell per Tastendruck löschen, zum Löschen eines Zellbereichs greifen Sie auf den Befehl **Inhalte Löschen** aus dem Menü **Bearbeiten** zurück. Dieser Befehl löscht die Inhalte eines markierten Zellbereichs, die Formatierung bleibt aber erhalten.

➡ Markieren Sie Feld C3, drücken Sie ENTF-TASTE, EINGABETASTE. Markieren Sie Feld C7, drücken Sie ENTF-TASTE, EINGABETASTE.

➡ Markieren Sie den Bereich A8:B38 mit den Datumswerten und Texten, führen Sie im Menü **Bearbeiten** den Befehl **Inhalte löschen** aus. Löschen Sie ebenso die Inhalte des Bereichs D6:K39.

Sie haben jetzt ein Arbeitsblatt vor sich, daß zwar keine Buchungen, aber alle notwendigen Formeln und Formatierungen enthält, um die Einnahmen und Ausgaben der Folgemonate zu erfassen.

➡ Schließen Sie die Datei, sichern Sie dabei alle Änderungen.

Einnahmen und Ausgaben der Folgemonate erfassen

Um die Werte eines neuen Monats zu erfassen, brauchen Sie jetzt nur noch die folgenden Arbeitsschritte durchzuführen:

➡ Öffnen Sie die Datei BUCH-VOR.WKS, speichern Sie die Datei wieder unter dem Namen *buch9202* (bzw. *buch9203* für den Monat März, *buch9204* für April usw.).

➡ Geben Sie in Feld C3 den Monatsnamen *Februar* ein, erfassen Sie in Feld C7 den Übertrag aus dem Vormonat, hier *568,99*.

➡ Wählen Sie im Menü **Diagramme** das Diagramm **Einnahmen**.

➡ Im Diagrammfenster rufen Sie im Menü **Bearbeiten** den Befehl **Titel** auf und ändern im Feld Untertitel den Namen des Monats, also zunächst *Februar 1992* statt *Januar 1992*.

➡ Wiederholen Sie diesen Vorgang für das Diagramm Ausgaben.

Damit ist bereits die Buchführungstabelle für den neuen Monat erstellt, Sie brauchen jetzt nur noch Werte einzugeben.

➡ Erfassen Sie in der Tabelle einige Einnahmen und Ausgaben, prüfen Sie dabei gelegentlich, wie sich auch die Diagramme verändern.

➡ Speichern Sie die Tabelle BUCH9202.WKS.

➡ Wenn Sie noch üben wollen, erfassen Sie Zahlen für weitere Monate in den Tabellen BUCH9203.WKS, BUCH9204.WKS usw.

Jahresauswertung

Tabelle für die Jahresauswertung erstellen

Jetzt erstellen Sie die Tabelle für die Jahresübersicht. Auch dabei werden Sie von der Vorlage BUCH-VOR.WKS profitieren.

➡ Öffnen Sie die Tabelle BUCH-VOR.WKS, speichern Sie sie sofort wieder unter dem Namen *buch9000*. In dieser neuen Tabelle werden Sie jetzt arbeiten.

➡ Schreiben Sie *Januar* in Feld A8.

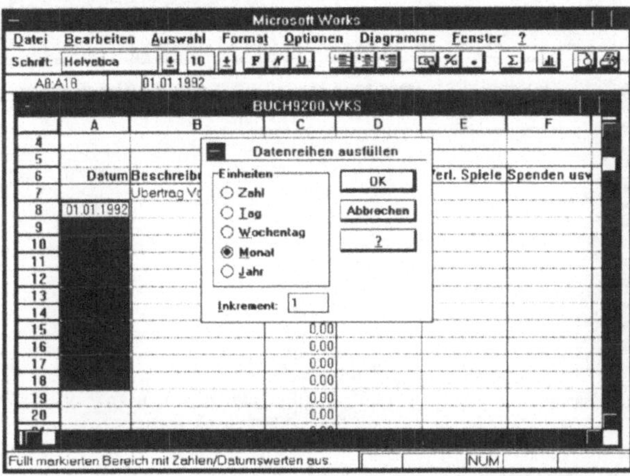

Abbildung 7-3: Die Monatsnamen werden automatisch ausgefüllt

Da das Feld mit dem Zahlenformat Tag, Monat, Jahr formatiert ist, Sie aber nur einen Monatsnamen eingegeben haben, geht Works davon aus, daß der Monat Januar des laufenden Jahres gemeint ist, und zeigt in Zelle A8 den Datumswert *01.01.1992* (bzw. das aktuelle Jahr) an.

Zellen ausfüllen   ➡ Markieren Sie den Bereich A8:A19, rufen Sie im Menü **Bearbeiten** den Befehl **Datenreihen ausfüllen** auf. Nehmen Sie im Dialogfeld die Eingaben entsprechend der *Abbildung 7-3* vor, klicken Sie auf OK.

Sie haben diesen sehr nützlichen Befehl bereits bei der Bearbeitung der Datenbank angewandt. Er hilft Ihnen bei der Erstellung von Datenreihen aller Art, seien es nun Datumswerte wie hier oder Zahlwerte wie in Kapitel 5. Im Feld Inkrement geben Sie die Schrittweite an, mit der der Ausgangswert in den einzelnen Feldern jeweils erhöht (oder bei einem negativen Wert im Feld Inkrement auch verringert) werden soll.

➡ Der Bereich A8:A19 ist noch markiert, rufen Sie im Menü **Format** den Befehl **Uhrzeit/Datum** auf, wählen Sie im Dialogfeld die Optionen Nur Monat und Langform. Legen Sie gleich eine linksbündige Ausrichtung für diesen Bereich fest.

Zeilen löschen   ➡ Löschen Sie überflüssige Zeilen: markieren Sie die Zeilen 20 bis 38, und führen Sie im Menü **Bearbeiten** den Befehl **Zeilen/Spalten löschen** aus.

Anzeige von Fehlerwerten

Works löscht die Zeilen 20 bis 38 und verschiebt die folgenden Zeilen nach oben, siehe auch *Abbildung 7-4*. Leider werden die Zellbezüge in den Formeln der Zellen C20 und D21:K21 nicht angepaßt, das müssen Sie selbst tun:

	A	B	C	D	E	F
8	Januar		0,00			
9	Februar		0,00			
10	März		0,00			
11	April		0,00			
12	Mai		0,00			
13	Juni		0,00			
14	Juli		0,00			
15	August		0,00			
16	September		0,00			
17	Oktober		0,00			
18	November		0,00			
19	Dezember		0,00			
20		Übertrag Folgemonat	FEHLER			
21	Summen:			FEHLER	FEHLER	FEHLER
22				Summe der Einnahmen:		
23						
24						

Abbildung 7-4: Anzeige von Fehlerwerten nach dem Löschen von Zeilen

➡ Markieren Sie die Zelle C20, ersetzen Sie in der Formel den Text *FEHLER* durch *c19*.

➡ Markieren Sie die Zelle D21, ersetzen Sie in der Formel den Text *FEHLER* durch *d8:d19*. Markieren Sie den Bereich D21:K21, führen Sie im Menü **Bearbeiten** den Befehl **Rechts ausfüllen** aus.

Sie haben in den Zellen C20 und D21 bis K21 korrekte Zellbezüge eingetragen, statt der Fehlerwerte werden jetzt Zahlwerte angezeigt, und auch in den Zellen G22 und K22 (deren Formeln sich auf die Zellen D21 bis K21 beziehen) können jetzt die richtigen Werte berechnet werden.

➡ Ändern Sie die Einträge in den Zellen B7 und B20 in *Übertrag Vorjahr* und *Übertrag Folgejahr*.

BUCH9200.WKS							
	A	B	C	D	E	F	G	H
1	Skatverein Reizende Herzchen							
2								
3	Buchführung 1992							
4								
5				Einnahmen				Ausga
6	Datum	Beschreibung	Bestand	Beiträge	Verl. Spiele	Spenden us	Sonstiges	Verwal
7		Übertrag Vorjahr						
8	Januar		0,00					
9	Februar		0,00					
10	März		0,00					
11	April		0,00					
12	Mai		0,00					
13	Juni		0,00					
14	Juli		0,00					
15	August		0,00					
16	September		0,00					
17	Oktober		0,00					
18	November		0,00					
19	Dezember		0,00					
20		Übertrag Folgejahr	0,00					
21	Summen:			0,00	0,00	0,00	0,00	
22				Summe der Einnahmen:			0,00	Summe

Abbildung 7-5: Die fertige Jahrestabelle nach der Korrektur der Zellbezüge

➡ Klicken Sie im Menü **Diagramme** auf **Einnahmen**.

➡ Im Diagrammfenster rufen Sie im Menü **Bearbeiten** den Befehl **Titel** auf und löschen den Eintrag im Feld Untertitel.

➡ Gehen Sie im Diagramm Ausgaben ebenso vor.

➡ Speichern Sie die Tabelle.

Werte aus anderen Tabelle kopieren

Die Werte in der Jahrestabelle sollten Sie nicht manuell erfassen, denn dabei schleichen sich leicht Übertragungsfehler ein. Vielmehr kopieren Sie die Summen der einzelnen Einnahmen- und Ausgabenspalten aus den Monatstabellen in das entsprechende Feld der Jahrestabelle:

➡ Öffnen Sie die Datei BUCH9201.WKS (Sie haben diese Datei zwar zu Beginn dieser Aufgabe geöffnet, aber nach dem Umbenennen befindet sie sich nicht mehr in Ihrem Arbeitsspeicher, siehe Abschnitt *Tabellenvorlage erstellen*).

➡ Markieren Sie die Zelle C7, führen Sie im Menü **Bearbeiten** den Befehl **Kopieren** aus.

➡ Aktivieren Sie das Fenster mit der Tabelle BUCH9200.WKS. Markieren Sie die Zelle C7, führen Sie im Menü **Bearbeiten** den Befehl **Einfügen** aus.

Sie sehen, daß die Übertragung über die Zwischenablage auch zwischen verschiedenen Tabellen möglich ist. Später werden Sie ebenso Daten zwischen andersartigen Dokumenten übertragen, siehe Abschnitte *Diagramm einfügen* und *Bericht einfügen*.

Beim Übertragen der Summenwerte aus Zeile 40 der Tabelle BUCH9201.WKS in Zeile 8 der Tabelle BUCH9000.WKS können Sie nicht genauso vorgehen - beim Kopieren werden nämlich nicht die Werte, sondern die zugrundeliegende Formel übertragen. Das würde in der Tabelle BUCH9200.WKS zu unerwünschten Ergebnissen führen.

➡ Aktivieren Sie die Tabelle BUCH9201.WKS, markieren Sie darin den Zellbereich D40:K40. Führen Sie im Menü **Bearbeiten** den Befehl **Kopieren** aus.

➡ Aktivieren Sie die Tabelle BUCH9200.WKS, markieren Sie darin den Bereich D8:K8. Rufen Sie im Menü **Bearbeiten** den Befehl **Inhalte einfügen** auf. Im Dialogfeld ist die Option Werte bereits richtig vorgegeben, klicken Sie auf OK.

Auf diese Weise werden nur die Werte aus der Tabelle BUCH9201 kopiert, nicht aber die zugrundeliegenden Formeln. Im Dialogfeld Inhalte einfügen gibt es auch noch die Optionen Werte addieren und Werte subtrahieren. Damit erreichen Sie, daß die Werte im Zielbereich um die Werte aus der Zwischenablage erhöht bzw. verringert werden.

Leider hat Works nicht nur die Werte, sondern auch die Formate übertragen; da der Bereich D8:K8 aber noch markiert ist, können Sie die Formatierung schnell korrigieren:

➡ Klicken Sie auf das Symbol Fett, um den Fettdruck aufzuheben. Rufen Sie im Menü **Format** den Befehl **Rahmen** auf, schalten Sie die Option Unten aus, um die Linie am unteren Rand der Zellen entfernen.

➡ Übernehmen Sie auf diese Weise auch die Summen weiterer Monate, die Sie in den Zellen D40:K40 der Tabellen BUCH9202.WKS, BUCH9203.WKS, BUCH9204.WKS, usw. erfaßt haben, in die Zellen D9:K9, D10:K10, D11:K11 usw. der Jahrestabelle BUCH9200.WKS. Die Jahrestabelle sollte Werte für mindestens sechs Monate enthalten; wenn Sie sich für diese Aufgabe die Arbeit erleichtern wollen, geben Sie direkt Zahlwerte in die Tabelle BUCH9200.WKS ein.

Ihre Tabelle sollte dann der *Abbildung 7-6* entsprechen (mit Ihren eigenen Zahlwerten für die Monate ab Februar).

Skatverein Reizende Herzchen						
Buchführung 1992						
			Einnahmen			
Datum	Beschreibung	Bestand	Beiträge	Verl. Spiele	Spenden usw	Sonstiges
	Übertrag Vorjahr	230,37				
Januar		568,99	360,00	184,00	150,00	43,12
Februar		220,67	240,00	140,00	25,00	0,00
März		342,87	350,00	157,00	0,00	23,50
April		733,43	280,00	92,00	200,00	135,26
Mai		827,63	320,00	230,00	0,00	0,00
Juni		1164,63	360,00	113,00	35,00	0,00
Juli		1164,63				
August		1164,63				
September		1164,63				
Oktober		1164,63				
November		1164,63				
Dezember		1164,63				
	Übertrag Folgejahr	1164,63				
Summen:			1910,00	916,00	410,00	201,88
			Summe der Einnahmen:			3437,88

Skatverein Reizende Herzchen						
Buchführung 1992						
			Ausgaben			
Datum	Beschreibung	Bestand	Verwaltung	Bewirtung	Preisskat	Sonstiges
	Übertrag Vorjahr	230,37				
Januar		568,99	43,50	217,50	100,00	37,50
Februar		220,67	103,55	214,95	400,00	34,82
März		342,87	53,10	120,00	100,00	135,20
April		733,43	25,35	95,40	100,00	95,95
Mai		827,63	46,80	185,00	100,00	124,00
Juni		1164,63	14,50	0,00	100,00	56,50
Juli		1164,63				
August		1164,63				
September		1164,63				
Oktober		1164,63				
November		1164,63				
Dezember		1164,63				
	Übertrag Folgejahr	1164,63				
Summen:			286,80	832,85	900,00	483,97
			Summe der Ausgaben:			2503,62

Abbildung 7-6: Jahrestabelle der Buchführung

Im zweiten Teil der Abbildung haben wir die Spalten mit den Einnahmen verborgen. Zum Verbergen von Spalten in der Tabelle gehen Sie ebenso vor wie in der Datenbank (siehe Abschnitt *Spaltenbreite ändern* in Kapitel 5): Sie markieren die Spalte(n), rufen im Menü **Format** den Befehl **Spaltenbreite** auf und geben im Dialogfeld *0* ein (oder Sie verringern die Spaltenbreite mit der Maus). Um wieder auf eine verborgene Spalte zugreifen zu können, rufen Sie im Menü **Auswahl** den Befehl **Gehe zu**. In einem Dialogfeld geben Sie im Feld Gehe zu einen Zellbezug in der verborgenen Spalte ein, beispielsweise *d1* in der zweiten Tabelle der *Abbildung 7-6*. Das Feld ist dann markiert, wird aber noch nicht angezeigt. Legen Sie mit dem Befehl **Spaltenbreite** aus dem Menü **Format** eine Breite von mehr als 0 Zeichen fest, wird die Spalte wieder angezeigt.

Säulendiagramm erstellen

Sie haben sogar schon zwei fertige Diagramme für den Zwischenbericht der Kassenwartin: die Diagramme Einnahmen und Ausgaben der Tabelle BUCH9200.WKS geben die Zusammensetzung der Einnahmen und Ausgaben für die abgelaufenen Monate wieder. Um die Entwicklung der Einnahmen und Ausgaben zeigen zu können, brauchen Sie jedoch noch ein anderes Diagramm:

➡ Markieren Sie in der Tabelle BUCH9200.WKS den Bereich D6:G19. Klicken Sie auf das Symbol Diagramm (oder rufen Sie im Menü **Diagramme** den Befehl **Neues Diagramm erstellen** auf). Works erstellt daraufhin folgendes Diagramm (da Sie andere Zahlen erfaßt haben, wird Ihr Diagramm ein wenig anders ausfallen):

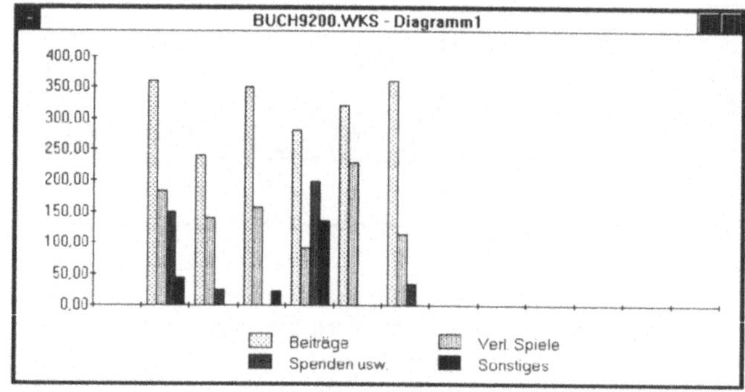

Abbildung 7-7: Automatisch erstelltes Säulendiagramm

Diesen Vorschlag von Works müssen Sie noch ein wenig bearbeiten, ähnlich wie in Kapitel 4.

Datenreihe einfügen

Da Sie in Ihrem Diagramm die Einnahmen mit den Gesamtausgaben vergleichen wollen, fügen Sie zunächst eine weitere Datenreihe mit der Summe der Ausgaben ein.

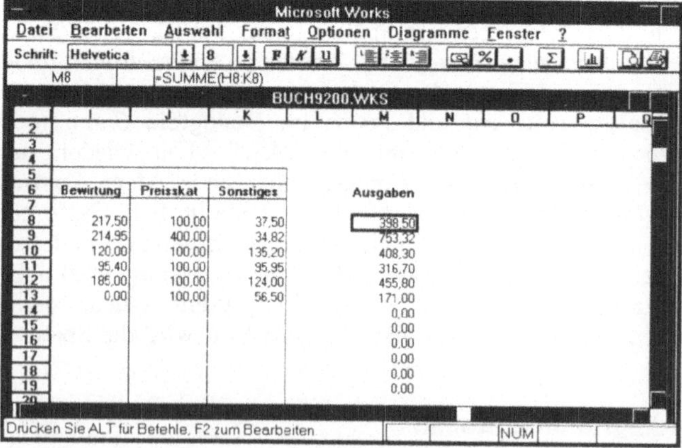

Abbildung 7-8: Eine zusätzliche Spalte für die Gesamtausgaben

➡ Aktivieren Sie die Tabelle.

➡ Berechnen Sie im Bereich M8:M19 die Monatssummen aller Ausgaben: erfassen Sie in Zelle M8 die Formel *=summe(h8:k8),* füllen Sie den Bereich M8:M19 mit der Formel aus.

➡ Schreiben Sie in Zelle M6 *Ausgaben*.

➡ Aktivieren Sie das Diagramm, rufen Sie im Menü **Bearbeiten** den Befehl **Datenreihen** auf.

➡ Geben Sie in das 5. Feld unter Y-Datenreihen den Bezug der neuen Datenreihe ein: *m8:m19.*

➡ Korrigieren Sie auch gleich die Bezüge in den ersten vier Feldern: schreiben Sie *d8:d19* statt *d7:d19* usw.

➡ Im Feld X-Datenreihe geben Sie den Zellbezug der Monatsnamen *a8:a19* ein.

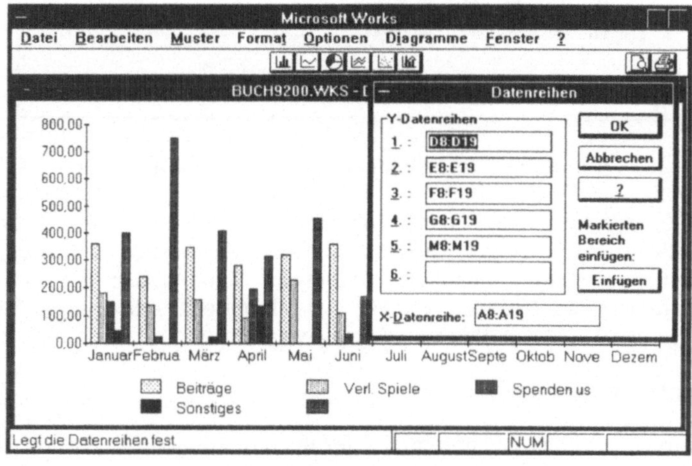

Abbildung 7-9: Festlegen der Datenreihen

Ergänzen Sie die Legende (falls in Ihrem Diagramm noch keine Legende angezeigt wird, aktivieren Sie im Menü **Format** den Befehl **Legende anzeigen**):

Legende ergänzen

➡ Rufen Sie im Menü **Bearbeiten** den Befehl **Legende** auf, geben Sie im Feld 5. Y-Datenreihe *m6* ein, den Bezug der Tabellenzelle, die den Text *Ausgaben* enthält.

Um die Gesamtsumme der Ausgaben und die einzelnen Einnahmearten getrennt darstellen zu können, fügen Sie eine zweite Y-Achse für die Ausgaben ein:

Zweite Y-Achse ergänzen

➡ Rufen Sie im Menü **Format** den Befehl **2 Y-Achsen** auf. Im Dialogfeld ist für alle Datenreihen die Option Links vorgegeben, wählen Sie stattdessen für die 5. Y-Datenreihe die Option Rechts.

Format der Y-Achse ändern

Die einzelnen Einnahmearten sollen pro Monat in einer Säule gestapelt werden, daher müssen Sie das Format der 1. Y-Achse ändern:

➡ Rufen Sie im Menü **Format** den Befehl **Y-Achse** auf. Wählen Sie die Option Gestapelt.

Ihr Diagramm sollte jetzt der *Abbildung 7-10* ähneln:

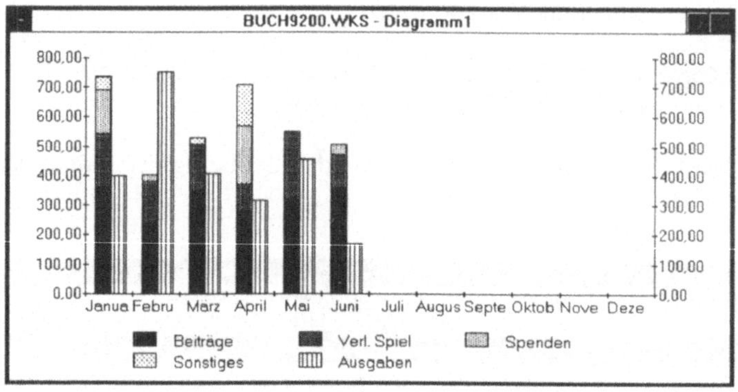

Abbildung 7-10: Einfügen einer zweiten Y-Achse

In Abhängigkeit von den Zahlen, die Sie in der Tabelle BUCH9200.WKS erfaßt haben, haben die beiden Y-Achsen möglicherweise unterschiedliche Teilungen. Dann geben Sie in den Dialogfeldern der Befehle **Y-Achse** bzw. **Rechte Y-Achse** unter Max einen für beide Achsen gleichen Maximalwert ein.

Diagramm gestalten

Die Grundform des Diagramms ist fertig, nun können Sie es noch ein wenig verschönern.

➡ Rufen Sie im Menü **Bearbeiten** den Befehl **Titel** auf. Im Feld Diagrammtitel geben Sie *Vergleich der Einnahmen und Ausgaben* und im Feld Untertitel *1992* ein.

➡ Aktivieren Sie im Menü **Format** den Befehl **Rahmen**.

➡ Ändern Sie gegebenenfalls die Schriftart und -größe über die Befehle **Titel-Schriftart** und **Sonstige Schriftarten** im Menü **Format**.

➡ Wenn Sie nicht auf einem Farbdrucker ausgeben werden, sollten Sie im Menü **Optionen** den Befehl **Druckbild** aktivieren. Dann wird das Diagramm (so wie in diesem Buch) schwarz-weiß dargestellt.

➡ Ändern Sie gegebenenfalls die Zuordnung der Muster und Farben zu den einzelnen Datenreihen. Rufen Sie dazu im Menü **Format** den Befehl **Muster und Farben** auf (siehe auch Abschnitt *Muster und Farben darstellen* in Kapitel 4).

Stört es Sie, daß die Monatsnamen an der X-Achse teilweise abgeschnitten sind? Wählen Sie entweder eine kleinere Schriftgröße oder erfassen Sie in einem separaten Zellbereich der zugrundeliegenden Tabelle korrekt abgekürzte Monatsnamen in der Form *Jan*, *Feb*, usw. Anschließend rufen Sie im Menü **Bearbeiten** den Befehl **Datenbeschriftung** auf und geben im Feld X-Datenreihe des Dialogfelds den Bezug auf diese Zellen ein.

➡ Ergänzen Sie nach Belieben eine Kopf- und/oder Fußzeile.

Kopf-/Fußzeilen

Ihr Diagramm entspricht jetzt der *Abbildung 7-11* und ist damit fertig. Bevor Sie sich mit der nächsten Teilaufgabe beschäftigen, sollten Sie ihm einen aussagefähigen Namen geben:

Diagramm umbenennen

➡ Rufen Sie im Menü **Diagramme** den Befehl **Diagramm umbenennen** auf. Im Dialogfeld wählen Sie im Listenfeld *Diagramm1* aus und geben im Feld Name *Einn-Ausg-Vergl* ein; klicken Sie erst auf Umbenennen, dann auf OK.

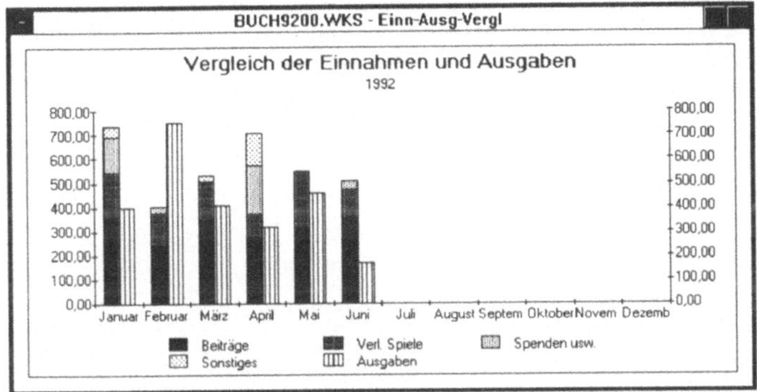

Abbildung 7-11: Das fertige Säulendiagramm

Damit haben Sie einen Teil der Aufgabe gelöst und können die Mitgliederdatenbank erweitern. Vorher sollten Sie jedoch einige Tabellen schließen. Zum einen entlasten Sie dadurch Ihren Arbeitsspeicher, zum anderen können Sie ja in Works nur 8 Fenster gleichzeitig bearbeiten - und Sie müssen zum Bearbeiten dieser Aufgabe noch einige andere Dokumente öffnen.

➡ Schließen Sie alle Tabellen mit Monatswerten. Speichern Sie die Tabelle BUCH9200.WKS noch einmal, bevor Sie mit der Datenbank weiterarbeiten.

Mitgliederdatenbank erweitern

Ihre Mitgliederdatenbank umfaßt zur Zeit nur die Anschrift der
Mitglieder sowie einige Angaben zu den jetzigen und bisherigen
Funktionen im Verein. Es wäre natürlich sinnvoll, auch Informationen
über den Punktestand aufzunehmen: Sie können dann jederzeit den
Punktestand eines Mitglieds abrufen und Ranglisten ausgeben.

Weitere Felder einfügen

Wie schon in Kapitel 5 gesagt, läßt sich eine bestehende Datenbank
jederzeit um weitere Felder erweitern. Dazu bearbeiten Sie die Datenbank
in der Formular- oder aber der Listenansicht. Öffnen Sie zunächst die
Mitgliederdatenbank:

➡ Rufen Sie im Menü **Datei** den Befehl **Vorhandene Datei öffnen**
   auf. Im Dialogfeld geben Sie im Feld Dateiname *mitglied* ein oder
   wählen diese Datei im Listenfeld aus.

➡ Works zeigt daraufhin die Mitgliederdatenbank an, die Sie in Kapitel 5 erstellt haben. Wechseln Sie gegebenenfalls in die Formularansicht. Führen Sie einen vertikalen Bildlauf durch, bis keines
   der bestehenden Felder mehr zu sehen ist.

➡ Erstellen Sie zusätzliche Felder, positionieren Sie sie ähnlich wie in
   Abbildung 7-12. Beachten Sie, daß *Punktestand für* eine Beschriftung, *Mitglied:* jedoch ein Feld ist (diese Aufteilung ist nötig,
   weil die Länge von Feldnamen beschränkt ist).

```
┌────────────────────────────────────────────┐
│  Punktestand für Mitglied:     4            │
│                             ··········       │
│                                             │
│                      Anwesend:   2          │
│                                ·····         │
│                      Gewonnen:   4          │
│                                ··········    │
│                      Verloren:   4          │
│                                ··········    │
│                       Punkte:    6          │
│                                ··········    │
│                                             │
│                   Durchschnitt:   4         │
│                                 ··········   │
└────────────────────────────────────────────┘
```

*Abbildung 7-12: Erweitertes Formular der Mitgliederdatenbank (mit
Angabe der Feldlänge)*

Das Feld Mitglied wird nur erfaßt, damit Sie in der Formularansicht auch
auf dem zweiten Bildschirm wissen, für wen Sie Daten erfassen/anzeigen.

*Formel in
Datenbankfeld*

➡ Geben Sie in das Feld Mitglied die Formel =*Mitgliedsnummer*
   ein. Damit wird die Mitgliedsnummer aus dem gleichnamigen Feld
   in das Feld *Mitglied* übernommen.

➥ Geben Sie in das Feld Durchschnitt die Formel *=Punkte/Anwesend* ein. Damit wird die durchschnittliche Punktzahl einer Spielerin pro Spielabend (an dem sie teilgenommen hat) berechnet.

Stören Sie sich nicht an dem Fehlerwert, der im Feld Durchschnitt angezeigt wird. Vorläufig enthält das Feld Anwesend noch keinen Wert, daher wird im Feld Durchschnitt eine Division durch 0 durchgeführt. Diesen Mißstand werden Sie im nächsten Abschnitt beheben.

Anzeige von Fehlerwerten

Daten eingeben

Den aktuellen Punktestand der Mitglieder geben Sie am schnellsten in der Listenansicht ein.

➥ Wechseln Sie in die Listenansicht, und sortieren Sie die Datenbank nach Mitgliedsnummer. Dazu rufen Sie im Menü **Auswahl** den Befehl **Datensätze sortieren** auf und geben im ersten Feld des Dialogfelds *Mitgliedsnummer* ein.

➥ Geben Sie die Feldinhalte wie in *Abbildung 7-13* ein. Beachten Sie, daß Sie das Feld Durchschnitt nicht zu erfassen brauchen.

	Mitglied	Anwesend	Gewonnen	Verloren	Punkte	Durchschnitt
1	1	22	214	23	32.415	1.473
2	2	17	154	24	24.412	1.436
3	3	9	89	24	12.612	1.401
4	4	16	112	20	20.259	1.266
5	7	23	194	35	32.076	1.395
6	8	25	224	37	30.966	1.239
7	9	12	98	15	16.366	1.364
8	10	17	153	26	21.311	1.254
9	11	23	234	63	27.231	1.184
10	12	18	158	37	21.103	1.172
11	13	23	186	54	26.317	1.144
12						
13						
14						
15						

Abbildung 7-13: Punktestand der Mitglieder

Noch besser wäre es natürlich, wenn Sie den Punktestand der Mitglieder nicht von Hand eingeben (und dazu nach jedem Spielabend neu berechnen) müßten. Denkbar ist eine Tabelle, in der Sie pro Spieler und Spieltag die Ergebnisse erfassen und summieren; dann könnten Sie die Summen in die Datenbank kopieren. Aber diese Aufgabe werden Sie allein lösen können, nachdem Sie dieses Kapitel durchgearbeitet haben...

Formatieren Sie die neuen Felder:

➥ Markieren Sie die Spalten Punkte und Durchschnitt, rufen Sie im Menü **Format** den Befehl **Tausenderpunkt** auf, im Dialogfeld geben Sie im Feld Dezimalstellen *0* ein.

Bericht

Eine der Aufgaben lautete, einen Bericht zu erstellen, aus dem die augenblickliche Rangfolge der Spielerinnen nach Punktestand hervorgeht. Außerdem sollen in diesem Bericht auch noch einige statistische Auswertungen gemacht werden.

➡ Wechseln Sie in die Berichtsansicht: klicken Sie auf das Symbol Berichtsansicht, oder rufen Sie im Menü **Ansicht** den Befehl **Neuen Bericht erstellen** auf.

➡ Im Dialogfeld Neuen Bericht erstellen übernehmen Sie die folgenden Datenbankfelder in den Bericht: *Mitgliedsnummer, Nachname, Anwesend, Gewonnen, Verloren, Punkte, Durchschnitt.* Geben Sie *Rangliste* in das Feld Berichtstitel ein.

➡ Im Dialogfeld Berichtsstatistik legen Sie fest, welche Auswertungen in dem Bericht ausgeführt werden sollen. Wählen Sie im Listenfeld Felder im Bericht *Mitgliedsnummer* aus, klicken Sie unter Statistik auf Anzahl. Unter Position behalten Sie die Option Zusammen in Zeilen bei. Klicken Sie *nicht* auf OK, sondern wählen Sie erst noch die weiteren Felder aus, deren Inhalte Sie auswerten wollen.

➡ Markieren Sie im Listenfeld *Punkte*, klicken Sie auf Summe und Mittelwert (siehe auch *Abbildung 7-14*) und dann auf OK.

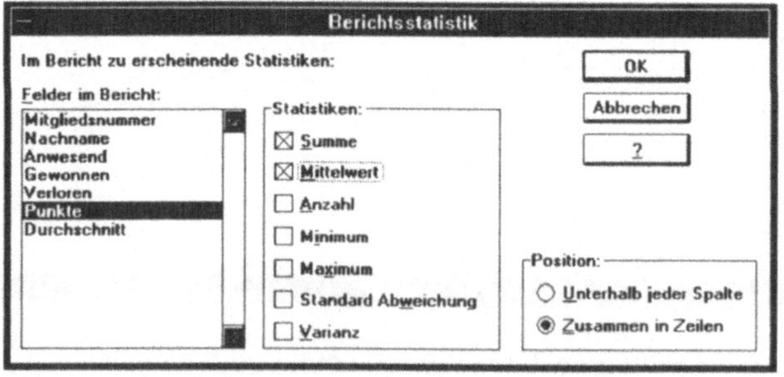

Abbildung 7-14: Berichtsstatistik

Works meldet, daß der Bericht erstellt ist. In *Abbildung 7-15* ist ein Ausschnitt der Berichtsansicht dargestellt.

Zus. Bericht   Neben Zeilentypen, die Sie bereits aus Kapitel 5 kennen, enthält die Berichtsansicht Zeilen vom Typ Zus. Bericht. Mit diesen Zeilen wird Works veranlaßt, für einen ganzen Bericht Berechnungen durchzuführen, wie beispielsweise die Gesamtpunktzahl aller Spielerinnen zu ermitteln oder die Summe der verlorenen Spiele zu berechnen. In der Rangliste werden dazu neben der bereits bekannten Funktion SUMME die Funktionen ANZAHL und MITTELW eingesetzt.

	A	B	C	D	E	
Berichtstitel				Rangliste		
Berichtstitel						
Spaltenname	Mitgliedsnummer	Nachname	Anwes	Gewonnen	Verloren	F
Spaltenname						
Datensatz	=Mitgliedsnummer	=Nachname	=Anwe	=Gewonnen	=Verloren	=Pu
Zus. Bericht						
Zus. Bericht	Anzahl Mitgliedsnummer:			=ANZAHL(Mitgliedsnummer)		
Zus. Bericht	Summe Punkte:			=SUMME(Punkte)		
Zus. Bericht	Mittelwert Punkte:			=MITTELW(Punkte)		

Abbildung 7-15: Berichtsansicht

Die Funktion *ANZAHL(Bereichsbezug0; Bereichsbezug1;...)* liefert als Ergebnis die Anzahl der Zellen, die in den Bereichsbezügen enthalten sind. Der Wert für ANZAHL erhöht sich für jede Zelle, die eine Zahl, eine Formel, Text oder einen Fehlerwert enthält, um 1. Im Bericht wird diese Funktion eingesetzt, um die Anzahl der Spieler in der Rangliste zu ermitteln - unter der Voraussetzung, daß das Feld Mitgliedsnummer in jedem Datensatz einen Wert enthält.

Funktion ANZAHL

Die Funktion *MITTELW(Bereichsbezug0;Bereichsbezug1;...)* liefert als Ergebnis den mittleren Wert der Werte in den Bereichsbezügen. Leere Zellen in Zellbezügen werden dabei mit 0 bewertet.

Funktion MITTELW

Außer dem Zeilentyp Zus. Bericht, den Sie in diesem Kapitel kennenlernen, und den Zeilentypen, die Ihnen bereits aus Kapitel 5 vertraut sind, gibt es noch Zeilen des Typs Einf. Feldname und Zus. Feldname (Feldname wird dabei durch den Namen eines Datenbankfeldes ersetzt, beispielsweise Zus. Verloren oder Einf. Gewonnen) Mit den Zeilen Einf. Feldname weisen Sie Works an, beim Sortieren der Datensätze eine leere Zeile oder eine Spaltenüberschrift (meist den Feldnamen) *vor* jeder Datensatzgruppe einzufügen. Mit der Zeile Zus. Feldname veranlassen Sie Works, beim Sortieren der Datensätze *nach* jeder Datensatzgruppe eine statistische Zusammenfassung zu erstellen (ähnlich wie am Ende des Berichts). Dazu ist es erforderlich, die Datensätze zu sortieren und durch Einfügen einer Sortierunterbrechung zu gruppieren, d.h. Datensätze mit übereinstimmenden Einträgen im Sortierfeld zusammenzufassen. Beispielsweise könnten Sie in einer Bücherliste alle Bücher eines Autors zusammenstellen. Die entsprechenden Angaben zur Gruppierung machen Sie im Dialogfeld des Befehls **Datensätze sortieren** aus dem Menü **Auswahl**.

Bericht bearbeiten

Anhand Ihrer Angaben in den Dialogfeldern Neuen Bericht erstellen bzw. Berichtsstatistik hat Works bereits alle notwendigen Zeilen in die Berichtsansicht eingefügt, Sie können aber jederzeit weitere Zeilen einfügen oder überflüssige Zeilen entfernen. Beispielsweise könnten Sie eine weitere Auswertung veranlassen:

Feldzusammen- ➡ Markieren Sie ein Feld unterhalb der letzten Zeile des Typs Zus.
fassung einfügen   Bericht. Rufen Sie im Menü **Bearbeiten** den Befehl
                       Feldzusammenfassung einfügen auf. Im Dialogfeld wählen Sie ein
                       Feld und eine Statistik aus, z.B. Feld *Gewonnen* und Summe,
                       bevor Sie auf OK klicken.

                   ➡ Markieren Sie das nächste Feld in derselben Spalte. Rufen Sie den
                       Befehl noch einmal auf, wählen Sie das Feld *Gewonnen* und die
                       Option Mittelwert.

Works fügt jeweils eine Zeile des Typs Zus. Bericht mit der gewählten
Funktion ein.

                   ➡ Ergänzen Sie in der Spalte A der entsprechenden Zeilen eine Be-
                       schriftung, formatieren Sie diese (siehe auch *Abbildung 7-16*).

Bericht gestalten

Ändern Sie einige der Works-Vorgaben zur Formatierung:

Spaltennamen   ➡ Ändern Sie die Bezeichnungen in der 1. Zeile des Typs Spalten-
ändern   name entsprechend der *Abbildung 7-16*. Passen Sie die Spalten-
                     breiten den Feldlängen an.

MITGLIED.WDB							
	A	B	C	D	E	F	G
Berichtstitel				Rangliste			
Berichtstitel							
Spaltenname	Mitglied		Anw.	Gew.	Verl.	Punkte	Durchschnitt
Spaltenname							
Datensatz	=Mitglieds	=Nachname	=Anwe	=Gewonn	=Verlorer	=Punkte	=Durchschn
Zus. Bericht							
Zus. Bericht	Anzahl Mitgliedsnummer:			=ANZAHI			
Zus. Bericht	Summe Punkte:			=SUMME			
Zus. Bericht	Mittelwert Punkte:			=MITTEL			
Zus. Bericht	Summe gewonnener Spiele:			=SUMME			
Zus. Bericht	Mittelwert gewonnener Spiele:			=MITTEL			

Abbildung 7-16: Geänderte Spaltenüberschriften

Kopf- und Fuß- ➡ Fügen Sie eine Kopf- und eine Fußzeile ein: rufen Sie im Menü
zeile erstellen   **Bearbeiten** den Befehl **Kopf-/Fußzeilen** auf, geben Sie im Feld
                       Kopfzeile *Skatverein Reizende Herzchen* und im Feld Fußzeile
                       Stand vom &k ein. (Sie erinnern sich - mit dem Code &k veranlas-
                       sen Sie Works, das aktuelle Datum in der Kopf- oder Fußzeile zu
                       drucken).

Schriftart und - ➡ In der Berichtsansicht können Sie unabhängig von den anderen
größe festlegen   Ansichten eine Schriftart und -größe für den Bericht festlegen, und
                        zwar entweder über die Symbolleiste oder über den entsprechenden

Befehl aus dem Menü **Format**. Wählen Sie beispielsweise Schriftart *Helvetica* und Schriftgröße *8*.

Natürlich soll der Bericht auch sortiert sein :

Datensätze sortieren

➡ Rufen Sie im Menü **Auswahl** den Befehl **Datensätze sortieren** auf. Geben Sie im 1. Feld *Punkte* und die Option Absteigend ein.

Außerdem soll der Bericht einen Namen bekommen:

Bericht benennen

➡ Rufen Sie im Menü **Ansicht** den Befehl **Bericht umbenennen** auf. Wählen Sie im Dialogfeld den *Bericht1* aus, geben Sie im Feld Name *Rangliste* ein, klicken Sie erst auf Umbenennen, dann auf OK.

➡ Schalten Sie in die Seitenansicht, und vergewissern Sie sich, daß der Bericht übersichtlich gestaltet und korrekt sortiert ist. Drucken Sie ihn aus.

Bericht drucken

➡ Speichern Sie die Datenbank MITGLIED.WDB. Damit ist auch der Bericht Rangliste gesichert und steht Ihnen in Zukunft jederzeit zur Verfügung.

Briefvorlage erstellen

Die einzelnen Elemente, die in die Einladung eingefügt bzw. mit der Einladung verschickt werden sollen, sind bereit, nun fertigen Sie den Brief selbst an.

➡ Erstellen Sie zunächst ein neues Textverarbeitungsdokument: rufen Sie im Menü **Datei** den Befehl **Neue Datei erstellen** auf, klicken Sie im Dialogfeld auf das Symbol Textverarbeitung.

➡ Rufen Sie im Menü **Datei** den Befehl **Seite einrichten** auf, und legen Sie die folgenden Einstellungen fest: Rand oben und Rand unten: *2 cm*, Rand links: *3 cm*, Rand rechts: *4 cm*, Kopfzeilenrand und Fußzeilenrand: *1,25 cm*.

➡ Legen Sie die Schriftart und -größe für den allgemeinen Text fest, beispielsweise Schriftart *Helvetica* und Schriftgröße *12*.

➡ Drücken Sie mehrmals die EINGABETASTE, um einige neue Absätze in der Standardformatierung zu erstellen.

Zeichnung einfügen

Der Briefkopf besteht aus dem Vereinsemblem, das Sie im Kapitel 6 gezeichnet haben. Kopieren Sie es in den Brief :

➡ Öffnen Sie die Datei ENTWURF.WPS, markieren Sie darin die Zeichnung mit dem Vereinsemblem, indem Sie darauf klicken

(*nicht* doppelklicken - mit Doppelklicken auf ein Objekt rufen Sie
Draw auf). Führen Sie im Menü **Bearbeiten** den Befehl **Kopieren**
aus.

➡ Aktivieren Sie das Fenster mit dem neuen Textdokument. Positionieren Sie die Einfügemarke vor die erste Absatzendemarke, und
führen Sie im Menü **Bearbeiten** den Befehl **Einfügen** aus.

Works fügt daraufhin das Vereinsemblem in das neue Textdokument ein,
positionieren Sie es gleich in die rechte obere Ecke des Briefes:

➡ Markieren Sie das Emblem, klicken Sie auf das Symbol Rechtsbündig.

Brieffenster erstellen

➡ Positionieren Sie die Einfügemarke vor die nächste Absatzendemarke, wählen Sie eine kleine Schriftgröße für die Absenderangabe, beispielsweise *8*, klicken Sie auf das Symbol Unterstrichen.

➡ Schreiben Sie den Absender: *Skatverein Reizende Herzchen -
Baumweg 4 - D-4030 Ratingen*. Drücken Sie *nicht* die EINGABE-
TASTE, denn die kleine Schrift und der Schriftstil sollen nur für
diese eine Zeile gelten.

➡ Positionieren Sie die Einfügemarke vor das nächste Absatzzeichen,
schreiben Sie *Frau* EINGABETASTE.

Die nachfolgenden Elemente der Anschrift sind Felder der Datenbank,
denn Sie wollen ja einen Serienbrief an Ihre Vereinskameradinnen
schreiben. Mit der Serienbrieffunktion drucken Sie mehrere Kopien eines
Dokuments aus, dabei werden automatisch unterschiedliche Informationen wie Name und Anschrift oder der aktuelle Punktestand in jede Kopie
eingefügt. Works entnimmt diese Informationen markierten Datenbankfeldern.

Datenbankfelder   ➡ Die Datenbank MITGLIED.WDB muß geöffnet sein.
einfügen

➡ Rufen Sie vom Textdokument aus im Menü **Einfügen** den Befehl
Datenbankfeld auf. Die richtige Datenbank dürfte bereits markiert
sein, dann sind im zweiten Listenfeld die Felder der Datenbank
aufgeführt. Wählen Sie das Feld *Vorname* aus, klicken Sie auf OK.

Platzhalter   Works fügt daraufhin einen Platzhalter in den Brieftext ein, der durch den
Feldnamen und Steuerzeichen (doppelte spitze Klammern) gekenn-
zeichnet ist. Zwischen Platzhaltern können Sie beliebigen Text schreiben,
der dann in allen Kopien des Serienbriefs gleich sein wird. Insbesondere
sollten Sie daran denken, aufeinanderfolgende Platzhalter durch ein
Leerzeichen oder ein anderes Satzzeichen zu trennen, sonst werden im
fertigen Brief beispielsweise Vorname und Nachname ohne
Wortzwischenraum gedruckt.

➡ Fügen Sie die weiteren Felder in die Anschrift ein, und ergänzen Sie den Text wie in *Abbildung 7-17*. Das Feld *Datum(Langform)* erzeugen Sie folgendermaßen: rufen Sie im Menü **Einfügen** den Befehl **Sonderzeichen** auf. Im Dialogfeld wählen Sie die Option Datum (Langform) drucken.

Works fügt an der Position der Einfügemarke einen Platzhalter für das Datum in der Form *Datum(Langform)* ein. Auf diese Weise erreichen Sie, daß beim Drucken des Briefes das aktuelle Datum in der Form *1. Juli 1992* eingefügt wird. Mit der Option Datum drucken wird das Datum in der Kurzform, beispielsweise *01.07.1992* erzeugt, bei der Option Aktuelles Datum wird das Tagesdatum eingefügt, es erfolgt keine Aktualisierung des Datums, wenn Sie den Brief an einem anderen Tag drucken.

Datum einfügen

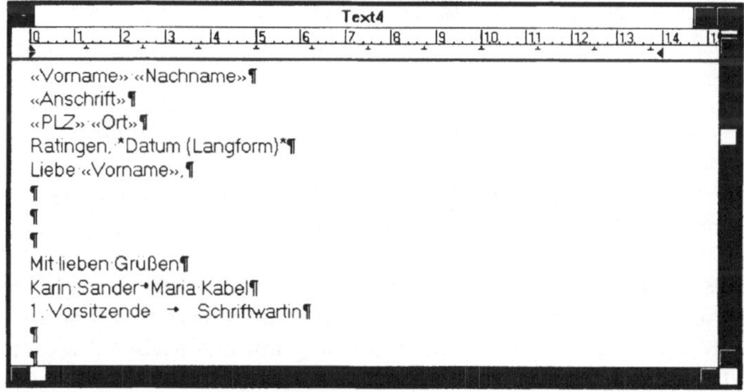

Abbildung 7-17: Anschrift aus Datenbankfeldern, Texte für die Vorlage

➡ Formatieren Sie die bisherigen Eingaben:

Absender:	Abstand nach dem Absatz: 2ze
Anschrift:	Abstand nach dem Absatz: 1ze
Datum:	rechtsbündig, Abstand vor dem Absatz: 2ze, Abstand nach dem Absatz: 1ze
Anrede:	Abstand nach dem Absatz: 1ze
Leere Absätze:	Abstand nach dem Absatz: 1ze
Grußformel:	Abstand vor dem Absatz: 1ze, Abstand nach dem Absatz: 3ze
Unterzeichner:	Tabstop: 5cm
letzter Absatz:	Tabstop: 5cm, Schriftgröße: 8

Ihr Dokument sollte jetzt der *Abbildung 7-18* entsprechen:

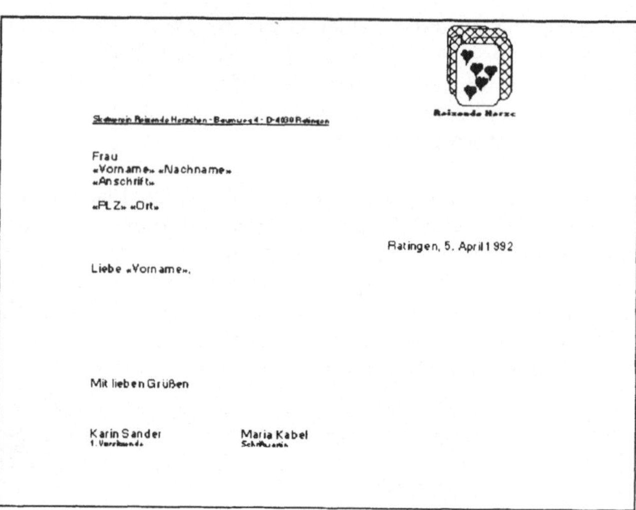

Abbildung 7-18: Briefvorlage in der Seitenansicht

Vorlage prüfen   ➡ Drucken Sie die erste Seite Ihres Dokuments. Prüfen Sie insbesondere, ob Absender und Anschrift in das Brieffenster passen.

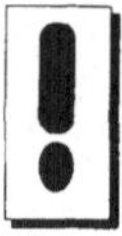

Die Absenderangabe und die Anschrift sollen im Fenster eines Briefumschlags erscheinen, müssen also genau positioniert werden. Wenn Sie, wie in Kapitel 6 empfohlen, eine Zeichnung mit den Maßen 3 x 3 cm erstellt haben, führen die Einstellung des oberen Seitenrandes und das Einfügen der Zeichnung dazu, daß die Absenderangabe am oberen Rand des Brieffensters erscheint. Bei einer Zeichnung mit abweichenden Ausmaßen passen Sie den oberen Seitenrand an, ändern den Abstand vor dem Absatz mit der Absenderangabe oder skalieren die Zeichnung. Wenn Sie schnell die Größe der Zeichnung ändern wollen, ohne erst im Dokument ENTWURF.WPS zu arbeiten, doppelklicken Sie auf die Zeichnung: Works ruft dann Draw auf, und Sie können die Zeichnung skalieren (siehe Abschnitt *Abgerundetes Rechteck vergrößern/verkleinern* im vorigen Kapitel).

➡ Wenn die Einstellungen korrekt sind, speichern Sie den Brief erstmalig unter dem Namen *briefvor*.

Sie haben damit eine allgemein verwendbare Briefvorlage erstellt. Wann immer Sie jetzt einen Brief schreiben wollen, öffnen Sie das Dokument BRIEFVOR.WPS, erstellen eine Kopie des Dokuments und bearbeiten dieses, ohne sich um die korrekte Einstellung der Abstände usw. kümmern zu müssen. Wenn Sie sich eine Datenbank mit Ihren Adressen aufbauen (und die gleichen Feldnamen verwenden), brauchen Sie bloß diese Datenbank zu öffnen, den oder die Adressaten des Briefes auszusuchen (siehe Abschnitt *Datenbank abfragen* in Kapitel 5) und den Brieftext zu ergänzen. Wenn Sie die Anschriften nicht einer Datenbank entnehmen wollen, ersetzen Sie die Datenbankfelder einfach durch Namen und Anschrift des Empfängers.

Einladung erstellen

Brieftext eingeben

➡ Da Sie die Briefvorlage nicht verändern sollten, erstellen Sie zunächst eine Kopie davon: speichern Sie das aktuelle Dokument BRIEFVOR.WPS (das Sie soeben erstmalig gespeichert haben) sofort wieder unter dem Namen *einladen*.

➡ Positionieren Sie die Einfügemarke vor die Absatzendemarke unterhalb der Anrede, schreiben Sie die nachfolgenden Absätze wie in *Abbildung 7-19*. Beachten Sie, daß Sie im vorletzten Absatz ein Datenbankfeld einzufügen haben.

hiermit möchten wir Dich zu der nächsten Mitgliederversammlung einladen.

Ordentliche Mitgliederversammlung UMSCHALTTASTE+EINGABETASTE *17. Juli 1992* UMSCHALT-TASTE+EINGABETASTE *20 Uhr* UMSCHALTTASTE+EINGABETASTE *Ratskrug zu Ratingen*

Die folgende Tagesordnung ist vorgesehen:

1. Begrüßung UMSCHALTTASTE+EINGABETASTE *2. Tagesordnung* UMSCHALTTASTE +EINGABETASTE *3. Protokoll der letzten Sitzung* UMSCHALTTASTE+EINGABETASTE *4. Bericht der Kassenwartin* UMSCHALTTASTE+EINGABETASTE *5. Jubiläumsfeier* UMSCHALT-TASTE+EINGABETASTE *6. Verschiedenes*

Zu Punkt 4 der vorgeschlagenen Tagesordnung:

Gegenüberstellung der Einnahmen und Ausgaben

Die Kassenwartin Linda Schultze hat eine Übersicht der bisherigen Einnahmen und Ausgaben erstellt, aus der hervorgeht, daß unsere Einnahmen die Ausgaben bei weitem übersteigen. Unter Berücksichtigung der Preisgelder, die wir für den Ratinger Preisskat aussetzen, können wir mit einem Jahresüberschuß von DM 1000,- rechnen. Wir sollten über die Verwendung dieses Geldes diskutieren.

Zu Punkt 6 der vorgeschlagenen Tagesordnung:

Seit die Mitgliederverwaltung mit dem Programm Works erfolgt, können wir zu jedem Spieltag den aktuellen Punktestand der einzelnen Mitglieder sowie deren Rangfolge mitteilen. Augenblicklich hast Du «Punkte» Punkte, Deinen derzeitigen Meisterschaftsplatz kannst Du der nachfolgenden Aufstellung entnehmen.

Wir bitten Dich, pünktlich zu der Versammlung zu erscheinen.

Abbildung 4-19: Brieftext

➡ Entfernen Sie überflüssige Absatzendemarken aus dem Text.

➡ Formatieren Sie die Absätze des Brieftexts wie folgt:

Absatz *Ordentliche...:*	fett , zentriert, linker und rechter Einzug je 3 cm
Absatz *Die folgende ...,:*	fett
Absatz *1. Begrüßung ...:*	linker Einzug 2 cm
Absatz *Zu Punkt 4 ...:*	fett
Absatz *Gegenüberstellung...:*	Schriftgröße 10, kursiv, zentriert.
Absatz *Zu Punkt 6 ...:*	fett

Absatz umrahmen

In der Einladung sollen die Daten der Mitgliederversammlung umrahmt werden. Rahmen bestehen aus einfachen, doppelten oder fettgedruckten Linien, die einen oder mehrere Absätze vom übrigen Text abheben. Sie verlaufen vom linken Seitenrand oder Einzug bis zum rechten Seitenrand oder Einzug. Ein Rahmen ist entweder ein Kasten, der den ganzen Absatz umrahmt (ähnlich wie der Kasten um die Kapitelüberschriften in diesem Buch) oder aber eine Linie an einer oder mehreren Seiten des Absatzes. Mit Rahmenelementen lenken Sie die Aufmerksamkeit auf wichtige Stelle, trennen Abschnitte innerhalb eines Dokuments voneinander, unterstreichen Unterschriften oder erzielen ähnliche visuelle Effekte.

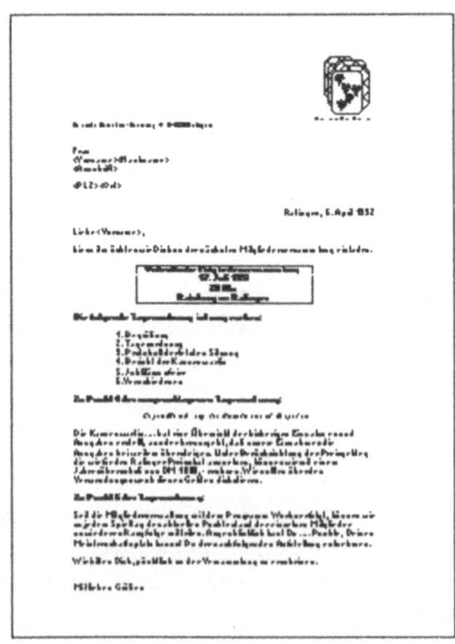

Abbildung 7-20: Die erste Seite des Briefes in der Seitenansicht

➡ Markieren Sie den Absatz. Rufen Sie im Menü **Format** den Befehl **Rahmen** auf.

➡ Im Dialogfeld wählen Sie unter Rahmenart die Option Gesamt, unter Liniendarstellung die Option Fett, klicken Sie auf OK.

➡ Schalten Sie in die Seitenansicht, um die Formatierung zu prüfen, Ihr Brief sollte jetzt der *Abbildung 7-20* entsprechen. Klicken Sie auf Abbrechen.

Diagramm einfügen

Vor dem Absatz *Gegenüberstellung...* soll das Diagramm Einn-Ausg-Vergl eingefügt werden.

➡ Aktivieren Sie die Tabelle BUCH9200.WKS, wählen Sie im Menü **Diagramme** das Diagramm Einn-Ausg-Vergl aus. Führen Sie im Menü **Bearbeiten** den Befehl **Kopieren** aus.

➡ Aktivieren Sie das Fenster mit dem Textverarbeitungsdokument EINLADEN.WPS. Positionieren Sie die Einfügemarke an den Anfang des Absatzes *Gegenüberstellung...*, drücken Sie die EINGABETASTE. Positionieren Sie die Einfügemarke in den neuen Absatz, führen Sie im Menü **Bearbeiten** den Befehl **Einfügen** aus.

Works fügt das Diagramm in den Text ein, skaliert es auch gleich entsprechend der Seitenränder.

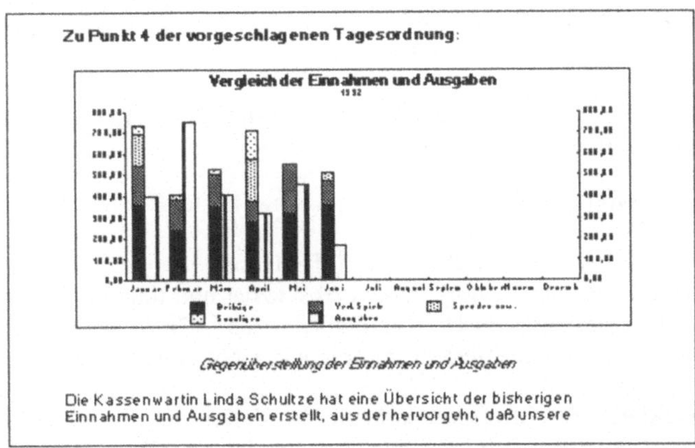

Abbildung 7-21: Einfügen eines Diagramms (Ausschnitt aus der vergrößerten Seitenansicht)

Bericht einfügen

Anschließend fügen Sie den Bericht mit der Rangliste der Spieler ein:

→ Aktivieren Sie das Fenster mit dem Bericht Rangliste.

→ Markieren Sie in der Berichtsansicht die Teile des Berichts, die Sie kopieren wollen, hier die Spalten A bis G und alle Zeilen mit einer Berichtsdefinition. Führen Sie im Menü **Bearbeiten** den Befehl **Bericht kopieren** aus.

→ Aktivieren Sie das Fenster mit dem Textverarbeitungsdokument EINLADEN.WPS. Positionieren Sie die Einfügemarke an den Anfang des Absatzes *Wir bitten Dich...*, drücken Sie die EINGABE-TASTE. Positionieren Sie die Einfügemarke in den leeren Absatz, führen Sie im Menü **Bearbeiten** den Befehl **Einfügen** aus.

Works fügt den Bericht an der angegebenen Stelle ein, erschrecken Sie nicht, wenn er sich noch nicht in bester Form präsentiert, siehe *Abbildung 7-22*:

```
→    →              →        → Rangliste¶
→¶
→Mitglied→          →        Anw. → Gew. → Verl. → Punkte
→Durchschnitt¶
→¶
→1   →  Sander       →        22 → 214 → 23 → 32.415
→1.473¶
→7   →  Halbweg      →        23 → 194 → 35 → 32.076
→1.395¶
→8   →  Neumann      →        25 → 224 → 37 → 30.966
→1.239¶
```

Abbildung 7-22: Der Datenbankbericht ist im Textverarbeitungsdokument noch unformatiert

→ Wechseln Sie in die Seitenansicht, da wirkt der Bericht wohl schon übersichtlicher.

Bericht formatieren

Beim Kopieren eines Berichts in ein Textverarbeitungsdokument stellt Works jede Berichtszeile durch einen Absatz dar und trennt die einzelnen Spalten des Berichts durch Tabulatorzeichen. Dank dieses Tabulatorzeichens läßt sich der Bericht im Textdokument einfach formatieren.

→ Markieren Sie im Textdokument alle Zeilen des Berichts mit Datensatzangaben, d.h. die Angaben zu den einzelnen Spielern. Im Absatzlineal werden die Tabstops angezeigt, die Works aufgrund der Spaltenbreiten im Bericht festgelegt hat. Ändern Sie diese Tabstops dahingehend ab, daß alle Informationen zu einem Spieler in einer Zeile Platz finden und übersichtlich in Spalten angeordnet sind. Ein Beispiel finden Sie in *Abbildung 7-23*.

0	1	2	3	4	5	6	7	8	9	10	11	12	13	14

```
→ 11 → Neumann    →   23  →  234  →  63  →      27.231  →     1.184¶
→ 13 → Reinhardt  →   23  →  186  →  54  →      26.317  →     1.144¶
→  2 → Schmal     →   17  →  154  →  24  →      24.412  →     1.436¶
→ 10 → Schultze   →   17  →  153  →  26  →      21.311  →     1.254¶
→ 12 → Varel      →   18  →  158  →  37  →      21.103  →     1.172¶
```

Abbildung 7-23: Tabstops für den Hauptteil des Berichts

Es ist wichtig, daß beim Festlegen der Tabstops alle Absätze markiert sind, für die die neuen Tabstops gelten sollen, sonst sind die einzelnen Zeilen nicht bündig ausgerichtet. Probieren Sie auch rechtsbündige Tabstops aus - für die numerischen Einträge sind sie eher angebracht als die linksbündigen Tabstops.

Nachdem der Hauptteil des Berichts ausgerichtet ist, können Sie auch neue Tabstops für den Berichtstitel und die Zusammenfassung festlegen. Orientieren Sie sich dabei an der *Abbildung 7-2*.

Wenn Sie eine Tabelle aus der Tabellenkalkulation in ein Textverarbeitungsdokument kopieren wollen, gehen Sie ähnlich vor: Sie markieren in der Tabelle den Bereich, der übertragen soll und rufen im Menü **Bearbeiten** den Befehl **Kopieren** auf. Im Textdokument positionieren Sie die Einfügemarke und rufen im Menü **Bearbeiten** den Befehl **Einfügen** auf. Auch beim Übertragen einer Tabelle stellt Works Tabellenzeilen als Absätze dar und trennt die einzelnen Zellinhalte einer Tabellenzeile durch das Tabulatorzeichen. Wenn Sie neue Tabstops festlegen, können Sie die Spaltenbreiten im Textdokument ändern.

Einfügen einer Tabelle

Sie können sogar Informationen aus einem Textdokument in eine Tabelle oder Datenbank übertragen. Voraussetzung ist lediglich, daß Sie die Informationen, die in einzelne Zellen einer Tabellenzeile oder Felder eines Datensatzes kopiert werden sollen, durch das Tabulatorzeichen trennen. Ein Absatz des Textdokuments wird dann in eine Tabellenzeile bzw. einen Datensatz umgewandelt.

Textdokument in Tabelle oder Datenbank einfügen

Auch zwischen Tabellenkalkulation und Datenbank können Sie kopieren. Wenn Sie eine Tabelle in die Datenbank kopieren, wird jede Spalte zu einem Feld und jede Zeile zu einem Datensatz. In der umgekehrten Richtung wird jedes Feld zu einer Spalte und jeder Datensatz zu einer Tabellenzeile.

Austausch zwischen Tabelle und Datenbank

Serienbrief drucken

Sie haben es fast geschafft, der Brief ist vollständig und muß nur noch gedruckt werden.

Wenn Sie zunächst nur das Textdokument drucken wollen, ohne bereits die Informationen aus der Datenbank einzufügen, können Sie den Befehl **Drucken** aus dem Menü **Datei** verwenden. Works druckt dann den Brief mit den Platzhaltern aus, so wie er sich auch auf dem Bildschirm darstellt.

Drucken mit Platzhaltern

Wenn Sie allerdings die Platzhalter durch Informationen aus der Datenbank ersetzen wollen, gehen Sie anders vor.

➡ Die Datenbank, deren Felder Sie im Brief verwenden wollen, muß geöffnet sein.

➡ Aktivieren Sie das Textdokument, rufen Sie im Menü **Datei** den Befehl **Serienbriefe drucken** auf.

➡ In einem Dialogfeld werden alle geöffneten Datenbanken angezeigt. Da Sie wohl nur die Datenbank MITGLIED.WDB geöffnet haben, ist sie im Listenfeld bereits markiert. Wählen Sie die Schaltfläche Ansicht, um das Ergebnis der Serienbrieffunktion vor dem Drucken zu prüfen.

➡ In der Seitenansicht bewegen Sie sich wie gewohnt. Wenn Sie auf die Schaltflächen Nächste bzw. Vorherige klicken, können Sie nicht nur zwischen den Seiten eines Exemplars hin- und herblättern, sondern alle Kopien der Reihe nach prüfen.

Wenn Sie die Ansicht vergrößern, erkennen Sie, daß Works in jeder Kopie die Platzhalter durch die Anschrift, Anrede und den Punktestand eines einzelnen Mitglieds ersetzt hat.

➡ Wenn Sie mit dem Ergebnis zufrieden sind und die Briefe drucken wollen, klicken Sie auf die Schaltfläche Drucken, andernfalls auf Abbrechen.

Eine Einladung zur Mitgliederversammlung werden Sie sicher an alle Mitglieder des Vereins schicken, daher brauchten Sie in der Datenbank auch keine Abfrage zu erstellen. Anders sieht es aus, wenn Sie einen Brief nur an bestimmte Mitglieder schicken wollen, beispielsweise an alle säumigen Beitragszahler. Dann erstellen Sie einen Serienbrief, aktivieren die Datenbank und wählen über eine Abfrage einzelne Datensätze aus. Beim Drucken der Serienbriefe greift Works nur auf die Datensätze zurück, die sich in der aktuellen Auswahl befinden.

Abschlußarbeiten

➡ Sobald Works mit der Druckaufbereitung Ihrer Einladungen fertig ist, sollten Sie alle Dokumente schließen und dabei alle Änderungen speichern.

➡ Wahrscheinlich möchten Sie jetzt erst einmal eine Pause einlegen? Dann können Sie Works beenden und, wenn die Einladungen gedruckt sind, Windows verlassen, PC und Drucker ausstellen.

Sie können sich gratulieren, Sie haben soeben eine schon recht anspruchsvolle Aufgabe mit dem Programm Works gemeistert. Je mehr Sie mit dem Programm arbeiten und je mehr Funktionen Sie dabei auch selbst entdecken, desto mehr werden Sie Works schätzen. Ich hoffe, daß dieses Buch Ihnen das Einsteigen erleichtert hat und auch in Zukunft noch eine Hilfe sein wird, wenn Sie Ihre eigenen Aufgaben mit Works lösen!

Zusammenfassung

Werte zwischen Tabellen kopieren

➡ Tabelle aktivieren, aus der kopiert werden soll.

➡ Zelle oder Zellbereich markieren, der kopiert werden soll.

➡ Im Menü **Bearbeiten** Befehl **Kopieren** ausführen.

➡ Tabelle aktivieren, die die Werte aufnehmen soll.

➡ Zielbereich markieren.

➡ Zellinhalt mit zugrundeliegender Formel kopieren: im Menü **Bearbeiten** Befehl **Einfügen** ausführen.

➡ Nur Werte kopieren, ohne zugrundeliegende Formel: im Menü **Bearbeiten** Befehl **Inhalte einfügen** aufrufen. Eine der Optionen Werte, Werte addieren und Werte subtrahieren auswählen.

Tabellenspalten verbergen

➡ Spaltenbreite mit der Maus auf 0 reduzieren

oder

➡ Spalte(n) markieren, im Menü **Format** Befehl **Spaltenbreite** aufrufen und im Dialogfeld *0* eingeben.

Verborgene Tabellenspalte anzeigen

➡ Im Menü **Auswahl** Befehl **Gehe zu** aufrufen.

➡ Im Dialogfeld im Feld Gehe zu einen Zellbezug der verborgenen Spalte eingeben.

➡ Im Menü **Format** Befehl **Spaltenbreite** aufrufen und im Dialogfeld einen Wert › *0* eingeben.

Datenreihe einfügen

➡ Im Menü **Bearbeiten** Befehl **Datenreihen** aufrufen.

➡ Im Dialogfeld unter Y-Datenreihen Bezug der neuen Datenreihe(n) eingeben.

➡ Im Dialogfeld unter X-Datenreihe Bezug der X-Datenreihe eingeben.

Legende ergänzen

➡ Evtl. im Menü **Format** Befehl **Legende anzeigen** aktivieren.

➡ Im Menü **Bearbeiten** Befehl **Legende** aufrufen.

➡ Im Dialogfeld für jede Datenreihe Bezug auf Zelle eingeben, die Text enthält.

Zweite Y-Achse erstellen

➡ Im Menü **Format** Befehl **2 Y-Achsen** aufrufen.

➡ Im Dialogfeld für jede Datenreihe angeben, ob linke oder rechte Y-Achse maßgebend ist.

Format der Y-Achse ändern

➡ Im Menü **Format** Befehl **Y-Achse** bzw. **Rechte Y-Achse** aufrufen.

➡ Optionen für Teilung, Art der Achse und Anzeige von Gitternetzlinien auswählen.

Datenbankbericht mit Auswertung erstellen

➡ Im Menü **Ansicht** Befehl **Neuen Bericht erstellen** aufrufen.

➡ Im Dialogfeld Datenbankfelder auswählen, die im Bericht erscheinen sollen.

➡ Im nachfolgenden Dialogfeld Berichtsstatistik nacheinander alle Felder auswählen, die ausgewertet werden sollen, pro Feld eine oder mehrere Funktionen auswählen.

Bericht mit Auswertungen erweitern

➡ Im Menü **Bearbeiten** Befehl **Feldzusammenfassung erstellen** aufrufen.

➡ Im Dialogfeld ein Datenbankfeld und eine Funktion auswählen.

Oder

➡ Formel mit einer der Funktionen SUMME, MITTELW, ANZAHL, MIN, MAX, STABW oder VARIANZ direkt in Berichtsansicht eingeben.

Datenbankfelder in Textdokument übernehmen

➡ Datenbank öffnen.

➡ Textdokument öffnen, Einfügemarke auf Stelle positionieren, an der Datenbankfeld eingefügt werden soll.

➡ Im Menü **Einfügen** Befehl **Datenbankfeld** aufrufen.

➡ Im Dialogfeld im linken Listenfeld Datenbank auswählen (falls mehrere Datenbanken geöffnet sind). Im rechten Listenfeld Datenbankfeld auswählen.

Datum in Text einfügen

➡ Einfügemarke positionieren.

➡ Im Menü **Einfügen** Befehl **Sonderzeichen** aufrufen.

➡ Option Aktuelles Datum: Tagesdatum, wird bei späterem Druck nicht geändert.

➡ Option Datum drucken: Datum in Kurzform, wird beim Drucken aktualisiert.

➡ Option Datum (Langform) drucken: Datum in Langform, wird
beim Drucken aktualisiert.

Absatz umrahmen

➡ Absatz markieren.
➡ Im Menü **Format** Befehl **Rahmen** aufrufen.
➡ Im Dialogfeld Option Gesamt oder eine oder mehrere der
Optionen Oben, Unten, Rechts und Links auswählen. Linienart
auswählen.

Diagramm in Textdokument einfügen

➡ Tabelle mit Diagramm aktivieren.
➡ Diagramm aktivieren.
➡ Im Menü **Bearbeiten** Befehl **Kopieren** ausführen.
➡ Textdokument aktivieren.
➡ Einfügemarke positionieren.
➡ Im Menü **Bearbeiten** Befehl **Einfügen** ausführen.

Bericht in Textdokument einfügen

➡ Datenbank öffnen, Bericht aktivieren.
➡ Im Bericht Bereich markieren, der übertragen werden soll.
➡ Im Menü **Bearbeiten** Befehl **Bericht kopieren** ausführen.
➡ Textdokument aktivieren, Einfügemarke positionieren.
➡ Im Menü **Bearbeiten** Befehl **Einfügen** ausführen.
➡ Bericht wird als Tabelle kopiert, evtl. Tabstops ändern.

Serienbrief erstellen

➡ Datenbank öffnen.
➡ Brief erstellen, dabei Datenbankfelder einfügen.
➡ Im Menü **Datei** Befehl **Serienbriefe drucken** aufrufen.
➡ Seitenansicht: im Dialogfeld auf Ansicht klicken.
➡ Drucken: im Dialogfeld auf Drucken klicken.

Anhang A: Tastatur

In den folgenden Tabellen sind in thematisch zusammenhängender Form Tastenschlüssel aufgeführt, mit denen Sie Funktionen ausführen können, ohne Menüs und Befehle auswählen zu müssen. Zunächst geben wir jedoch ergänzende Hinweise zu den von uns benutzten Tastennamen und deren möglicher Bezeichnung auf Ihrer Tastatur.

Tastenverzeichnis

Im Buch verwendeter Name	Möglicherweise abweichende Bezeichnung auf Ihrer Tastatur
ESC-TASTE	ESC
EINGABETASTE	ENTER, CR, CARRIAGE RETURN, EINGABE
UMSCHALTTASTE	UMSCH, UMSCHALT
STRG-TASTE	CTRL, STRG
ALT-TASTE	ALT, ALTERN
RÜCKTASTE	BACKSPACE, ‹--
POS1	HOME
ENDE	END
EINFG-TASTE	EINFG, INSERT
ENTF-TASTE	ENTF, LÖSCHEN
BILD-NACH-OBEN	PGUP, PAGE UP, SEITE HOCH, SNO
BILD-NACH-UNTEN	PGDN, PAGE DOWN, SEITE RUNTER, SNU
NACH-LINKS	‹--
NACH-RECHTS	--›
NACH-OBEN	
NACH-UNTEN	
TAB-TASTE	--›|, |‹--
UMSCHALT-FESTSTELLTASTE	CAPS-LOCK, SHIFT-LOCK
NUM-FESTSTELLTASTE	NUM-LOCK

Tastenschlüssel

Mit Fenstern arbeiten

Zum nächsten Fenster	STRG-TASTE+F6
Zum vorherigen Fenster	STRG-TASTE+UMSCHALTTASTE+F6
Aktives Fenster schließen	STRG-TASTE +F4
Works beenden	ALT-TASTE+F4

Befehle und Optionen wählen

Menüleiste aktivieren   ALT-TASTE oder F10
Menü öffnen   ALT-TASTE+unterstrichener Buchstabe im Menünamen
Befehl wählen   unterstrichener Buchstabe im Befehlsnamen
Nächste Option   TAB-TASTE
Vorherige Option   UMSCHALTTASTE+TAB-TASTE
Listenfeld öffnen   ALT-TASTE+NACH-UNTEN
Option auswählen   ALT-TASTE+unterstrichener Buchstabe im Optionsnamen
Optionen bestätigen   EINGABETASTE
Befehl abbrechen   ESC-TASTE

Änderungen vornehmen

Ausschneiden   UMSCHALTTASTE+ENTF-TASTE
Kopieren   STRG-TASTE+EINFG-TASTE
Löschen   ENTF-TASTE

In der Bearbeitungszeile arbeiten

Bearbeitungszeile aktivieren   F2
Zum Anfang der Bearbeitungszeile   POS1
Zum Ende der Bearbeitungszeile   ENDE
Um ein Zeichen nach links   NACH-LINKS
Um ein Zeichen nach rechts   NACH-RECHTS
Zeichen links löschen   RÜCKTASTE
Zeichen rechts löschen   ENTF-TASTE
Markiertes Zeichen löschen   ENTF-TASTE
Mehrere Zeichen markieren   UMSCHALTTASTE+NACH-LINKS oder

                                      UMSCHALTTASTE+NACH-RECHTS
Änderungen bestätigen   EINGABETASTE
Änderungen abbrechen   ESC-TASTE

Bewegen in der Textverarbeitung

Um ein Zeichen nach links   NACH-LINKS
Um ein Zeichen nach rechts   NACH-RECHTS
Um eine Zeile nach oben   NACH-OBEN
Um eine Zeile nach unten   NACH UNTEN
An den Zeilenanfang   POS1
An das Zeilenende   ENDE
An den Anfang des Dokuments   STRG-TASTE+POS1
An das Ende des Dokuments   STRG-TASTE+ENDE
Um einen Bildschirm nach oben   BILD-NACH-OBEN
Um einen Bildschirm nach unten   BILD-NACH-UNTEN

Bewegen in einer Tabelle

Um eine Zelle nach links	NACH-LINKS
Um eine Zelle nach rechts	NACH-RECHTS
Um eine Zelle nach oben	NACH-OBEN
Um eine Zelle nach unten	NACH-UNTEN
Zur ersten Zelle der Zeile	POS1
Zur letzten Zelle der Zeile mit Daten	ENDE
An den Anfang der Tabelle	STRG-TASTE+POS1
Zur letzten Zeile oder Spalte mit Daten	STRG-TASTE+ENDE
Um einen Bildschirm nach oben	BILD-NACH-OBEN
Um einen Bildschirm nach unten	BILD-NACH-UNTEN
Um einen Fensterinhalt nach links	STRG-TASTE+BILD-NACH-OBEN
Um einen Fensterinhalt nach rechts	STRG-TASTE+BILD-NACH-UNTEN

Bewegen in der Datenbank, Formularansicht

Um eine Zeile nach oben oder unten	NACH-OBEN oder NACH-UNTEN
Zum nächsten, nicht gesperrten Feld	TAB-TASTE
Zum vorherigen, nicht gesperrten Feld	UMSCHALTTASTE+TAB-TASTE
Um einen Fensterinhalt nach unten	BILD-NACH-UNTEN
Um einen Fensterinhalt nach oben	BILD-NACH-OBEN
Zum ersten Datensatz	STRG-TASTE+POS1
Zum letzten Datensatz	STRG-TASTE+ENDE
Zum nächsten Datensatz	STRG-TASTE+BILD-NACH-UNTEN
Zum vorherigen Datensatz	STRG-TASTE+BILD-NACH-OBEN

Bewegen in der Datenbank, Listenansicht

Um ein Feld nach rechts oder nach links	NACH-RECHTS oder NACH-LINKS
Um eine Zeile nach oben oder unten	NACH-OBEN oder NACH-UNTEN
Zum nächsten, nicht gesperrten Feld	TAB-TASTE
Zum vorherigen, nicht gesperrten Feld	UMSCHALTTASTE+TAB-TASTE
Zum Feld ganz links	POS1
Zum Feld ganz rechts	ENDE
Um einen Fensterinhalt nach unten	BILD-NACH-UNTEN
Um einen Fensterinhalt nach oben	BILD-NACH-OBEN
Zum ersten Datensatz	STRG-TASTE+POS1
Zum letzten Datensatz	STRG-TASTE+ENDE
Um einen Fensterinhalt nach links	STRG-TASTE+BILD-NACH-OBEN
Um einen Fensterinhalt nach rechts	STRG-TASTE+BILD-NACH-UNTEN

Bewegen in der Seitenansicht

Zur nächsten Seite	BILD-NACH-UNTEN
Zur vorherigen Seite	BILD-NACH-OBEN
Um eine Stufe vergrößern	ALT-TASTE+E
Um eine Stufe verkleinern	ALT-TASTE+K
Teile einer vergrößerten Seite ansehen	entsprechende Pfeiltaste
Dokument drucken	ALT-TASTE+D
Zum Dokumentfenster zurückkehren	ESC-TASTE

Markieren in der Textverarbeitung

Beliebige Menge Text	UMSCHALTTASTE+NACH-LINKS oder
	UMSCHALTTASTE+NACH RECHTS
Wort	zweimal F8
Zeile	Einfügemarke an den Anfang der Zeile positionieren,
	UMSCHALTTASTE+ENDE
Mehrere Zeilen	UMSCHALTTASTE+NACH-UNTEN oder
	UMSCHALTTASTE+NACH-OBEN
Absatz	viermal F8
Dokument	fünfmal F8

Markieren in der Tabellenkalkulation

Zelle	Mit Pfeiltaste Markierung verschieben
Zeile	Zelle in der Zelle markieren, STRG-TASTE+F8
Spalte	Zelle in der Spalte markieren, UMSCHALTTASTE+F8
Zellbereich	Zelle an der oberen linken Ecke markieren, F8+Pfeiltaste,
	um Markierung zu erweitern, F8
Tabelle	STRG-TASTE+UMSCHALTTASTE+F8

Markieren in der Formularansicht

Feldnamen, -eintrag oder Beschriftung	Pfeiltasten, bis gewünschtes Element markiert ist
Feld	TAB-TASTE, bis Feld markiert ist
Datensatz	STRG-TASTE+NACH-OBEN oder
	STRG-TASTE+NACH-UNTEN,
	bis gewünschter Datensatz angezeigt wird

Markieren in der Listenansicht

Eintrag	Pfeiltasten
Mehrere Einträge	UMSCHALTTASTE+Pfeiltaste
Datensatz	STRG-TASTE+F8
Feld	UMSCHALTTASTE+F8
Datenbank	STRG-TASTE+UMSCHALTTASTE+F8

Zahlenformate

Währungsformat	STRG-TASTE+F4
Prozentformat	STRG-TASTE+5
Tausenderpunktformat	STRG-TASTE+PUNKT

Zeichenformatierung

Listenfeld Schriftart öffnen	STRG-TASTE+S
Listenfeld Schriftgröße öffnen	STRG-TASTE+G
Fett	STRG-TASTE+F
Kursiv	STRG-TASTE+K
Unterstrichen	STRG-TASTE+K
Formatierung entfernen	STRG-TASTE+LEERTASTE

Absatz formatieren

Linksbündig	STRG-TASTE+L
Rechtsbündig	STRG-TASTE+R
Zentriert	STRG-TASTE+Z
Blocksatz	STRG-TASTE+B
Einfacher Zeilenabstand	STRG-TASTE+1
Doppelter Zeilenabstand	STRG-TASTE+2
Negativer Erstzeileneinzug	STRG-TASTE+MINUSZEICHEN
Negativen Erstzeileneinzug aufheben	STRG-TASTE+Y
Geschachtelter Einzug	STRG-TASTE+V
Geschachtelten Einzug aufheben	STRG-TASTE+W
Leerzeile vor dem Absatz	STRG-TASTE+E
Keine Leerzeile vor dem Absatz	STRG-TASTE+0(NULL)

Tabellenzelle oder Feldeintrag ausrichten

Linksbündig	STRG-TASTE+L
Rechtsbündig	STRG-TASTE+R
Zentriert	STRG-TASTE+Z

Anhang B: Befehle

In diesem Anhang sind alle Befehle zusammengestellt, die in diesem Buch behandelt worden sind. Wenn Sie Näheres über die Anwendung eines Befehls wissen möchten, schlagen Sie auf den angegebenen Seiten nach.

Befehle in den Works-Teilprogrammen

Menü Hilfe

Index	39
Lernprogramm	41

Menü Ansicht

Abfrage	153
Bericht umbenennen	161, 205
Liste	144
Neuen Bericht erstellen	158, 202

Menü Auswahl

Abfrage ausführen	156
Alles	64
Datensätze sortieren	151, 160, 205
Gehe zu	147, 149, 195, 153
Verborgene Datensätze anzeigen	156
Zeilen sortieren	112

Menü Bearbeiten

Abfrage löschen	154, 156
Ausschneiden	60, 104, 145
Bericht kopieren	212
Beschriftung positionieren	138
Datenbeschriftung	118, 125
Datenreihen	125, 197
Datenreihen ausfüllen	147, 192
Datensatz löschen	150
Datensatz/Datenfeld löschen	150
Diagrammtitel	125
Einfügen	55, 145
Feld löschen	141
Feld positionieren	138
Feldinhalt löschen	141

Menü Datei

Menü Diagramme

Menü Einfügen

Menü Format

Menü Muster

Menü Optionen

Befehle in Microsoft Draw

Draw-Menü Ansicht

Anhang C: Glossar

Aktiv: Bildschirmelement (Fenster, Symbol, Feld, Bereich), für das der nächste Befehl oder Tastendruck ausgeführt wird.

Anwendung: Programm, das zum Lösen bestimmter Aufgaben bzw. in bestimmten Arbeitsbereichen eingesetzt wird, z.B. für die Textverarbeitung oder die Buchhaltung.

Anwendungsfenster: Fenster, in dem eine Anwendung ausgeführt wird. Es wird beim Aufruf der jeweiligen Anwendung automatisch geöffnet. Deren Name wird in der Titelleiste des Anwendungsfensters angezeigt. Ein Anwendungsfenster kann mehrere Dokumentfenster enthalten.

Anwendungsprogramm: siehe **Anwendung**

Arbeitsbereich: Bereich in einem Fenster, in dem die Daten angezeigt werden, die Sie gerade mit WORKS bearbeiten.

Auflösung: Die Qualität der Schrift bzw. Grafik wird weitgehend durch ihre Auflösung bestimmt. Sie wird in Punkten pro Zoll (dpi - dots per inch) gemessen. Je höher die Auflösung, desto leichter ist die Schrift zu lesen bzw. desto besser ist die Grafik.

Ausschneiden: Verschieben von Text oder Feldern aus einem Dokument in die Zwischenablage.

Auswählen: Durch Auswählen eines Elementes wird die entsprechende Handlung eingeleitet.

Befehl: Begriffe bzw. Auswahlmöglichkeiten, die Ihnen innerhalb eines Menüs zur Verfügung stehen und die dadurch bezeichneten Aktionen oder Operationen, z.B. der Befehl Speichern im Menü Datei.

Befehlsschaltfläche: Schaltfläche in einem Dialogfeld, bei deren Auswahl eine Aktion ausgeführt oder abgebrochen wird, beispielsweise die Befehlsschaltflächen ”OK” oder ”Abbrechen”.

Bildlauf durchführen: (Auch Blättern oder Rollen) Verschieben des Inhalts eines Fensters oder Feldes zur Anzeige von Daten, die nicht in das Fenster oder Feld passen. In manchen Listenfeldern ist ein vertikaler Bildlauf möglich.

Bildlaufleiste: Leiste am rechten oder unteren Rand eines Fensters oder Feldes, dessen Inhalt nicht vollständig sichtbar ist. Mit dem sogenannten Bildlauffeld sowie zwei Bildlaufpfeilen können Sie den Bildlauf (das Blättern) in verschiedene Richtungen durchführen.

Blättern: siehe Bildlauf durchführen.

Blocksatz: Der Text ist beim Blocksatz links und rechts ausgerichtet, alle Zeilen sind gleichlang, gleichgültig, wieviel Text sie enthalten. Die Leerschritte werden in jeder Zeile so ausgerichtet, daß am rechten Rand alle letzten Buchstaben genau untereinander stehen. Das kann zu großen Löchern zwischen den Wörtern führen.

Cursor: siehe Einfügemarke

Dateiendemarke: Wird am Ende des Textes immer angezeigt und bewegt sich bei der Eingabe von Text immer weiter nach unten. Die Einfügemarke kann nicht über die Dateiendemarke hinaus bewegt werden.

Datensicherung: Schützen der Daten (Texte, Zahlen und auch Programme) gegen Verlust. Dies geschieht, indem man Kopien der Daten auf Disketten oder auf anderen Datenspeichern anfertigt.

Dialogfeld: Rechteckiges Feld, das Informationen von Ihnen anfordert bzw. Ihnen mitteilt. In vielen Dialogfeldern müssen Sie Optionen auswählen. Einige enthalten Warnungen oder Erklärungen, warum ein bestimmter Befehl nicht ausgeführt werden kann.

Dokumentfenster: Fenster in einem Anwendungsfenster, das die Datei enthält, die Sie mit der Anwendung erstellen oder ändern.

Doppelklicken: Zweimaliges, rasch aufeinanderfolgendes Drücken und wieder Loslassen der Maustaste, ohne die Maus dabei zu bewegen. Damit werden Aktionen wie beispielsweise das Öffnen eines Symbols durchgeführt.

Einfügemarke: Zeichen, das auf dem Bildschirm anzeigt, wo Sie sich im Dokument befinden und wo das nächste eingegebene Zeichen eingefügt wird.

Einfügen: Übertragen des Inhalts der Zwischenablage in eine Datei.

Eingabefeld: Jedes Feld, in das Daten eingegeben werden können.

Einzug: Wenn Sie einen Teil Ihres Textes nicht ganz am linken Rand beginnen lassen, sondern ein paar Spalten weiter rechts, so ist dieser Text eingezogen.

Erweiterung: Die Erweiterung eines Dateinamens besteht aus einem Punkt und bis zu drei Zeichen, die dem eigentlichen Namen nachgestellt sind, z.B. .TXT oder .EXE. Unter WORKS sind die folgenden Erweiterungen wichtig: .WPS für Dateien der Textverarbeitung, .WKS für Dateien der Tabellenkalkulation sowie .WDB für Datenbanken.

Exportieren: Daten von der aktuellen Anwendung an eine andere Anwendung übergeben.

Feld: Rechteckiges Element (Zeilen, Kästchen usw.) in einem Fenster, in dem eine bestimmte Information entweder von Ihnen erwartet oder Ihnen vom Programm mitgeteilt wird. Es gibt unterschiedliche Feldtypen, wie z.B. Eingabefeld, Kontrollfeld und Optionsfeld. Jedes Fenster, das im Programmablauf geöffnet wird, setzt sich aus verschiedenen Feldern zusammen.

Flattersatz: Anders als im Blocksatz, bei dem die Zeilen alle genau gleich lang sind, "flattern" die Enden beim Flattersatz. WORKS ermöglicht den Flattersatz wahlweise rechts oder links. Flattersatz rechts entspricht dem Schriftbild einer Schreibmaschine.

Formatieren: Begriff für die Gestaltung einer Textseite und bedeutet hier: Schriftart, -größe und -stil wählen, Ränder und Ausrichtung festlegen und vieles mehr.

Fußzeile: Text, der beim Drucken eines Dokuments am unteren Rand jeder Seite erscheint. Die Funktion Fußzeile hat den Vorteil, daß Sie den Text nur einmal schreiben und gestalten müssen.

Geschützter Leerschritt: Manchmal ist es erforderlich, daß Leerschritte beim Seitenumbruch nicht verlorengehen und beim Blocksatz nicht gedehnt werden - zum Beispiel beim Gedankenstrich oder bei gesperrter Schrift. Zu diesem Zwecke gibt es den geschützten Leerschritt: er bleibt immer erhalten, gleichgültig, wie der Text später ausgedruckt wird.

Gruppe: Anordnung von Programmen im Programm-Manager. Durch die Gruppierung können Sie leichter nach einzelnen Anwendungen suchen.

Hervorhebung: Auszeichnen einzelner Textelemente durch z.B. einen anderen Schriftstil, um sie vom restlichen Text abzuheben.

Importieren: Daten aus einer anderen Anwendung in die aktuelle Anwendung übernehmen.

Installation: Programm für den Betrieb auf eine Festplatte oder Diskette kopieren und einrichten.

Integriertes Programmpaket: Anwendungsprogramm, das mehrere Teilprogramme beinhaltet, meist Textverarbeitung, Tabellenkalkulation, Datenbank und Grafik.

Kapitälchen: Großbuchstaben in der Größe von Kleinbuchstaben.

Klicken: Kurzes Drücken und wieder Loslassen der Maustaste.

Konfiguration: Anpassung eines Programms an die Hardware-Ausstattung.

Kontrollkästchen: Quadratisches Kästchen in einem Dialogfeld, das aktiviert oder deaktiviert werden kann. Ein aktiviertes Kontrollkästchen ist mit einem X gekennzeichnet. Ein Kontrollkästchen stellt eine Option dar, die eingeschaltet werden kann.

Kopfzeile: Text, der beim Drucken des Dokuments am oberen Rand jeder Seite erscheint. Die Funktion Kopfzeile hat den Vorteil, daß Sie den Text nur einmal schreiben und gestalten müssen.

Kopieren: Übertragen einer Kopie des markierten Elements in die Zwischenablage. Der Inhalt der Zwischenablage kann dann an anderen Stellen eingefügt werden.

Kursiv: Mit Kursivschrift bezeichnet man eine Schrägschrift. Dies ist Kursiv: *Kursivschrift*.

Listenfeld: Feld innerhalb eines Dialogfelds, in dem die verfügbaren Auswahlmöglichkeiten aufgeführt werden. Wenn nicht alle Auswahlmöglichkeiten in das Listenfeld passen, können Sie über eine vertikale Bildlaufleiste einen Bildlauf durchführen.

Markieren: Hervorheben eines Elementes (Text, Tabellenbereich, Zelle, Feld usw.) durch Klicken mit der Maus oder Drücken einer bestimmten Tastenkombination. Nach dem Markieren müssen Sie die Aktion auswählen, die für das markierte Element durchgeführt werden soll.

Maus: Kleines Kästchen mit einer Kugel im Bauch. Man schiebt es auf dem Schreibtisch hin und her und bewegt so die Einfügemarke auf dem Bildschirm. Obendrauf hat die Maus zwei oder drei Tasten, mit denen Sie Ihre Befehle geben. Die Maus erleichtert zwar nicht die Eingabe von Daten, dafür aber das Umstellen, Gestalten um so mehr.

Menü: Liste von Befehlen, die Teil eines Programms sind. Wenn Sie einen Befehl aus einem Menü verwenden wollen, müssen Sie zuerst den Menünamen markieren und dann den Befehl auswählen.

Menüleiste: Horizontale Leiste, die die Namen aller in einer Anwendung verfügbaren Menüs enthält. Sie erscheint unterhalb der Titelleiste.

Modem: Abkürzung für **Mo**dulator-**Dem**odulator; bezeichnet Gerät, das die Kommunikation zwischen Computern über die Telefonleitung ermöglicht.

Öffnen: Anzeigen des Inhalts einer Datei in einem Fenster, oder Vergrößern eines Symbols auf Fenstergröße.

Option: Auswahlmöglichkeit in einem Dialogfenster. Optionen beeinflussen die Art und Weise, in der ein Befehl ausgeführt wird. Neben den sich ausschließenden Optionsschaltflächen gehören zu den Optionen auch die Kontrollkästchen.

Optionsschaltfläche: Kleine runde Schaltfläche in einem Dialogfeld zum Wählen von Optionen. Aus einer Gruppe zusammengehöriger Schaltflächen können Sie nur eine Schaltfläche auswählen.

Pfeiltasten: Mit Pfeilen markierte Tasten auf dem getrennten numerischen Zahlenfeld, über die die Einfügemarke bewegt werden kann. Erweiterte Tastaturen verfügen über einen getrennten Tastenblock für die Richtungstasten.

Proportionalschrift: Schrift, bei der die einzelnen Zeichen eine unterschiedliche Breite haben. Siehe auch Schrift mit fester Schrittteilung.

Punkt: Maßeinheit für die Schriftgröße. 1 Punkt entspricht etwa 0,36 mm.

RAM: Abkürzung von Random Access Memory, ein Speicher im Computer, in dem sich die Programme (oder Teile davon) befinden, mit denen man gerade arbeitet. Auch Texte und überhaupt alle Daten, die man tippt, sind zunächst in diesem RAM. Will man sie länger aufbewahren, dann schafft man sie von dort auf die Diskette oder auf die Festplatte. Alles, was sich im RAM befindet, ist beim Ausschalten des Computers für immer verschwunden.

Randausgleich: siehe Blocksatz, Flattersatz

Rollen: siehe Bildlauf durchführen

Schließen: Dokument- oder Anwendungsfenster vom Bildschirm entfernen. Vor dem Schließen eines Anwendungsprogramms können Sie auswählen, ob Sie das im Fenster enthaltene Dokument speichern wollen.

Schriftart mit fester Schrittteilung: Schriftart, bei der alle Zeichen eine einheitliche Breite haben. Siehe auch Proportionalschrift.

Schriftart: Gestaltung bzw. Erscheinungsbild einer Schrift. Eine Schriftart steht in der Regel in mehreren Größen zur Verfügung und bietet Gestaltungsmöglichkeiten zur Hervorhebung von Text wie beispielsweise Fettschrift, Kursivschrift oder Unterstreichen. Welche Schriftarten Ihnen zur Verfügung stehen, hängt von Ihrem Drucker ab.

Schriftfamilie: Gruppenbezeichnung, die das allgemeine Erscheinungsbild einer Schriftart beschreibt. So gehören beispielsweise zur Schriftfamilie Roman Schriftarten mit Serifen und variablen Zeichenbreiten wie Tms Rmn.

Schriftgröße: Wird in unterschiedlichen Einheiten angegeben. Typographen verwenden meist Punkte. Es sind aber auch üblich Millimeter, Punkte pro Zoll (dpi - dots per inch) und Zeichen pro Zoll (cpi - character per inch).

Serifen: So nennt man die Füßchen an den Buchstaben. Die normale Schreibmaschinenschrift (Pica-Schrift) hat solche Serifen, modernere Schriften (zum Beispiel die Helvetica) haben keine. Serifen-Schriften sind besonders bei längeren Zeilen leichter zu lesen.

Symbol (Icon): Grafikelement in WINDOWS zur Kennzeichnung der verschiedenen Elemente wie beispielsweise Programme oder Objekte.

Symbol (Schaltfläche): Kleines Feld mit nach unten gerichtetem Pfeil, das sich rechts in der Titelleiste befindet. Sie können mit der Maus auf diese Schaltfläche klicken und so ein Fenster auf Symbolgröße verkleinern.

Systemmenü: Menü, das im Anwendungsfenster und anderen Fenstern erscheint. Es ist durch einen Balken links neben der Titelleiste gekennzeichnet.

Systemmenüfeld: Symbol in Form eines Balkens zum Öffnen des Systemmenüs. Es befindet sich immer links neben der Titelleiste.

Systemsteuerung: Anwendungsprogramm unter WINDOWS 3.0, über das Sie verschiedene Hardware- und Software-Einstellungen vornehmen können.

Titelleiste: Oberste Zeile in einem Fenster, in der der Name des jeweiligen Fensters steht. In der Regel enthält die Titelleiste zusätzlich noch ein Systemmenüfeld sowie die Schaltflächen Vollbild und Smbol.

Umbruch: Texte und Bilder auf das Seitenlayout übertragen.

Vollbild (Schaltfläche): Kleines Feld mit nach oben gerichtetem Pfeil, das sich rechts neben der Titelleiste befindet. Sie können auf die Schaltfläche klicken und so das Fenster auf Vollbildgröße vergrößern.

Vollbild: Aktives Fenster, das sich über den ganzen Bildschirm erstreckt.

Wiederherstellen (Schaltfläche): Kleines Feld rechts neben der Titelleiste eines Vollbilds, das einen nach unten weisenden und einen nach oben weisenden Pfeil enthält. Sie können auf die Schaltfläche klicken, um das Fenster in seiner vorherigen Größe wiederherzustellen.

Zeigen: Verschieben des Mauszeigers auf dem Bildschirm, bis er auf das Element zeigt, das markiert oder ausgewählt werden soll.

Zeiger: Die pfeilförmige Einfügemarke auf dem Bildschirm, die die Position der Maus anzeigt.

Zeilenwechsel: Es gibt den manuellen und den automatischen Zeilenwechsel. Der manuelle wird durch Drücken der EINGABETASTE ausgelöst und bleibt immer im Text erhalten. Works enthält die Funktion Zeilenumbruch, mit der Text, der nicht mehr in eine Zeile paßt, automatisch in die nächste Zeile geschrieben wird. Beim automatischen Zeilenumbruch ist es nicht nötig, am Ende einer jeden Zeile in einem Abschnitt die EINGABETASTE zu drücken. Die automatischen Zeilenumbrüche verschwinden wieder, wenn man die Zeilenbreite ändert.

Zentrieren: Bezeichnung aus dem Textdesign: ein zentrierter Text steht "auf Mitte".

Ziehen: Verschieben eines Elements auf dem Bildschirm durch Drücken der Maustaste bei gleichzeitigem Bewegen der Maus. So können Sie beispielsweise ein Fenster durch Ziehen der Titelleiste an eine andere Stelle auf Ihrem Bildschirm verschieben.

Zwischenablage: Temporärer Speicherbereich, mit dem Daten zwischen verschiedenen Dokumenten und Anwendungen übertragen werden.

Anhang D: Sachregister